中公文庫

日本語はいかにして成立したか

大野　晋

中央公論新社

目次

第二部　漢字で日本語を写した時代

日本語はいかにして成立したか

序章

日本語の力

日本語は果してヨーロッパの言語のように、厳密で精確な表現の可能な言語なのだろうか。旧制の高等学校に入学して、自由に考え、読むことができるようになったとき、私の心の底でめぐっていた思いの一つは、それであった。眼前にそびえるヨーロッパの学藝の壮麗さのただ中に飛び込む友人たちにかこまれて、私は明らかに知りたかった。日本はヨーロッパの持つ何を欠くが故に、ヨーロッパをこのように追いかけていかなければならないのか。日本がヨーロッパに及ばないのは何故なのか。ことによるとそれは、日本語という言語がヨーロッパのような思考と表現の厳密さや精確さにたえない言語だからではないか。

日本語のたしかさを求めて、私はある時は大祓の祝詞《のりと》を声高く朗誦した。私はそこに日本語の力強さの泉があふれ出ているのを感じた。大伴家持の春の歌を読んでは、繊細で優しい日本語の表現の伝統を思った。またある時は、柿本人麿の挽歌の数々を読み、長歌としてたたみ上げて行く言葉の雄渾と犀利とに感動した。仮名文学に読み耽っては、『源氏物語』の言葉遣いの、かすかな薄衣をまとった、つくろいの裏に、正確に書き込まれている女性の悲しみをひしひしと感じた。この精緻な、やまとことばの散文がもしなかったら、どんなに日本語はさびしい貧しいものになっていただろう。私はまた、世阿弥の藝論を読んで、藝術一般に通じる「心」と「わざ」との至り深いかかわりを教える、滋味ある文章をそこに見た。

『ファウスト』の韻律

しかし。義務として教室に坐って聞いていただけだったゲーテの『ファウスト』であったが、試験の前夜になって、やむを得ず森鷗外の翻訳に頼って読み始めると、読み進むに従ってその原文は波濤のように私の胸に押し寄せて来た。その韻律の圧倒的なうねりは私の心をゆすってやまなかった。ほのぼのと夜の明ける頃、鷗外の訳はまるで瓦礫のように見えた。柿本人麿のあの高市皇子を傷む長歌の緊張と迫力さえも、この『ファウスト』の前には物の数ではなかった。私は長い息をついた。明治時代以来、何人もの詩人が、日本語に絶望して詩を離れ、詩を棄てたのを、その時によく理解できた。日本語の音節の構造、その配列、文法上の語順の規則――それらはドイツ語の韻文に見られる美しい技巧、力強いリズムと脚韻の旋律とをはばんでいる。日本の詩歌が日本語の性格によって本質的に負っている技術上の制約を、私はくち惜しく反芻した。

万葉仮名の研究へ

私は、日本人は論理的な表現に弱いと聞いていた。あるいは抽象的な思考力に欠けていると聞いた。それは本当なのだろうか。日本人は仏教を受け入れながら、それをどのように消化したのか。鎌倉時代になって親鸞や日蓮が出て来て、日本語で民衆に新しい日本仏教を語ったが、その言語は以前に仏教の教説で使われていた日本語と何処か本質的に違っていたのだろうか。漢字を学び、漢文を読み習ったことによって、日本人の思考力は本当に養われたのか。それらが私の絶えない疑問だった。

結局私は「日本とは何なのか」を知りたさに古代の日本人の精神と生活とを見ようとした。それのために万葉集を読まなければいけないと読み、それを本式に研究するつもりで大学に進んだ。ところが万葉集の正確な理解には万葉仮名の知識が必要であった。そこで私は卒業論文に万葉仮名の研究を選んだ。万葉仮名の研究は音韻体系の研究と直結する問題である。古代の音韻体系に関する知識は、そのまま日本語の系統の研究へと進み入る基本的知識であった。日本語の系統を明らかにすることは、日本人の生活と精神の歴史を明るみに持ち来すための一つの手順である。私は自然の成行きでそれに取り組んだ。

人間と共にある言語の歴史

旧版『日本語の起源』はその探索の一つの結果だったが、極めて不十分な研究にすぎなかった。その段階では、一つを特定してこの言語が大昔の日本語と源を同じくする言語だと提示することはできなかった。しかし、私の研究は手法において従来の日本語系統論とは趣を異にしていた。日本語の系統、あるいは日本語の成立の問題は、たしかに言語学上の問題である。言語学の問題を他の関係学——考古学、文化人類学、形質人類学などによって置き換えてはならぬ。それは理の当然である。しかしその頃までの日本語の系統論の視野は、あまりにも狭い言語学だけの世界に閉ざされているように見えた。いわゆる言語学的方法による明治時代以来の研究、もっぱらアルタイ語を指向する系統論は、十分な答えを得ていない。ことによると、探求の仕方に、あるいは探求すべき地域の着眼に、何かの見落しか誤りがあるのではないか。それを見直すためには、多くの関係学に目を配り、知りうる最大の情報を集める必要がある。そこから、何らかの指針を得ることができはしまいか。それが私の『日本語の黎明』『日本語の起源』で採った方法——民族学、考古学、形質人類学などの成果を考慮に加える行き方だった。

私はそれまでの日本語の歴史の取扱いに大きな不足を感じていた。言語学によって言語の問題を決するという根本は正しい。しかし、言語それ自身は、音韻、文法、語彙、文字などによってだけ存在しているものではない。言語は人間相互の交渉の具である共に、言語作品は一つの文化の中において成るのであり、また文化それ自身である。言語は他の宗教、信仰、政治、生産技術の如何によって変えられもし、また圧力を加えられて、亡ぼされもする。そのことを全く顧みずに、盲目的に音韻とか、文法とかだけを考察しても、それは言語の真実をとらえ得ない。首都の移転によって標準語は移動し、古い標準語がそのまま方言の位置に転落することもある。経済的に繁栄を極める所からは新語が生まれて拡散することが多い。政治、文化の中心地の言語は強力であり、僻地の人々はそれを模倣する。教育のとどいた地域では言語は保守的であり、経済・文化の力の弱い僻地では、言語は精密さに耐えきれず形式の単純化を生じやすい。そしてその単純化された形式が逆に、文化の中心地に伝染して行き、言語変化の方向づけをすることもある。

これら政治的、経済的、文化的な力関係を見ずに、音韻や文法上のある事柄がA形式からB形式へ、さらにC形式へと変遷したとか、B形式の出現は、この作品の方が五年早い、十年遅いなどと調べ、記述したとしても、それは言語の歴史とは言えないだろう。そこには言語変化を作り出し、動かして行く本当の人間の意欲や願望についての考慮、言語の歴史を動かす力学の認識が欠けている。私は言語が人間と共にあるものだということ、つまり言語は、生きものである人間が欲望や祈願や恐怖や絶望と共に発する行為の一形式であること、文化それ自体であることを主張したいと考えていた。

日本語の多層構造

その後私は万葉集や日本書紀の一字一語に執する訓詁注釈に十年あまり没頭した。そしてまた、『源氏物語』を中心とする平安時代の語句の理解に努め、結局、約二十年の時を費した『岩波古語辞典』にそれを集約した。これらは皆、「日本語の起源」につぐ「日本語の歴史」を把握するための基礎の仕事だった。私にとって「日本とは何であるか」という問いは、一つには日本語の歴史の記述という形をとって答えられるべきものと思われたのである。

ヨーロッパの諸言語は、豊富な資料があるから比較研究を行いうる。それに反して日本語は比較すべき古代資料を持つ近隣の言語に欠ける。それゆえ、日本語の系統は未だ断定できないとするのが常識である。しかし私は、日本列島に根をおろした言語の層を、系統論に考慮を払いながら見分けようと努めた。

文献時代の最古の状況にまでさかのぼり、それを基礎にして文献以前の日本語について推定を試み、文字の無かった時代の日本語の第一の層、第二の層、そしてその上にかぶさって来た最新の第三の層の言語という少なくとも三つの層の区別をすべきだという考えに私は達した。この考えによれば、文字以前の日本語の歴史がこれまでに較べてかなり明確に把握される。

日本語の成立

私は神話学、考古学、形質人類学、文化人類学その他の学問に広く資料を求めた。そして栽培植物の変換、及び支配層による国家権力の確立とともに日本語の様相も顕著に変貌したのではあるまいかと考えるようになった。その推論はインドのタミル語と日本語との関係の証明と相俟って、確実さを加えたように思う。私はここにその推定の経過を語ってみたい。

つまり古代の生活では、どんな食糧をいかにして得るかということが極めて重要な課題である。従って食糧に関してその始源を語る神話をそれぞれの民族が持っている。今日の神話学及び文化人類学に資料を求めて、私は稲作以前の植物栽培と神話と言語との関係を推測し、それが、以後の日本語の根本的性格のいくつかの部面を規定したことを明確にしうると思う。

私はヤムイモ栽培に伴う神話が、日本ではどんな形で今日分布しているかについての研究を取り入れ、第二に来たと思われるヒエ・アワ栽培との関係を推測する。そして水田稲作を持った縄文晩期以後の言語がタミル語と確実な関係にあることを示そうと思う。次には朝鮮半島を通って来た第三の言語と文化とがその上にかぶさり、それが国家を形成する力を持っていたのだということを述べようと思う。そこまで来れば第四には、漢字の伝来である。漢字のよみ方（発音）を日本にもたらした漢人、または朝鮮の人々、つまり渡来人が、また三つの波となって日本に来着したことを明らかになしうる。

こうした、文献以前の展開の後に、日本人が漢字で言語を記し、また漢字を使いこなした状況が明らかにされる。さらには仮名を作って自分自身の日常の生活を、ことこまかに書くことが可能になり、やがて、やまとことばによる最高の散文が書かれるに至った事情が明確になろう。そして、平安時代の終り、鎌倉時代のはじめに至って、一人の歌人・評論家・学者を兼ねる藤原定家という人物が、仮名を厳密に正確に使用することによって、言語を明確に表記するという試みを行う。それは信頼を得て人々の間に広まる。これが仮名遣の起源である。ここに至ってやまとことばを正しく書き正しく読むという技術が、日本語の中にはじめて定着する。漢字をはじめて学んで以来およそ九百年にして、日本語はそこに到達した。私は日本語が厳密で精確で美しい表現の可能な言語であるようにと心から望んでいるが、そうした願いの一つが、鎌倉時代のはじめに藤原定家によって具体化された。そこまでを、私はこの書物で取扱うつもりである。このような段階に至ってはじめて日本人による真に自覚的な日本語使用が成立したと私は考えている。

第一部　文字の無かった時代

第一章　神話の時代(1)

日本の高い識字率

日本では現在、日刊新聞が毎日五四〇〇万部発行されている。その過半数が、いわゆる高級紙で、日本国内の出来事だけでなく、世界の政治・経済・文化の各方面にわたる情報を掲載している。つまり日本では、こうした新聞を一世帯あたり毎日一・二部取っていることになる。また大人一人が一日に新聞を読む時間は朝夕刊合わせて約三十分であるという。その間に、人は一万字から二万字を読む。また人々は新聞の他に何らかの雑誌を読む。そして必要とあれば、手紙を書くことができる。日本人の識字率は九九パーセントを超え、現在の日本は、世界の中で最も高い識字率を持つ国の一つである。

世界中のあらゆる国々が識字力の点で日本ほど高い水準に達しているわけではない。東南アジアやアフリカの国の中には、まだ国民の大半が文字を理解しない国もある。先進国といわれているイタリヤですら、識字率は九二パーセントであると、一九七〇年代にイタリヤ政府が公表した。大づかみに言えば、その頃イタリヤでは十人集まれば一人は読み書きができないということであった。

今日の日本の識字率が九九パーセントと極めて高いのは、江戸時代にすでに寺子屋教育が普及していたこと、明治時代以来政府が学校教育に力を入れたこと、国民の学習意欲が非常に高かったことなどの結果である。明治初年、学制が公布されたとき小学校に入ったものは、児童の二五パーセントであった。これは江戸時代末期に寺子屋で「読み、書き、算盤《そろばん》」を習っていた子供がやはり二五パーセントであったことと一致する。

寺子屋　渡辺崋山「一掃百態」より

しかし、日本でも時代をさかのぼれば、文字を解した人口は少なかっただろう。そして、三世紀、四世紀より前になると、日本列島で文字を解し得たものの数は、数えるほどしかなかったに相違ない。というのは、その頃になって、ようやく漢字・漢文が輸入され、日本列島の住民はその時文字というものに初めて出会ったわけで、それよりさらにさかのぼれば、誰一人文字という伝達手段を知らなかった。つまり、縄文時代の日本列島には、まだ文字という交信の手段そのものがなかった。だから、言葉は音声のとどくかぎりの所にしか伝わらず、意志の伝達は声によって口から耳へという方法だけに頼っていた。

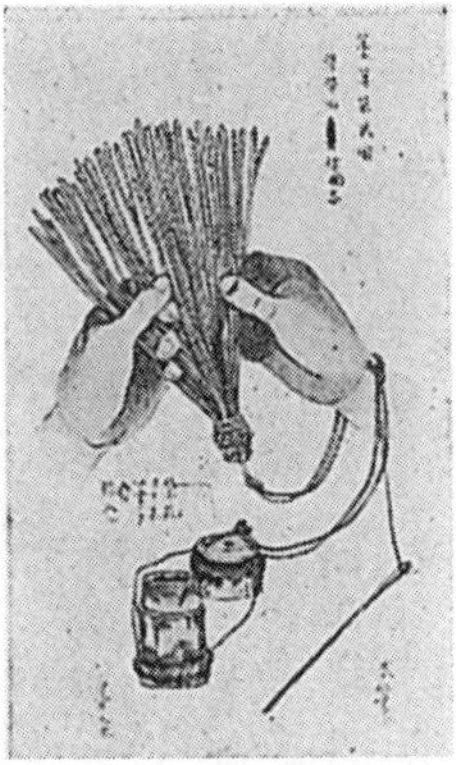

沖縄の結縄法

もっとも、明治時代の沖縄には、縄を結び、その結び目の数によってその年の年貢の数量を公示したりする「結縄法《けつじょうほう》」が行われていたという報告がある。これは、「隋書倭国伝」（紀元六三六年、または六五六年成）に、「倭」について、「文字無し、唯、木を刻み縄を結ぶのみなり」と書かれていることと関連づけて考えられる。ところが、判明しているかぎりでは、沖縄の結縄法は、複雑な言語表現を行うものではなく、限られた取りきめによる、狭い内容、つまりいつも繰返される、その年の年貢の数量の公示というような簡単な内容を表現するものであったらしい。したがって、結縄法が広く文字の代役をしていたという証拠は、今のところ見出されない。

神代文字

また、日本でも神代に文字があったという、いわゆる「神代文字」の存在を主張する人々がある。[*1] しかし、その神代文字として具体的に示されているものは、四十七字か五十

神代文字　日文の楷書で、朝鮮のハングルに似ている。

字で成っている。ということはその文字が、伊呂波歌（四十七字）あるいは五十音図（五十字）を模範として作られたことを示している。ところが、伊呂波歌も五十音図も、平安時代中期よりも後に作られたものである。その上、神代文字といわれているものの一種の字形は、朝鮮のハングルにそっくり一致する。ハングルは一四四六年、国王の命令によって学者たちが集まって、パスパ文字などを参考にして新たに制定したものなのだから、これを神代の文字とは到底言えない。つまり、神代の文字といわれているものは、みな後世の偽作である。今のところ縄文時代の日本に文字が使われていたという確かな証拠はない。

無文字社会の伝承

しかし文字のない社会では、言語もまた発達していないと考えては誤りである。例えばアイヌ族は自分自身の文字を持っていなかった。しかしそこには豊富な伝承が受け継がれていた。

アイヌ族は文字を持たなかった。だからアイヌ語には「文字」にあたる単語がない。また、「本」とか「手紙」とか、「帳面」にあたる単語もない。日本語の「紙《かみ》」の津軽の方言、カンピをそのまま受け入れて、「本」も「手紙」も「カンピ」という単語で表わした。[*2]「文」とか「文章」とか「文章家」とかいう単語もない。しかし、その代り「語《ことば》」(itak)とか、「雄弁家」(pawetok)という単語はある。また、書かれた憲法、民法、判決文がないのは当然だが、祖先の昔語りや部落の故事が語り伝えられて、法典、規範となった。村々には昔語りや部落の先例をよく記憶している故老がおり、故実《ウパシクマ》を知るものとして判断の標準を人々に示した。故実《ウパシクマ》には、韻律ある言語で語られる詞章の「ユカラ」があり、韻律によらない「物語」や「昔噺《むかしばなし》」も存在した。韻律ある詞章によって、「神々の叙事詩」と、「英雄の叙事詩」とが歌われ、韻律のない表現によって「神々の物語」と「英雄の物語」とが語られた。「神々の叙事詩」は神の託宣の形をとり、「英雄の叙事詩」は文学の方へ発達した。神々のユカラは十句二十句の短いものから、長くても数百句を出ないが、英雄のユカラは何千句、何万句に及ぶものがある。しかし、記憶のよいアイヌは、それを一度聞いただけで記憶した。しかも、そのユカラを語るときには、二度三度と繰返しても、ほとんど相違は無かったという。勿論、ユカラを語るのは、それを得手とする特別の人々であって、何万句に及ぶユカラを語ることは、誰にでもできるわざではなかった。一般的に言って、人間の記憶力は文字の使用によって減退したらしい。文字の無い社会ではかえって強力な記憶者がおり、今日のわれわれからは想像しがたいほど、祖先についての長い伝承などを語ることができた。

日本人の記録としては平安時代の『古語拾遺』に「蓋し聞く、上古の世、未だ文字有らず、貴賤老少口々に相伝へ、前言往行存して忘れず。書契（文字）ありてより以来《このかた》、古を談《かた》ることを好まず、浮華競ひ興り、還りて旧老を嗤《わら》ふ」とある。この記述は、アイヌが故老の語り伝えを故実とし、それを規範としたのと同じ状況が日本語の社会にもあったことを示している。

祭儀と神話

このような文字を持たない生活で、社会の規律を保ち、社会生活に関する基本的な知識を与え、世界の見方を人々に教えるのは祭儀と神話であった。現代のわれわれにとっては、神話とは神々の時代について語るお話にすぎないが、文字の無い社会では、神話はその種族にこの世界の起源を語り、男女の発生、生命と死の起源、火や食物の起こり、あるいはその種族の繁栄の由来などを語りきかせる。神話によって人々は、この世界と自分たちの社会生活との源流を知り、世界と社会とをそのようなものとして理解する。つまり、神話は、その生活圏に属する人々に世界観、社会観を与えるものであった。文字の無い社会では、神話は原古における世界の成立を、祭儀の進行を通して語る厳粛な伝承である。神話は儀式と共存し、強制力を持って人々を規制し統合する。それは単なるお話ではなく、人々の世界認識を厳しく方向づける。

コトの意味

日本語の古語にコト（kötö）という単語がある。これは「約束」「言葉」「言語」を意味すると同時に、「人間のする事」「行為」を意味していた。それは人間の語るコトバがただちに人間のするコトを喚起し、人間のするコトがすなわち人間のコトバとして表現されるという、コト（言）とコト（行為）との密接不可分な把握が、当時の人々にあったことを示している。そのように、コト（言）とコト（行為）とが相互に喚起し合い、一致している社会では、世界の起源を語り、あるいは食物の獲得された原古の事情を伝えるという伝承は、単にコトバの上だけのものではなかった。それは同時に、世界の原古の状況をコト（行為）として実現するものであった。つまりコトバとしての神話を行為として実現するのが祭儀だった。

国生みの神話

たとえば、古事記・日本書紀には、大八島の国生みの神話が語られている。神話といえば、われわれは単なる言葉の上の伝承と受け取りがちである。しかしそれは単に、言葉で語り伝えられただけでなく、実際にそれらの島々を生む祭儀を伴っていたと考えられる。というのは、平安時代の記録ではあるが、『江家次第』や『延喜式』の臨時祭の中に、「八《や》十《そ》島祭《しまのまつり》」なる祭儀がある。これは天皇一代に一度の盛儀であり、天皇即位の大嘗祭の翌年、吉日を選んで勅使を摂津国難波津に派遣し、生島神《いくしまのかみ》、足島神《たるしまのかみ》を主とする海と島の神々を祭る祭儀である。この祭儀は、国の安泰と発展を祈願する祭りと見られているが、「祝詞」に「国の八十国島の八十島を生み給ひ」などとあるのを見れば、この「祝詞」には実際に島を生む行事が伴っていたのだろうと考えられる。つまり、大八島の生成の行為と、その語り（神話）とが「八十島祭」には並んでおごそかに行われたのであって、これは祭儀と神話とが堅く結びついていた一例とすることができる。こうした国の生成を語る神話の他に、食糧の豊穣を求め、生活の安隠を祈るなどの祭儀にも、それにともなう伝承・歌唱・呪言があり、それが厳格に受け継がれていた。これらのコトバは祭儀とともに誤りなく伝えられ実修された。このように見れば、文字を持たなかった縄文式文化の時代とは、神話と祭儀とが社会の規範として機能していた時代であり、人々は厳粛に祭儀を実行し、神話を伝承していた時代であった。

神話の言語とその内容

ではその神話の時代に、日本列島ではどんな神話が語られ、どんな祭儀が行われていたのだろうか。文字の記録の存在しない以上、その時どんな単語で、どんな発音で、どんな方法で神話を語っていたかを明示することは極めて困難である。

しかし、言語には二つの面がある。一つは、発音・単語・文法という形式の面であり、二つはその形式に従って表現される事柄・内容である。ある時期の言語を知るとは、その言語の形式的な面を明らかにすることであるとともに、それによって表現された内容・事柄を明らかにすることである。従来は、もし言語について形式的な面を具体的に明確にできないならば、それはすなわちその言語について何も言えないことだとされることが多かった。しかし私は、個々の単語や文法を指摘することは不可能でも、どんな事柄がその頃の言語によって語られていたのか、その内容を探ろうと思う。つまり、単語・文法などの形式的な面はひとまず措いて、他の一面、語られていた内容そのものを求めて行くことである。

私は神話の内容を吟味する。取扱う神話は、食糧の起源を語る神話である。何故ならば食物を獲ることは、人間の生存の基本的条件であり、重大な関心の対象である。それ故、その食糧の起源を語る神話は必ず存在し、かつその社会で、極めて重要な位置を占めていたはずだからである。

民話と神話

私は神話をさぐる手段として、日本中に流布している「民話」を用いようと思う。民話とは「桃太郎」のお話であり、あるいは「鶴の恩返し」のお話である。それは、われわれが子供の時に祖母によって語られ、あるいは母によって読み聞かされた、なつかしい素朴なお話であり、日本の全国各地に伝えられ、それぞれの変化を示しながら、しかも重要な大筋において一致している種々の物語である。しかもこれは特定の作者によって文字を用いて書かれた説話が、各地方に読まれて広まったものではない。文字より古く、文字を知らない人々によって口から口へと語りつがれて来た話である。これが何時の時代にまでさかのぼり得るものであるかは、明らかに知ることができず、茫漠たる過去の冥暗の中にその始源の時期は埋没している。しかし、最近の神話学の進歩は、民話の解釈に対して鮮やかな光を投げ始めた。それによれば、幼児のためのお話にすぎないと見られた民話の中に、実は遠い昔の神話の姿を読み取ることが可能だと知られたのである。私はそういう民話研究の中から、日本各地に広まっている「瓜子姫民話」の研究を取り上げ、それによって縄文時代の日本における食糧起源神話の様相を示してみようと思う。

ニューギニヤの食糧起源神話

海岸のココヤシ（西ニューギニヤ、Jensen “Heinuwele” による）

さて、日本の神話について考える前に、はるか南の島ニューギニヤの神話から話をはじめることとしよう。

著名な神話学者であるアドルフ・イェンゼンは、ニューギニヤに住むマリンド・アニム族のマヨという祭儀を報告している。*3 これは少年少女の成人式の儀礼であるとともに、ココヤシの豊穣を求める祭儀である。

マヨ儀礼は常に満月の夜に始められるという。成人式のために選ばれた少年少女たちは、まず五カ月の間、藪の中で生活しなければならない。その第一日目に仮装して《マヨの母》を演ずる多くの男たちが現われ、受戒者を一定の広場に連れて行く。受戒者たちは、衣服とすべての装飾品とを体からはずす。それは、原古の時代には、文化的な衣服とか装飾品などは何も無かったことを意味するものであるという。原古の時代には食物もまだ存在しなかったのだから、受戒者は食物らしい食物も摂ってはならない（ただし檳榔ヤシの根とマングローブの樹皮だけは別である）。こうした厳しい条件のもとで受戒者である少年少女は、植物性食糧について種々のことを学び、また、神話に基づいて、太古の祖先たちの行ったあらゆる活動を学習する。

そしてこのマヨ儀式のしめくくりは、《殺害者としての父》の登場によって最高潮に達するという。《殺害者としての父》を演ずる者は特有の武器を携えている。これは祭儀の用具としても使われるが、また、マヨの娘と指定された少女を殺すために使われる。犠牲として選ばれた少女、マヨの娘は、藪の中につれて行かれ、祭りに参加したすべての男たちによって生殖行為をうけた後に殺される。そしてその体は食べられてしまう。少女の骨はココヤシの傍に埋められ、少女の血はココヤシの樹に赤く塗られる。生殖の力を得た少女の血は、ココヤシの果樹の豊かな実りをもたらすとされており、この大規模なマヨの祭儀の間に、神話のあらゆる細目が演劇的に実行されるという。

また同じニューギニヤの南海岸に住むキワイ族の神話には次のようなものがあると報告されている。[*4]

ソイドという男は妻を殺害し、その屍体をばらばらに切断し、整地した土地にばらまく。すると、そのばらまかれた屍体の各部分と血とから、食糧とする植物、ヤムイモ・タロイモ・ココヤシ・サゴヤシ・バナナの木が発生した。

これらの神話と祭儀とはまとまって一つの全体をなしており、先に述べた、太古におけるコトバと行為《コト》との密接不可分な関係を示している。さらにここにあげたニューギニヤの祭儀・神話で注目されるのは、殺害によってもたらされる死によってはじめて、人間の食糧とする植物、ヤムイモ、ココヤシなどが生じるとされていることである。

ハイヌヱレ神話

このような主題を持つ神話はニューギニヤ及びその近辺に極めて多い。その中でイェンゼンはハイヌヱレの神話を取り上げて報告している。それはモルッカ諸島の中のセラム島に住むヴェマーレ族の語る神話である。これは先にあげたニューギニヤのマリンド・アニム族やキワイ族の祭儀・神話とは一見全く異なるように見えるが、しかし、根本においてそれらと共通の話である。その話の細部までを記してみよう。[*5]

アメタという男が犬を連れて狩りに出た。犬は森で猪をかぎつけて追いつめて行った。猪は池に逃げ込んで溺れ死んだ。アメタが死んだ猪を引き上げると、猪の牙にココヤシの実が付いていた。その頃、地上には、今日食糧としているココヤシは未だ存在していなかった。

アメタはココヤシの実をサロング・パトラ（蛇の図柄のある布）に包んで台の上に置いた。このヤシの実を地中に植えると三日後にはヤシは高く生長し、その三日後には花を開いた。その花を切り取ろうとしてアメタは指を傷つけた。その血が花の液に混ざると一人の人間が生じた。その少女はたちまち成長した。アメタは少女をサロング・パトラに包んで家に持ち帰り、ハイヌヱレ（ココヤシの枝）と名をつけた。

マロの舞踏会（Jensen “Heinuwele” による）

娘は三日後には結婚できるほどに成長した。この娘は普通の娘ではなかった。彼女が用便をするとその排泄物は、皆、貴重な品物となった。アメタはたちまち金持になった。

その頃、祭儀の舞踏の庭では盛大なマロの舞踏会が催されていた。それは九夜続くのだった。九つの家族の人々が参加したマロの舞踏会で、女たちは中央に位置を占め、舞踏する男たちに向ってシリーの葉とピナングの実とを手渡す役をするのが習わしだった。

ハイヌヱレは中央に立って、踊る男たちにシリーの葉とピナングを渡した。しかし、翌晩には男たちに珊瑚《さんご》を与えた。第三夜には美しい皿を渡した。第四夜には大型の皿を、第五夜には山刀をと、与えるものは次第に立派になり、第六夜には美しい銅製のシリーの箱、第七夜には黄金製の耳輪、第八夜には美しい銅鑼《どら》をハイヌヱレは男たちに手渡した。このように夜ごとに与える品物が高価なものになって行ったので、事態は不穏になって行った。人々はハイヌヱレをねたましく感じるようになり、彼女を殺すことに決めたのである。

第九夜、男たちは踊りの広場に深い穴を掘った。舞踏が始まり、ゆっくり螺旋《らせん》状に旋回する踊りの輪の中で、男たちは少女ハイヌヱレを穴の方へ押しつめ、その中へ落し込んだ。マロ唱歌が少女の叫び声をかき消した。人々は彼女に土をかぶせ、穴の上の土を踏み固めた。

夜明けにマロ舞踏は終り、人々は家に帰った。舞踏会が終ってもハイヌヱレが家に戻らないので、アメタはハイヌヱレが殺されたと考えた。アメタはココヤシの葉脈を九本取って広場に行き、九本をつぎつぎと地中に刺した。九本目の葉脈を抜き取ってみると、ハイヌヱレの頭髪と血がついていた。そこでアメタは彼女の死を確認し、屍体を掘り出した。アメタはハイヌヱレの両手を残して他は細かに切断し、舞踏の庭のあちこちに埋めた。すると埋められた身体の各部分は、当時地上に無かったものに変貌した。まずハイヌヱレの胃から大きい壺が生じた。その壺は今日でも聖なるものとして保存され、少女ハイヌヱレの胃と呼ばれ、酋長の財産となっている。ハイヌヱレの肺からはイモが生じた。ハイヌヱレの胸からは、女の乳房の形をしたイモが生じた。少女の眼からは、イモの塊になる新芽《め》が生じた。恥部からは明るい紫色の、よい匂いのする、おいしいイモが生じた。尻からは乾いた皮を持ったイモが生じた。耳からは上に向いて成長する耳のようなイモが生じた。大腿からは大きなイモが生じた。頭はイモの塊になったのである。

これによって、以後、人類はイモを得ることができるようになり、それを食糧として生活している。

瓜子姫の民話

この、異様な南島の神話が、そのまま現在の日本に存在しているわけではない。しかし、神話学の研究者はこれに類する神話が、日本の縄文中期には日本に広まっていただろうと推測している。それは何によって推測できるかといえば、現在日本各地に語り伝えられている「瓜子姫」の民話によってである。[*6]

瓜子姫の民話は、西は九州から、四国、山陽、山陰、中部、北陸、関東、東北に流布しており、ことに東北、北陸、山陰に極めて多く伝わっている。

この民話は単に現在語られているだけでない。江戸時代には『嬉遊笑覧』が信濃国（長野県）の例を語っており、さらにさかのぼって室町末期の奈良絵本の中にこの話を伝えるものがある。してみればこれは、新しく創作された話ではなく、古い時代から語り伝えられて来た話なのである。そこで、その瓜子姫民話の代表的な例を次にあげる。

これは山形県に伝わる民話である。方言で語られてはいるが、語り口は、美しい、温雅な日本語の伝統を伝えている。これがいかにしてハイヌヱレ神話に対応すると見られるかについては、話の紹介の後に述べることとしよう。

むかしあったけど。
あるところに、じじとばばがええ仲に暮してで、そして間に子どもなかったど。ばばは洗濯に行き、じじは山さ柴刈りに行ったんだな。そして洗濯しったときに赤い手箱と黒い手箱が流れてきて、
黒い手箱そっちゃ行げ
赤い手箱こっちゃ来い
て、ばばが言うたら、赤い手箱は手前さ流っで来たど。そして蓋をとってみたら大きな瓜入ってで、「大そう結構なもの拾った」と思って。こんな大きな瓜拾って、持《たが》って、家のじさまに見せんべと思って、持って帰って来たんだな。

じじが山から来たとき、

「今日は拍子ぁええくて、川に洗濯に行ったら、赤い手箱流ってきたから、拾って蓋をとったら、こんな大きな瓜が入っていたど。そして蓋とったら、瓜が入っていたから、珍らしいもんだと思って、おじいさんに見せんべと思って持ってきた」

て、家さ持って来たど。そしたら、

「そんがえな、めったにないごんだから、棚さ上げてしまって置げ」

て、二人ぁ棚さ上げて寝たどこだけ、どれ。そしたら、夜中頃、おぼこの泣き声する。子供の泣き声する。うんと、じじとばば、子供欲しくっていたもんだから、起きてみたれば瓜が二つに割れて、中から女の子どもぁ生れっだ。それを瓜子姫と名付けたど。そして毎日、蝶よ花よと育てているうちに、大そう、そのおぼこがトコロ（山藷《やまいも》の一種。毛があり皮を剥いてたべる）好きでな、山にトコロざぁあるもんだ。ツルさ出て、玉がくっついている……トコロ好きだから、おいしくて食べるもんだから、毎日絶やさず、じじとばばが山さ行って掘ってきて、食べさせているうちに成長して、大きくなっじど、機織りさせた。そして毎日機織りして、

「また今日もトコロ掘りに行んから、天邪鬼《あまのじゃく》が来《く》っからな。天邪鬼がきて、お前んどこ食べっかもしんねから、恐ろしい化物だから。決して、錠かけて行んから開けんなよ」

て、よっく教えらっじゃんだな。山さ行く時によ、じじちゃとばばちゃに、教えらっで気許さねで、来たたて戸など開けまいと思っていたげんども、やっぱり留守めがけて来たんだな。それ。そして機織りしったところに、

「瓜子姫、出はって遊べ」

て、友だちになってな、

「んだげんど、戸開けんなて、じじちゃとばばちゃに教えらっじゃから、開けらんね」

て、言うたら、

「少し、指の入るくらいでもええから開けて呉ろ」

て。正直なもんだから、子供なもんだから、少し開けたら、力持ってでガラガラと戸開けて入って、むしゃむしゃと、その機織りしった娘噛みつぶして、瓜子姫になって機の台さあがって、機織り化けてしったど。そして、やっぱり年寄衆はもどって来たわけだ。山から……。そしてもどって来て「今来た」て言うたら、「お帰り」なて立派に言うだんし、やっぱり瓜子姫だと思って、じじとばばはいたわけだ。そしてトコロ茹《ゆ》でて食べらせたれば毛もむしんねで、ワレワレと食うわけだ。

「毛は毛の薬、皮は皮の薬」

なてはぁ、食うわけだ。そんなもんだから、

「奇態な。こりゃ、とんでもないことになったもんだ。今まではこんなことしたこと

はないに……」

て、不思議に思ったわけだ。んだげんども、まさかと思って、じじとばば、悟らんねがったんだな。そして毎日同じことに機も織るんだし、してるうちに長者原《ちょうじゃばら》（実名）というとこの立派な家から貰いに来て、ただ一人娘そんがえに立派な家さ、育てた娘もらいに来たもんだし、じじとばば呉ってやることにして、仲人に、そっから立派な籠で、籠かき尋ねてきて、御祝儀になったごんだごでな。籠さのせてギシギシと、立派にいとまごいして、一生懸命になって、じじとばば呉ってやっどき、その途中に、鳥飛んできて、

　瓜子姫の乗り籠さ
　天邪鬼ぁ乗りした　乗りした

て言うわけだど。そうすっじど、やしゃえないもんだから（堪えられぬほどうるさいもんだから）、天邪鬼は「畜生!」て追うげんど、また追いかけてきては、そういう風にさやずる。そうすっじど、やっぱり天邪鬼なもんだから、

「この畜生は化けて瓜子姫を殺して、自分が化けていたな」

て、落として、籠から落として叩いて殺したわけだ。そして茅野さ埋めたから茅の根っこさあ赤いなだど。むかしと――びったり。[*7]

この山形県の話では、瓜子姫が殺され、次に加害者の天邪鬼も殺害されてしまう。つま

り殺害が二度起こっている。しかし、これは後に発達した形で、瓜子姫の殺害と、植物の化生の話までの、殺害が一度の民話が伝わっている。その単純な形の実例は、佐渡の民話にその一つがある。その単純な話の方が第一次のものと見られるわけは、やがて明らかにできるだろう。

瓜子姫民話の型式

さて、瓜子姫民話は日本中から何百と採集されているが、それぞれは部分的に相違している。その部分的な相違を一覧すると、およそつぎのようにまとめることができる。

1、(イ)川上から瓜が流れてくる
　　川上から手箱が流れてくる（中に瓜がある）
　(ロ)瓜が畑になる
2、それを戸棚とか櫃とか箪笥とか藁とかの中にしまう
3、瓜から女児が生まれて、たちまち成長する
4、その姫は(イ)機織をする
　　　　　(ロ)機織が上手である（富をもたらす）
5、爺か婆が(イ)山イモ掘りに出かける
　　　　　(ロ)姫の嫁入り支度に出かける
　　　　　(ハ)神事（祭り・芝居）に使う駕籠などの用意に出かける

6、妨害者、天邪鬼が侵入する
7、瓜子姫は(イ)殺害される
(ロ)着物を剝がれて木に縛られる
(ハ)まな板の上で刻まれ、手・指・骨を残して食べられる
8、瓜子姫の血でソバの木などが赤く染まる
以下は第二次の話として後に加わったものと考えられる。
9、天邪鬼は(イ)瓜子姫の皮を剝いで化ける
(ロ)花嫁に化ける、嫁入りする
(ハ)織姫に化ける
10、殺された瓜子姫は鳥に転生する
11、妨害者天邪鬼を人々が殺害する
12、天邪鬼は(イ)身体をばらばらに裂かれる
(ロ)刻まれて畑に投げ込まれる
(ハ)その血でアワ、キビ、ソバなどが生え、また赤く染まる

ハイヌヱレ神話と瓜子姫民話

この瓜子姫民話とハイヌヱレ神話とは、一見何の類似もないように見えるが、これを話の要素に分解し、両者を対比するとき、そこに極めて顕著な対応を見出すことができる。[*8]

瓜子姫民話

川から瓜が流れてくる
瓜を戸棚・櫃・箪笥にしまう
瓜から少女が誕生する
柿・栗・桃・百合の根から少女が誕生する
瓜子姫と名づける
少女は成長して機織をする（富をもたらす）
天邪鬼が少女を殺害する
天邪鬼が少女の手・指・骨を残して切り刻んで食べる
少女を串で突き刺して木に縛る
少女の着物・皮を剝ぐ
（以下第二次）
天邪鬼は瓜子姫に化ける
鳥が啼いて事情を暴露する
天邪鬼が殺害される

ハイヌヱレ神話

水死した猪の牙に椰子の実が付いている
サロング・パトラに椰子の実を包んで持ち帰る
戸棚・台にしまう
椰子の花から少女が誕生する
ハイヌヱレ（ココヤシの枝）と名づける
少女は成長して身体からさまざまな富を出す
少女はマロ舞踏の最後の晩に殺害される
少女の身体を切り刻み、両手を残して埋める。
その体の各部分からイモが化生する
（ハイヌヱレは殺害される）

身体をばらばらに裂く	（両手を残して埋める）
土に埋めた肉片からアワ、キビ、ソバ等の作物が化生する	（そこからイモが化生する）
血がアワ、ソバの葉や茎を赤く染める	（マヨの儀礼では、血が椰子の木に赤く塗られる）

このように日本中に広まっている瓜子姫民話とハイヌヱレ神話とを比較すると、二つは基本的な筋において対応している。のみならず日本全国に伝わるさまざまな瓜子姫民話の例を見ると、「両手を残す」とか、「皮を剝ぐ」とかいう話の細部において、この民話とハイヌヱレ神話とは奇妙に一致する点が少なくない。そしてこの民話において顕著なことは瓜子姫（または天邪鬼）の殺害が極めて残酷なことである。その皮を剝ぎ、串刺しにし、切り刻み、手・指を残して食べてしまう。そして切り刻んだ体の各部分を埋める。この行為は一体何を反映するものなのか。神話学者はこの行為とイモの株分けの栽培とを関連させる。

イモ栽培を行う人々はイモの塊根を切り刻み、あるいはイモのヒコバエを切り取り、土の中に埋めてイモの繁殖をはかる。だから生殖の力を得た犠牲《いけにえ》の手・足・頭を切り取り、体を切り刻み、土に埋《い》ける儀礼が極めて自然に理解される。イモ栽培民だからこそ生命力あるものの《殺害》が新しい生命の獲得のために行われる。こうしてはじめて《殺害》が新生命を得る前提となるという神話の根源的な意味が承認されるだろう。

このように考えるときに、瓜子姫の民話は、遠い昔、イモ栽培の社会において、食用植物の起源を語る神話として機能していたのが原初の姿だったのだと推定される。

破壊された土偶

では、こうしたイモ栽培は何時頃日本で行われていたのだろうか。文化人類学者、考古学者の中にはこれを縄文式文化中期に擬する人々が少なくない。何故なら、縄文中期には打製石斧が多数出現し、石皿が作られ、渦巻文が盛んに行われる。また土偶が極めて多く出土する。これはメラネシヤの物質文化とよく対応するという。[*9] ことに、女性をかたどる土偶が多数出土するが、それは極めて特徴ある状態を示している。

土偶はその九割以上が女性である。かつ大きな乳房、誇張された尻・生殖器を示し、また妊娠の状態を現わしているものもある。しかもその大部分がばらばらに破壊され、分散して出土する。土偶の口から尻まで穴の通っているものがある。土偶の口から胴まで穴のあいたものもある。これはある時期まで

土偶（東北大学文学部考古学教室）

食物を供されて育てられていたことを示している。土偶は今日、貝塚の中や、人里離れた山や丘などの畑地と思われる場所からバラバラの状態で発見される。中には遠く離れた地点から発見された破片が、一つの原形に接合できたものがある。これは、壊れた土偶が散在するのではなく、意図的に原形を壊して分散して埋めたことを示すのである。それは、育てられた女性がある時期に殺されればらばらにされて畑に埋められたものの代理として土偶が使われたことを意味している。*10

このように考えるならば、日本でも縄文時代前・中期には、広い地域でイモの栽培が行われ、ハイヌヱレ神話に類する神話が語られ、それに関する祭儀が行われ、はじめは犠牲となる少女を実際に切り刻んだ。しかし、後に土偶がその代理を果すようになったことを示している。われわれはその神話がどのような単語で語られていたかを、どんな文法で語られたかをいまだ確定することはできない。しかしその語っていた内容は、ハイヌヱレや瓜子姫の話に共通な、《殺害と新生》の話であったと推定できよう。

神話の変貌

しかしすでに気づかれたに相違ないが、ハイヌヱレは体から貴重品を産出した。それに対し瓜子姫は機織をする。これは一見顕著な相違である。しかし、機織もまた富の産出である点では同一である。機織の技術が広まった後には、排泄物が富に変ずるという原初の話は奇異に感ぜられるようになり、その頃一般的な富の産出の方法であった機織へと話が

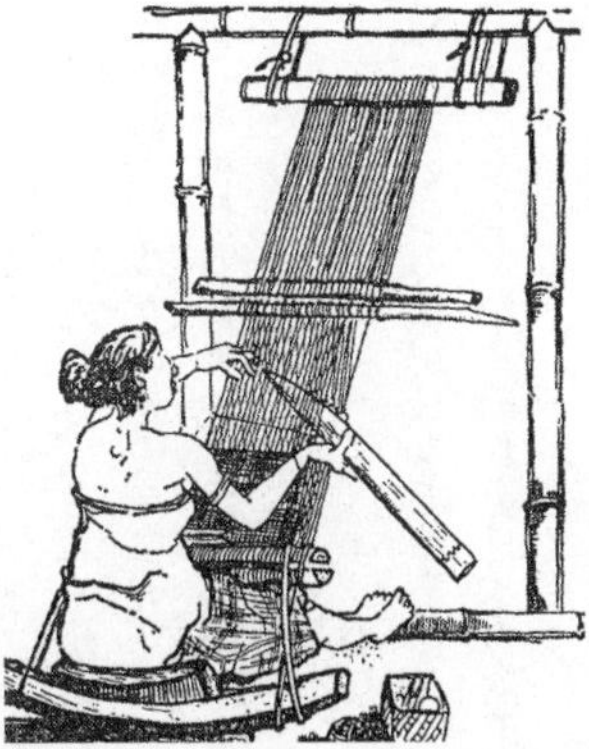

機織（Jensen “Heinuwele” による）

変形されたものに相違ない。

また、瓜子姫の民話では天邪鬼の死によって、血がソバ・アワ・キビの葉茎を赤く染めた、あるいはアワ・ソバが生えるようになったと語る。ここにはイモが現われて来ない。これもハイヌエレの話と相違している話の結末である。しかし「ヒエの根は赤い」とか、「ソバの茎は赤い」という伝承があるのは、先に見たマリンド・アニム族のマヨの祭儀の最後に殺された少女の血がココヤシの樹に赤く塗られるとあったのと同系統である。また日本でイモ栽培の次の時代、ヒエ・アワ栽培が広まった頃に、天邪鬼の殺害の部分が瓜子姫殺害の話の末尾に第二次の殺害として新たに加わったものと考えられる。

ハイヌエレの話では、ばらまかれたハイヌエレの屍体の各部分から、イモや貴重な壺などが、はじめて発生したとあるが、日本の文字による伝承には次の話が記録されている。これは日本書紀神代巻の記事である。

殺されたウケモチノカミの屍体の頭部からは牛と馬が生じ、額からは粟《あわ》が生じ、眉の上に蚕《かいこ》が生じ、眼の中に稗《ひえ》、腹の中に稲、陰部に麦と大豆・小豆が生じた。

ここでは屍体から生じた物が粟、稗、麦、大豆、小豆などの雑穀の作物とされ、今日の日本人が主食としている稲、さらに馬牛にまで及んでいる。これは古い伝承が稲作以後にわたって承けつがれた間に、神話に含まれていた栽培植物の範囲が変化拡大して行ったのである。そしてここではもはやイモは棄てられている。しかし殺された女神から食糧がはじめて得られたとする基本的な主題は一貫しており、残酷な殺害によって新しい生命を得るという、元来イモ栽培民によって信奉された食糧起源神話の形式は、ここでも保たれている。ただ主要栽培植物がイモから稗、粟、小豆に転じ、さらに稲へと転移して来た結果、神話の含む植物が次第に取りかえられて来たのである。

つまり、最初瓜子姫の殺害で完結していた第一のイモ栽培民の神話は、イモの起源だけを語っていただろう。ところが第二に伝来した、ヒエ、アワ等の焼畑による農業に適合するために、少女の死の後に天邪鬼の死が加わり、ヒエ、アワ農業の起源の話が結びついた。第三の稲作が始まってから後のウケモチノカミ神話になると、植物の内容が稲にまで拡大されたのだと考えられる。

では南島では、ハイヌヱレの祭儀が今もそのまま行われ、その話は神話としての機能を保っているのに、日本ではそれが瓜子姫民話という、民話の位置に転落してしまったのはどういうことか。それを日本の食用植物の歴史の面から確かめて見よう。

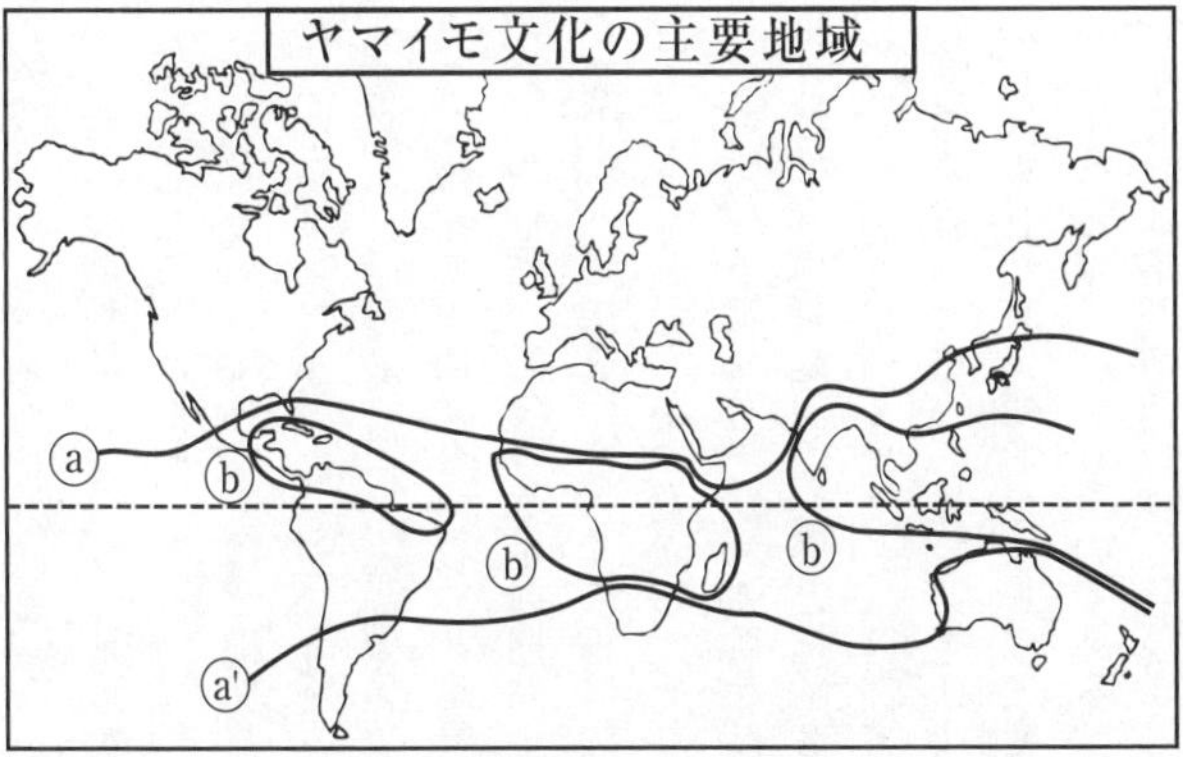

ⓑがyamの原生地　ⓐとⓐ'との間がyamの生育地

食用栽培植物の歴史

日本における食用植物の歴史を顧みると、植物栽培以前の、食糧を採集して生活していた時代には、自生の果物やドングリやクリなどを食糧としていた。そして、ある時期から、食糧の採集に並んで食用植物の栽培が始まった。青森県三内丸山の遺跡では、クリなどを栽培していたという。また、食べ残しを捨てたところから再び自生しやすい性質を持つ植物が生長して来たのを見てむつかしい技術を必要とせずに、植えて置きさえすればその結果を得られる植物に気づいたということもあっただろう。そうした植物の一つとしてヤマイモ、トロロイモ（トコロ）などがあった。日本のヤマイモは日本での自生種であるともいうが、世界におけるヤムの栽培地についてのJ・アレクサンダーとD・G・コーセイとの研究によれば[*11]、世界におけるヤム（ヤマイモ）の生地は上図の通りで、ⓐの南、ⓐ'の北の地域がそれにあたるという。そして彼らの研究によれば、ヤムの最古の栽培地は三つのⓑの地域であるという。これによれば、日本も縄文時代にヤムを食糧としたことは推測できる。

このようにして日本では、縄文前期以降にヤマイモ栽培が行われたと考えられるが、その次の時期には焼畑のヒエ、サトイモの栽培が行われた。現に、長野県の縄文前期の阿《あ》久《きゅう》遺跡からアワの遺物が発見されたという。もし前期のその例が確実ならば、土器の形式から言って中期にも同じことが行われたと見得るという。そして、縄文晩期には九州北部に水田稲作が始まり弥生前期に至ると稲作は九州から近畿地方まで広がり、さらに日本の東北部へと広まった。その稲は澱粉だけでなく良質の蛋白質を多く含む最も美味な、栄養の豊かな食品であったから、それ以前の食糧よりも高い位置を占めた。

そして、水田稲作を広めた弥生時代の文明は金属、機織を伴う強力な文明であったから、稲作に伴う作物起源の祭儀と神話とは以前と全くちがう形をとり、それ以前の植物性食糧に伴っていた祭儀と神話の神聖性を弱め、新しい神話と祭儀は以前の神話を単なる伝承、昔噺の位置へと追い落した。それゆえ、イモ栽培の神話は一度はヒエ、アワなどの雑穀栽培が伝来した時に変形を来し、二度目には稲作の伝来した時に社会的な重要さにおいてさらに下へと格下げされたのである。

今日ではイモにまつわる祭儀は、正月の三ガ日の間イモだけ食べ、モチを食べない風習とか、イモ名月として八月十五夜にそなえるとかなどの限られた習慣にしか見出されない。イモの食糧としての重要さの低下によって、イモの起源に関して語られていた神話の力も微弱化してしまい、瓜子姫神話は幼童のための民話として全国で語られるに至った。しかし比較神話学の進歩によって、この民話がハイヌヱレの神話と対比されて、これが、実は過去の重要な栽培植物の起源を語る神話であったと判明したのである。

以上によって、縄文中期には、日本列島でもイモ栽培に伴うハイヌヱレ型の祭儀、少女の殺害と屍体の切断、擲散が行われたであろうこと、続いて、その代理としての女性の土偶の製造と供具・破壊が行われたこと、それらの祭儀に伴って厳粛な神話、ハイヌヱレ型の神話も儀式と共に語り継がれていたろうことが推定される。ではその時期の言語はどんなものか。それについては後に述べるつもりである。

ヤマタノヲロチ

瓜子姫民話は右に見たように縄文中期には日本で語られていた食糧起源神話が後に変貌した結果である。これは本来イモ栽培と関連があるものであり、その由来は南方の地域と深く関係することはすでに述べた。そこでこのついでに日本の古い言葉の使い方で、太平洋西南地域の言葉と著しい類似を示す事実をいくつかあげてみよう。

日本の神話の中で、スサノヲノミコトが出雲に降下し、大蛇を退治し、その尾の中からクサナギの剣を得た話は誰しも知っている。その話は古事記によれば次のようなものである。この話の中に八《や》という数字が極めて多く出てくることに注目したい。

　スサノヲが出雲の国に降った時、肥《ひ》の河の河上から箸が流れて来た。そこでスサノヲは、その河上に人がいると考え、求めて上流に行った。すると老人夫婦がいて、童女を中に置いて泣いていた。「お前たちは誰だ」と問うと、その老夫は「私はオホヤマツミという国つ神です。私の名はアシナヅチ。妻の名はテナヅチ。娘の名はクシナダヒメです」と答えた。「何で泣くのか」ときくと、答えて「私には娘がもともと八人あったのですがコシのヤマタノヲロチが毎年来て次々に食べてしまいます。今がちょうどヲロチの来る時節です。だから泣いているのです」という。「どんな形のものか」「その目は赤カガチのようで、身は一つ、八つの頭、八つの尾《を》があり、身にはコケが生え、檜、杉も生え、長さは八つの谷、八つの峡《を》にまたがり、腹を見れば血でただれています」という。スサノヲは自分の身元を明かして、「お前たちは、八塩折《しほをり》の酒を作り、垣を家の周りに作り、その垣に八つの門を作り、門ごとに八つの桟敷《さじき》を結い、桟敷ごとに酒船を置き、船ごとに八塩折の酒を盛って待て」と言いつけた。そしてスサノヲは、ヤマタノヲロチがその酒を飲んで酔いつぶれたところを切りつけて退治した。すると、その尾から大刀が現われた。これがクサナギの剣である。

　ここには「八《や》」という数が実に十一回も現われている。このように神話の中には、しばしば特定の数詞が愛用されることがある。その特定の数詞は民族によって異なるもので、インド・ヨーロッパ語族では三、または九。アメリカインディアンでは四。ツングース語族では五。アイヌは六。ヘブライ語族では七であり、種族によっては三と六との組合せを持つものなどもある。これらの数は聖数と呼ばれ、重んじられ、愛用される。のみならず聖数は、その本来の三とか、四とか、七とかの数そのものを指すにとどまらず、「多数」「無限」という意味を持つことが多い。また、「全部」を意味する場合もある。

「八」という聖数

日本では神話に「八」が多く現われているが、別に神話にかぎらず、日常の表現にも「八」は多く使用されていた（これは現代日本語まで続いているが、現代の社会で「八」が好まれるのは多少意味が違って来ている。現代では文字としての「八」の形が末開きであるところから、未来が開けるという理窟をつけて「八」を好ましいとする。しかし文字の無かった時代には、字形によって「八」が好まれたはずはない。「八」という数そのものが聖数とされ、無限大（無限の多数）を表わすと考え、それをよしとしたのである）。日常生活における「八」の使用は、万葉集にも次のような例がある。

　ヤクモサス出雲（多くの雲の立つ出雲）（巻三、四三〇）
　吾がなげくヤサカの歎き（八尺の歎き。大きなため息）（巻十三、三二七六）
　天の下ヤシマの中に（天下の多くの島々の中で）（巻六、一〇五〇）
　ヤタビ袖振る（八度袖振る。何度も何度も袖を振る）（巻二十、四三七九）

ヤチマタに物をそ思ふ（八衢に。道の多く岐《わか》れたように思い乱れる）（巻六、一〇二七）

奥山のヤツヲの椿（奥山の多くの峰《を》の椿）（巻十九、四一五二）

また、古事記では国生みの結果オホヤシマ（大八島）が生じたという。これは日本全国を指していた。つまりヤ（八）は単に「多数」を意味するばかりでなく、「全体」を意味することもあった。こうした日本の事実に類似する現象が、西南太平洋、オセアニアにも見出される。ドイツの民族学者バルテルの報告「イースター島住民の数の数え方と数に関する信仰」[*12]の中からいくつかを書き抜いてみる。

イースター島の貴族の間では、8という数が特別な位置を持っている。これについて広いオセアニア地域を見ると、少なからず興味ある問題がある。西ポリネシヤを観察すると、トンガでは「多くの」または「よく調和のとれた」数を意味する言葉として、習慣的に8を使う。また、西ポリネシヤのソロモン諸島のマライタでは8は「全体」を指している。このソロモン諸島は、一時ポリネシヤの強い影響のもとにあったところである。ここでは8が特に神話や説話の中で好んで使われる。例えば「広い世界」という観念は、「八つの島々」と表現される。ハワイでも、8は比喩的な意味で使われ、さまざまな複合語で「多くの」を意味する。プクイとエルバートの著した辞書では、「8は聖数であるから、意味が拡張して『多くの』となったのであろう」と言っている。族長に対する尊称としてハワイでは「八つの目の人」という。これは多くの目を持ち、物のよく見える賢人の意である。

ハワイの神話には「八つ目のコウモリ」（賢いコウモリ）がいたという話がある。トンガの神話にも八つの耳を持つ男、八つの目を持つ姉妹がいたという話がある。こうした8に関する話は、集めればもっと増加するのは確かであるが、ポリネシヤでは8という数は形容詞として使われた場合にも、述語となる場合も、「全体」とか「多数」という意味を表わした。そしてイースター島では8は「完全さを持つ数」である。

右に見るように、ポリネシヤの中のソロモン諸島のマライタで、全世界を「八つの島」と表現する。これは日本神話で全世界を「大八島」というのと全く一致する。そして日本神話における「八」の愛用と、このようなポリネシヤにおける「八」の多用とは偶然の一致ではなく、古い時代にこれら二つの民族が何らかの接触を持っていたことを推測させる。

古代日本の兄弟姉妹の呼称

次には、血族・親族の呼称について考えてみよう。現在の日本語では、同じ母から生まれた年下の女子は兄からも、姉からも、イモウトと呼ばれる。同じ母から生まれた年上の女子ならば、弟からも妹からもアネと呼ばれて、イモウトなどといわれることは決してない。

しかし、奈良平安時代の日本語には、兄弟姉妹の呼称について次のような事実がある。たとえば『源氏物語』では、光源氏が空蟬《うつせみ》の弟の小君《こぎみ》に対して、空蟬のことを尋ねるとき「いもうとの君の事もくはしく問ひ給ふ」と書いてある。また、現在では年下の女子は

「いもうと」と呼ばれるけれども、一人の男が姉と妹との二人を妻として持っている場合に、『古今和歌集』には「妻《め》のおとうと（妹）を〔妻トシテ〕持てはべりける」と書いてある。こうした呼称を奈良時代の使われ方によって整理して一覧すると次のようになる。つまり、母が同じならば姉妹は姉も妹も、兄弟からイモと呼ばれ、同母の兄弟は姉妹からはセと呼ばれた。

兄　え↔おと　弟
　　　せ
　　　↕
　　　いも
姉　え↔おと　妹

兄からは弟をオトといい、姉からも妹をオトといった。弟からは兄をエといい、妹からは姉をエといった。オトとはオトス（落す）・オトル（劣る）のオトと同じ語根を持つ言葉で、「年下」という意味だと思われる。エはその反対に「年上」とか「先頭」とかという意味を表わしたに相違ない。

ポリネシヤの血族組織

ところがこのエ↕オト、セ↕イモという兄弟姉妹の名称の体系は、ポリネシヤの住民の血族の組織にそっくりそのまま見出される。そこでの呼び方は次の通りである。

兄　カイクアアーナ↕カイカイナ　弟
　　カイクナーナ
　　　↔
　　カイクワアヒーナ
姉　カイクアアーナ↕カイカイナ　妹

兄は弟をカイカイナと呼び、姉も妹をカイカイナと呼ぶ。弟は兄をカイクアアーナと呼び、妹も姉をカイクアアーナと呼ぶ。ところが、兄弟は姉妹を、その年齢の上下にかかわらずカイクワアヒーナと呼び、姉妹は兄弟をその年齢の上下にかかわらずカイクナーナと呼ぶ。これは日本語がエ↕オト、セ↕イモという名称の体系を持っていたのと全く同じ名称の体系である。ポリネシヤではこのように、男子の兄弟は兄と弟に区別されるが、女子から見た男子からみた姉妹は区別されない。また女子の姉妹は姉と妹とに区別されるが、男子から見た兄弟は区別されない。このような兄弟姉妹の名称の体系は、多数のポリネシヤ部族に共通である。[*13]この事実は一体何を意味するのか。これに関係ある事実を調べてみよう。

プナルア婚

ハワイ人の呼び方では、私自身が男子の場合は、私の兄弟の子供たちはみな私の息子および娘である。彼らはそれぞれ私を父と呼ぶ。この子供たちの子供はみな私の孫である。だから、彼らは私を祖父という。私の妻の姉妹の子供たちもみな私の息子と娘であり、彼らは私を父という。彼らの子供たちは私の孫であり、それらは私を祖父と呼ぶ。私自身が女の場合も、右の親族用語の関係は同じで、私が女であることに相応した呼称の変化を伴うだけである。

　これと並行しているのが「夫妻」の名称である。すなわち、もし私が男ならば、私の兄弟の妻たちに対しては、私の兄弟が「妻」と呼ぶと同様に、私もまたその女を「妻」という。もし私が女ならば、私の姉妹の夫たちは、私の姉妹から「夫」と呼ばれるとともに私からも「夫」とよばれる。

　このような呼称の体系は、ハワイおよびマルケサス島人およびニュージーランドのマオリ族のように、ポリネシヤ諸部族の間に見出される。それはまた、サモア人、クサイエ人、およびミクロネシヤのキングミル島の住民の間にも見出される。

　ではこのような呼称の体系があるのは何故だろうか。これについてモルガンは『古代社会』の中で次のような解釈をくだしている[*14]。

「このように構成された血縁家族においては、夫は一夫多妻で、妻は一妻多夫で生活したのであり、それは人類社会と同様に古いものであったとおもわれる。かかる家族は不自然でもなければ、また異常でもなかった。未開時代においてこれ以外の他の可能な家族の起源を示すことは困難であろう」

「ハワイ人の呼び方に従えば、わたくしの数人の兄弟の妻はすべて彼らの妻であると同時にわたくしの妻である。わたくしにとっては、わたくし自身の子供とわたくしの兄弟の子供とを区別することは不可能であるから、もしわたくしがその誰かをわたくしの子供と呼ぶとすれば、わたくしは彼らをすべてわたくしの子供と呼ばなければならない。彼らは他の者の子供であるかもしれないが、それと同様にわたくしの子供であるかもしれないのである」

つまりハワイでは、ある一組の兄弟は、別の一組の姉妹の共通の夫と見なされた。また一組の姉妹は、別の一組の兄弟の共通の妻であると見なされた。こういう結婚の制度をプナルア婚と呼んでいるが、モルガンは、プナルア婚の制度の成立する以前には、兄弟が自分の実の姉妹と結婚し、また、姉妹が自分の実の兄弟たちと、共通に結婚した時代があったと推定している。それはハワイの兄弟姉妹の名称の組織から推定しているわけで、社会的に結婚の制度には変化が生じたけれども、その名称の体系は残存したのだと見ているのである。

イモ・セの新しい意味

さきに見たように、日本の奈良時代には、エ↕オト、イモ↕セという兄弟姉妹の呼称の体系が存在した。それはハワイの体系と全く一致している。しかし、社会の制度の上からは、奈良時代の日本では、すでに同じ母から生まれた兄弟と姉妹との間の結婚は厳禁されていた。同母のイモとセとには特に同母のしるしであるイロという語を加えてイロセ、イロモといい、この両者は禁婚であることが示された。しかしイモとセという言葉には、奈良時代において別の一つの使い方が発展していた。

それは、まず第一に、女が結婚の相手ときめた別の家族の男性をセといったことである。奈良時代は妻問い婚の時代で、夜になると男が女の家を訪問して結婚した。女は、通ってくることを許したその男をセといった。

しくしくも思ほゆるかもさ夜問へわが背《せ》（万葉集、巻八、一六五九）

（雪の降り積るように恋しさが積って来ます。夜にはおいで下さい。わが背よ）

という歌がある。そして結婚してある時期を過ぎると同居したと考えられるが、その同居の夫をやはりセといっている。

第二には、男が結婚の相手として選んだ女をイモといったことである。

あしひきの山のしづくに妹《いも》待つと我《われ》立ちぬれぬ山のしづくに（同、巻二、一〇七）

（逢う約束をした妹を待つとて、私は山の中に立って、木の下露にぬれてしまった）

という使い方がそれであり、イモといえば男から結婚の関係を結ぶ相手の女性を指した。だから次のような歌もある。

妹《いも》と言ふは無礼《なめ》し恐《かしこ》ししかすがに懸けまく欲しき言《こと》にあるかも（同、巻十二、二九一五）

（あなたをイモと呼ぶのは、失礼だし、もったいないのです。しかし、イモというその言葉は口に出して言いたい言葉なのです）

このように、イモとセという言葉は結婚する相手の女と男とが互いに呼びあう名称としても使われた。つまり、実の姉妹と兄弟との間でもイモとセといい、結婚の相手同士の女と男もイモとセという同じ言葉で呼び合ったのである。

これは何を意味するかといえば、言葉の上だけからいえば、この名称の体系は非常に古い時代には、血縁の（同母の）兄弟姉妹の間において、兄弟は姉妹をイモと呼び、姉妹は兄弟をセと呼んだこと。そしてそのイモとセとは結婚の関係を結んでいたことを示すものかと考えられる。ところがある時期に至って、社会的には同母の兄弟と姉妹との結婚は禁止された。そこで、イモとセの関係の中に含まれていた結婚の相手という意味は、新しく、母親がちがう男と女との間の結婚を承認できる間柄を表わすようになった。そこで、一方では旧態のまま兄弟と姉妹との間でイモとセを使うと同時に、同じ言葉を結婚の当事者同士で相互に使う使用法が発展して来たというようにも考えられる。これは言葉だけを手懸りにして考えた見解である。

しかしこれについては、また別の考え方もある。つまり、結婚の相手の呼称としての万葉時代のイモ・セは、男女が相互に実のイモとセのような近しい関係になるということを表わすための呼称にすぎないというのである。人類の婚姻の実際の歴史の上では、実の兄弟姉妹が結婚するというような事実は無かったのだとするのが通説であり、人類は太古から、一夫一婦制であったのだとする主張は極めて根強い。しかし、一方には、ブリフォルトなどのように、集団婚を考えずには婚姻史を考え得ないとする見解もある。私は言葉を中心にして考えるので、言葉によるかぎり、モルガンやブリフォルトの見解が成立するのではないかと思っている。

いずれにせよ、右に述べた八《や》の多用、あるいはイモ・セの呼称のハワイ及びミクロネシヤとの一致などは、非常に古い時代——おそらくイモ栽培の時期——にまでさかのぼる事実ではないかと思われ、その系統の探究は、日本語の成立の考察に重要な意味を持っている。

第二章　神話の時代　(2)

イザナキとイザナミ

日本の神話には先に見たように西南太平洋地域に深い関係を持つと見られるものがある。しかし他方では、北方から朝鮮半島をへて日本に流入したと見られる神話、つまりアジア大陸の北部（満州・蒙古・シベリヤ）、さらにはヨーロッパ大陸とも連関を持つ神話がある。

そこで、最近の神話学者の言うところを聴こう。[*15]神話学者は、単に、朝鮮・満州・蒙古の神話と日本の神話が類似しているというだけでなく、日本神話とインド・ヨーロッパ語族の神話、ことに遠いギリシャの神話との間に根本的な一致のあることを説いている。例えばイザナキと、黄泉国《よみのくに》に去ったイザナミとの話、あるいはアマテラス大神《おおみかみ》の話の或る部分である。イザナミは、日本の島々を生んだ女神であり、アマテラスは大地に豊穣をもたらす母神だった。これらは、いわゆる大地母神という点で共通な、一つの神格と見ることが可能である。そのイザナミとアマテラスとの話が、ギリシャ神話と全く共通の話素を持つことが指摘された。

イザナキとイザナミとは結婚して、日本の島々を生んだ。その島々を生んだ後に、風の神、木の神、山の神、野の神などを生み、火の神カグツチを生んだ。このカグツチによってイザナミは御陰《みほと》を焼かれて病み臥し、遂に死んだ。イザナキは泣き悲しんでイザナミの枕もと、足もとを這い廻って泣いたが、結局イザナミを出雲《いづも》の国と伯伎《ははき》の国の界にあるヒバの山に葬った。

イザナキはイザナミに会いたくて、黄泉の国に追って行った。イザナミが戸口まで出迎えた時、イザナキは、「愛する妹《いも》よ、お前と一緒に作った国は、まだ仕上っていないのだから、帰って来ておくれ」といったが、イザナミは、「もっと早く来て下さればよかったのに。私はもう黄泉の国の食物を口にしました。ですから人間世界には戻れないのです。しかし私は帰りたいから、黄泉の神と話し合います。その間私を見ないで下さいね」といって殿舎の内に入って行った。しかしなかなか出て来ない。待ちかねたイザナキが左の角髪《みづら》に刺した櫛の歯を一本折って、火をつけ、それを持って殿の内に入って行くと、イザナミにはウジがころころとたかって、頭には大雷《おほいかづち》、胸には火雷《ほのいかづち》、腹には黒雷《くろいかづち》、陰《みほと》には拆雷《さくいかづち》、左の手には若雷《わかいかづち》、右の手には土雷《つちいかづち》、左足には鳴雷《なりいかづち》、右足には伏雷《ふしいかづち》という八つの雷が生じていた。イザナキは恐れて逃げ帰った。それで遂にイザナキとイザナミとは、再びこの世で楽しく暮すことはできなくなった。

つまり、イザナキとイザナミが再び会えなくなったには二つの原因があった。一つはイザナミが黄泉の食物を口にしたことである。二つはイザナキが禁止に違反してイザナミを見てしまったことである。これが決定的な原因となった。

デメーテル神話

一方、ギリシャ神話には大地母神デメーテルをめぐるさまざまの話があり、その中にイザナミ、アマテラスの話と酷似しているものがある。まず、デメーテルの娘ペルセポネについて次のような話がある。

デメーテル（左）とトリプトレモス（壺絵）

大地母神デメーテルとその娘ペルセポネとは、ギリシャ各地で古くから祭られている神である。

ある時、冥府の王ハデスが娘のペルセポネを誘拐した。ペルセポネが春の花の一面に咲く野原で、その美しさに心を奪われていたとき、突然大地が裂けたと見るまに、冥府の王ハデスが神馬に乗って現われ、いやがる少女ペルセポネをとらえて連れ去ったのである。

母のデメーテルは娘を探し求めたが求め得ず、神々の集会にも出ずに悲しんでいた。そ

デメーテルの神殿（ペルガモン）

してついに無情な神々に思い知らせてやろうと決心し、豊穣をつかさどる自己の力を使って大地を飢饉におとしいれた。そこで、王者ゼウスは折れて出て、冥府の王ハデスに使を送り、ハデスを説いて、ペルセポネを母神デメーテルのもとに帰すことにした。しかし、ハデスは、母親のもとに帰る支度をするようにペルセポネに申し渡しながら、甘い柘榴《ざくろ》の実を取って巧みにペルセポネの口へ押し込んだ。ペルセポネはそれをうっかり飲み込んでしまった。

娘に逢えた母デメーテルはペルセポネにいった。「まさかあなたは地の下にいる時に、何か食物を口にお入れではなかったろうね。もし何も食べていなければ、忌わしい冥府から戻った後、ずっと私たちの所に居られます。しかし、もし何かを食べたとすれば、また冥府に帰らなければならないのです」と。すでに、柘榴の実を飲み込んでいたペルセポネは、結局一年を通して母の許ですごすことができず、三分の二を母の許に、三分の一を冥界で暮すことになったという。

　つまり、冥界のものを一口でも食べてしまうと、人間はこの世に戻って来ることは出来ない。これはイザナミが、ヨモツヘグヒ（黄泉の国のものを食べること）をしてしまったため、この世に戻れなかったことと同一である。このような話は、世界に少なくないのだが、ここに登場したペルセポネは、次のような話に再び登場する。

オルペウスとエウリディケ

　オルペウスという男がいた。彼は歌にすぐれ、竪琴《たてごと》の発明者とも改良者とも言われている。それがエウリディケと結婚した。そして間もない頃、二人がトラキアのある川畔を逍遥していたときに、一人の暴漢が現われた。エウリディケは危く難を逃れたが、逃げまどううちに、草むらに隠れていた一匹の蝮《まむし》をうっかり踏みつけた。エウリディケは蝮に咬まれてその毒にあたり、ついに死んだ。オルペウスは悲嘆のはて、諦めきれずにエウリディケの後を追って冥界に赴き、黄泉坂《よもつさか》を降って行った。オルペウスの楽の音は、さしも猛々しい冥界の番犬ケルベロスをも馴らすほどだった。冥府の王ハデスも、その妃となっていたペルセポネも、オルペウスの楽の音に感動して、エウリディケを連れ帰ることをオルペウスに許した。ただ、それには一つの条件があった。すなわち、太陽の光を仰ぐまでは決して後を振り返ってはならないというのだった。

　オルペウスは大いに感謝して、妻を従えて冥府を出た。しかし長い暗い道の途中で、彼

カローン（壺絵）

は劇しい疑念に襲われた。本当に妻は後からついて来るのか。ペルセポネがだましたのではないかと思うとオルペウスは我慢しきれなかった。彼は思い切って後ろを振り向いた。エウリディケはいた。しかしかすかな叫びとともに、その姿は見る見るうすれ、消え去ってしまった。約束の違反を悔いたオルペウスは、冥界に戻って許しを求めようとした。しかし、今度は渡守のカローンも拒んでオルペウスを通さなかった。

　ここでは、オルペウスが禁止に違反して後ろを振り向き、エウリディケの姿を見てしまう。その瞬間、エウリディケは消えて行き、それを再び冥界から取り戻すことはできなかったとされている。ここにあげた二つのギリシャ神話は、イザナキが、イザナミの姿を見てしまい、ついにこれをこの世に連れ戻せなかった話と基本的には同一である。

　オルペウスやイザナキの場合のような、死んだ妻を上界に連れ戻すため、冥府を訪問する夫の冒険を主題とした説話は、日本、ギリシャ、ポリネシヤ、北アメリカという四つの地域に限って濃密に分布しているという。しかもこの夫の企てが失敗に終り、その失敗の原因が冥府で課せられた禁止に対する違反であったとされている話は、日本とギリシャの外には北アメリカの原住民の伝承中にしか見られないという。[*16]

日欧神話の共通点

このように、もと上界に住んでいた有力な女神が冥界に所属する存在となり、死者の国の定住者となった由来を説明する点で、さきのギリシャ神話と日本のイザナミの神話とは軌を一にしている。のみならず、右のデメーテルの神話の一異伝に、日本神話のアマテラスをめぐる話と同一の神話があることが指摘された。[*17]

娘のペルセポネを奪われた大地母神デメーテルは不機嫌になり、ペルセポネを探しまわる。迎えてくれる神々の出す食物にデメーテルは手を触れなかった。それに業を煮やした接待役のバウボは、デメーテルに自分の陰部《ほと》を露出して示した。この滑稽な仕草に、デメーテルは思わず笑ってしまい、ついに食物を摂ることを承知したという。この話は天の岩戸の前でアメノウズメが「胸乳《むなち》をあらわにして、裳の紐を陰《ほと》に垂らし、神がかりのわざをしてアマテラスの機嫌をうかがった」という古事記の話と類似すること、言うまでもない。その上、この大地母神デメーテルについては、アマテラスの天の岩屋隠りの話に酷似する伝承がある。

デメーテルは、海神のポセイドンが自分に心を寄せていることを知り、牝馬に化けてポセイドンを避けようとした。ところがポセイドンは牡馬の姿で近づき、思いを遂げた。その結果、デメーテルは妊娠し、駿馬アレイオンを生んだ。デメーテルはポセイドンの非礼を怒り、エレウスの岩屋に隠れてしまった。そこで地上の植物はことごとく稔《みの》らず、人々

ポセイドン（右）とアテナ（壺絵）

は飢餓に脅かされた。諸神たちはデメーテルの隠れ場所を知ることができず困惑した。ただ牧神のパンだけがデメーテルの隠れ家である洞穴を知り、ゼウスに告げた。ゼウスは運命の女神フェーレを遣わして、デメーテルの心を和らげるように努めた。それで大地母神デメーテルは怒りと歎きをしずめ、再び地上の植物は稔ることができたという。

　ギリシャ神話に登場するのは、海神ポセイドンであり、ポセイドンは牡馬に化けてデメーテルに迫り、その結果、駿馬アレイオンが生まれた。これに対応する日本の神話では、大地母神アマテラスに乱暴をはたらくのは、海原を治めよと言われたスサノヲである。そして書紀ではスサノヲは、アマテラスが機《はた》を織っている時に、天斑駒《あまのぶちこま》の皮を剥いで機屋《はたや》に投げ込む。アマテラスは驚いて手にした梭《ひ》で身を傷つけた（古事記では、機織の少女が梭でもって陰《ほと》を傷つける）。また、デメーテルが岩屋にこもると世界は飢餓に陥った。しかし、デメーテルが岩屋から出ると、世界には稔りがよみがえった。これに対応する日本神話では、アマテラスが岩屋にこもったとき、世界は暗くなる。しかしアマテラスが現われると、世界は明るくなった。

このように大地母神デメーテルに関する神話では、冥府のものを食する話、振り返り禁止の話、大地母神に海の神が乱暴を働く話、岩屋がくれの話があり、イザナキ・アマテラスの神話にはこれに対応する話素がそろっている。

スキタイ人の役割

では、遠く隔たり言語も全く異なるギリシャの神話に、何故このような日本の神話との根本的な一致が見られるのか。これに対して神話学者は次のような解釈を下している。[*18]

西暦前一千年紀から前一世紀くらいの間に、内陸ユーラシアの広大な地帯にいた遊牧民の中で、騎馬戦を得意とする部族が遊牧民国家を形成した。そのうちでも特に南ロシヤの草原地帯に、紀元前六世紀前後に王国を建設したスキタイ人があった。当時スキタイはギリシャ人の諸都市からも貢物を取り立てるほどの勢力があった。このスキタイ人がギリシャの神話伝承を受け入れ、それを東方へと伝播する役を荷なったのであろうという。

スキタイによって代表されるイラン系遊牧民は、本来インド・ヨーロッパ語族の一派の言語を用いていたが、他のインド・ヨーロッパ語系民族がアジアからヨーロッパにまたがる広大な農耕地域に分れて定住生活に入った後も、彼らは馬を育てる遊牧民文化の伝統を維持していた。

このイラン系遊牧民は、歴史時代に入ってもギリシャ・インド・ゲルマン・ケルトの諸民族と種々の形で接触し、交渉をもち、さかんな通商と文物の交流を行ったという。したがって、このスキタイ人たちが、ギリシャの神話を東アジアの遊牧民の間へ運びこんだことは十分に考えられる。

アルタイ族の神話

このスキタイ人はインド・ヨーロッパ語族の一言語を語っていたらしい。しかし、ユーラシア大陸には、他にも遊牧民が多くいた。彼らは、アルタイ語と呼ばれる、インド・ヨーロッパ語とは異なる文法組織の言語を使っていた。例えばトルコ語、モンゴル語、ツングース語などを使う民族である。スキタイ人はこれらの民族に対して、先のようにギリシャの神話を持ち込んだと見られるが、このアルタイ諸民族は、その神話を取り次いだばかりでなく、彼ら自身がもとから持つ神話も、大陸の東部、朝鮮半島をへて、日本に運び入れたことが考えられる。その一例は、モンゴルの世界創世神話である。*19

モンゴルの世界創世神話によれば、ある何者かが、鉄の棒を持って原始の海の液体を掻き廻した。すると、液の表面が濃くねばって来て、大地が生じたという。この話を聞く人は、古事記にあるイザナキ・イザナミの話を思い起こすだろう。天の神は、イザナキ・イザナミの二柱の神に、「この浮き漂う国を固めよ」と命じて天の瓊矛《ぬぼこ》を賜わった。そこで、その二柱の神は天の浮橋に立ってその瓊矛を海水の中に下して掻き廻した。その矛を引きあげると、矛の先の海水のしたたりが、重なり積って島となった。これがオノゴロ島であるという。この神話をモンゴルの神話と比較すれば次のような対応が見出される。

鉄の棒　原始の海　掻き廻す　液の表面　濃くねばる　大地が生じた
｜　｜　｜　｜　｜　｜
瓊矛　海水　掻き廻す　海水のしたたり　重なり積る　島が生じた

この対応は偶然であると見なすことはできない。つまりこの二つの神話には何らかの起源的関係が想定される。とすればアルタイの神話が朝鮮半島をへて日本に伝来したと見るべきである。

アマノカグヤマ

こうした世界創世の神話だけでなく、世界の形についてもアルタイ諸民族の伝承と極めてよく似た話が日本に見出される。それはアマノカグヤマにまつわる話である。[*20] 大和の国にアマノカグヤマという有名な山のあることは誰しも知っている。このアマノカグヤマは、天から降って来た山だという伝承を持っていた。それは万葉集にも

天降《あも》り付く　天の香具山（巻三、二五七）

と歌われていることで知られる。これは「天から降って来て、ここに場所を占めたアマノカグヤマ」ということで、そういう伝承が奈良時代に行われていたと考えられる。この天の香具山は、伊予国の『風土記』には、天から降って来たと明確に書いてある。

天香具山（奈良県橿原市）

伊与の郡の、郡家の東北の方に、天山《あまやま》がある。天山と名づける理由は次の通りである。大和の国に天の香具山があるが、それが天から降って来た時に、（もと一つだった山が）二つに分れて片端は大和の国に降り、片端は此の国に天降った。だから一方を天の香具山といい、こちらを天山というのである。

「伊予国風土記曰　伊与郡　自郡家以東北在天山　所名天山由者　倭在天加具山　自天々降時　二分而　以片端者　天降於倭国以片端者　天降於此土　因謂　天山本也」

（『釈日本紀』巻七）

天にあるとき一つだった山が、天降る途中で二つに分れてアマヤマ（天山）と、アマノカグヤマになったという。ところが、この「天の山」という観念は広くアルタイ諸民族の間に存在する観念であり、「天の山」という言葉はアイスランドやフィンランドの伝承の中にまで見られるという。フィンランドの伝承の中では、「天の山」は単に天にある山というだけでなく、天にあって、火の起源、火種を持っている山だと歌われている[*21]。

そこでアマノカグヤマという日本語に注目し、それを分析してみると、アマは天である。カグヤマはカグとヤマとに分けられる。この「カグ」は、古事記や日本書紀の、カグツチという神に見られ、「火神、軻遇突智《カグツチ》」と書いてある。これはカグ（火）ツ（の）チ（霊）と分析されるから、カグとは火を意味する古語である。してみれば、アマノカグヤマとは「天の火の山」の意となる。これはフィンランドの伝承において、「天の山」は「火種」を持っている山だと歌われていることと、ぴったりと対応する名前である。つまり、大和の国の「天の香具山」とは、「天の火の山」の意で本来、火の起源を語る神話と結びついた山であり、天にあった山だったのである。

この天の香具山は、万葉集に歌われているような、単に天から降った山、火の山であるだけでない。大和平野の中に実際に存在し、それ程高い山ではないが、それに登れば、大和の国の国境を画する周囲の山々が手にとるように望見される、いわば大和平野の一つの中心に位置すると見立てられる山である。

大地を取り巻く山々

次に、アルタイ諸民族の大地の構造に関する観念を見ると、以下のような報告がある。

すなわち、アルタイ諸民族の観念では、世界の中心として大地から現われてそそり立つ山が一つある。また、シベリヤのヴォグール族やオスチャク族によると、この大地をぐるりと取り巻く山環があるという。タタール族の伝説では、ある英雄が世界の涯まで馬を走らせて行くと、大地を取り巻く山々に出逢ったという。のみならず、「鉄の山環」に囲まれた世界という観念がモンゴル族にもある。つまり、世界の中心には一つの山があり、世界の涯は山なみによって環のように囲まれているという。その観念を日本に移し、具体的にヤマトの国の平原についてあてはめれば、世界の中心として大地にそそり立つ山はアマノカグヤマである。そしてヤマト平原の四周を取り巻く山々は、アルタイ民族でいう地の涯の山環ということになる。そうした観念が存在したと考えて万葉集の次の長歌を解釈してみよう。

大和には　群山《むら》ありと　取りよろふ　天の香具山　登り立ち　国見をすれば　国原は
煙立ち立つ　海原は　かまめ立ち立つ　うまし国そ　あきづ島　大和の国は
（巻一、二）

「取りよろふ」とは取って、身に着ることである。つまり天から降って来た「天の香具山」があたかも四周にある山々を取って身にまとう形であることを、「大和には群山があると取って身につけている天の香具山」と歌ったわけである。その香具山に登って国見をすれば、その群山が望見され、その手前の国原からは煙が立ち、国原の池や沼からはカマメが飛び立っている。ああこの大和の国は美しいよい国だ、というのがこの歌の真意なのではなかろうか。

この歌を作った人の心の中には、ヴォグール族やオスチャク族などアルタイ諸民族の神話にある「世界の涯にあって、世界を取り巻く山々」という観念が同じく存在し、香具山から望見される大和の国の群山が、そのアルタイ神話にいう地の涯の山々に比せられていたのではないだろうか。そう考えるときに、この歌は、万葉集の原文に使われた万葉仮名の通りに「大和には群山有等《むらやまありと》取りよろふ天の香具山、登り立ち国見をすれば」という自然な読み方をすることが可能となり、この歌の構想・意味も極めてよく理解されるように思われる。[*22]

世界の三層構造

こういう大地・世界の構造について、アルタイ諸民族が持っている伝承と、日本の神話における伝承とでは、次の点でも極めて顕著な類似がある。それは世界が三層の構造を持つとする点である。

アルタイ諸民族の信仰によれば、世界は三層から成っているという。ソヨート族の信仰では「天・大地・下界は、大地を中層として重なり合う三つの大きな円盤である」という。また、アルタイ・タタール人のある者はいう。上層は神ユルゲンとその従者の住む〈上界〉であり、次は人間の住む〈中界〉で、その下は死者の国の君主エルリクと従者の住む〈下界〉である、と。ヤクート族の伝説には、しばしば〈中の世界〉ということが言われ、この言葉で人間の住む世界を指すという。

記紀の神話でも世界の三層の把握は明瞭である。上界は日本語ではアマまたはアメという。大地である中界は「中つ国《ナカクニ》」という。たとえば天孫降臨の神話で、日本の国を「この葦原の中つ国は吾が御子の知らす国」と言っている。下界はヨミの国（またはネの国）である。アメとは単に上空という意味ではない。アメには山もあり、安の河のような河もあり、神聖な井戸もあり、岩座《いわくら》もある。アメはこの地上の国と等しく、さまざまの地物のある場所であり、「天つ神」の住む所である。それに対して、ナカツクニは、この大地の上の人間の国を意味している。

古朝鮮の建国神話

このように、ギリシャの神話はスキタイを通じてアルタイ語族に伝えられた。それは、アルタイ語族本来の神話や世界観とともに朝鮮半島を経由して日本に持ち込まれた。それらが日本に伝えられる時、朝鮮自身の神話もまた、それらの諸神話と共に伝えられたと考えるのが妥当である。例えば三品彰英氏らが明らかにしたように朝鮮の神話と日本の神話と著しい類似・対応を示す次の例がある。十三世紀に、僧侶一然が著した『三国遺事』（古代の新羅、高句麗、百済などに関する歴史書）にある建国神話である。

古記云　昔有桓因　庶子桓雄　数意天下　貪求人世　父知子意　下視三危　大伯可以

弘益人間　乃授天符印三個　遣往理之　雄率徒三千　降於大伯山頂　神檀樹下　謂之
神市　是謂桓雄天王也
（『古記』によると、むかし桓因の庶子の桓雄は、天下を治めようと志し、人間の世に生まれることをしきりに求めた。父桓因は、桓雄の意図を知り、下界の多くの山々を視て、大伯山ならば広く人の世に益することができようと思った。そこで天の符印《しるし》三個を授けて、往かしめて、下界を理《をさ》めさせた。桓雄は部下三千人を率いて大伯山の山頂にある神檀樹の下に天降った。ここを神市という。降って来た桓雄は天王といわれた）

これを日本書紀の天孫降臨の条の第一の一書と対照すると次のようになる。

　アマテラスの命を受けたアメノオシホミミは、天の浮橋に立って下界を臨睨《みおろ》して、葦原の中つ国がまだ騒いでいると申し上げた。そこでアマテラスはタケミカツチを下して下界を平穏にさせた。そこで皇孫ニニギに三種の宝物を授けて、五部の家来を配し、「お前は行って、ここを治めよ」と言い、下界に遣わした。よってニニギはクシフル峯に降下した。

この二つの神話の話素は次のように対応している。

桓因	—	アマテラス
庶子	—	皇孫
桓雄	—	ニニギ
下視	—	臨睨
弘益人間	—	下界平定
天符印三個	—	三種宝物
徒三千	—	五部神
遣往理之	—	就而治焉

大伯山頂神檀樹
—
槵觸之峯

右の対応の表では、「徒三千」と「五部神」とが顕著に相違しているように見えるかもしれない。しかし『三国遺事』のこの古朝鮮の伝承では、「三危」「三個」「三千」と「三」という数が繰返されている。つまりここでは「三」が聖数として使われている。それゆえ、「三千」という数が登場したものと考えられる。それに対して日本書紀には「五部神」とあるが、ツングース族など、アルタイ語族の一部では「五」が聖数である。物部氏の伝承では、ここは「二十五部」が随伴したことになっている。二十五は五の五倍であり、ツングース系諸族の軍隊組織に使われる数である。日本の神話に見られる聖数は多く「八」であることはすでに述べた通りであるから、天孫降臨の神話に「五」「二十五」が現われることは、天孫降臨神話が聖数「八」を多用する一群の神話とは起源的に別系統の神話であることを示している。「五」の系統の神話はおそらくアルタイ語系、それもツングース語族に由来することが推定される。

ニニギ神話と瓜子姫神話

右の例を見れば、古事記、日本書紀に見える天孫降臨の話が、朝鮮の建国神話と全く同質の話を含むことを理解するのはやさしいことであろう。その天孫降臨の話は、右に見た建国神話と同じく、国の統治権の由来を語る点で極めて重要な役目を帯びているが、天孫降臨の話を見るときに、その登場人物の多くが、稲作に関する名を負っていることも見逃すわけには行かない。

登場神名	稲作との関係
アメノオシホミミ	穂
ニニギ	稲《ニ》（ニはニホ〔稲堆《いなづみ》〕のニと同じ）・饒《ニギ》
アメノホヒ	穂日《ホヒ》
ミクマノウシ	奠《クマ》（神前にそなえる米）
アメワカヒコ	食料《ウカ》（の転）
アヂスキタカヒコネ	耜《スキ》
シタテルヒメ	赤照《シタテル》（稲が赤くいろづく）

このように、天孫降臨に関係する神々の名には、稲の状況、農具などが使われている。つまりこれは、天孫降臨の神話が統治権の所属を闡明する役目を帯びているとともに、稲という最も重要な食糧を地上にもたらしたその根拠を語るという役目も兼ねていることを示唆している。

先に見た瓜子姫系の神話には、

（第一次）　　（第二次）　　（第三次）
イモ栽培 → ヒエ・アワ栽培 → 稲の栽培
瓜子姫神話　　天邪鬼の死　　ウケモチノカミ神話

という形で、女性の身体の各部から食糧が発生するという同一の型の内部的な発展があった。それは第一次、第二次、第三次と栽培植物の変化に応じて神話の内容が発展して来たことを明示している。これに対し、記紀に見えるニニギ神話では、稲作に関する神々が、天から降りて来たとする点でアルタイ神話と親縁性があるとともに、ニニギ以下の神々が統治権に関係するという全く新しい要素を、食糧神話と共同で含んでいる。これは瓜子姫系とは全然別系の神話である。瓜子姫神話には国家とか、統治とかの観念は全然含まれていず、瓜子姫神話は純然と食糧の獲得だけに関する神話であった。それがニニギ神話では、食糧と政治が関わり合い、国家の成立という要素が濃く入り込んでいる。つまり、この天から降下するという神話は、発展の順序からも後の段階の神話であり、実際の時間の上でも後から日本列島へ参加した神話である。そして先に述べたように日本の天孫降臨の神話が、朝鮮の国々の建国神話と顕著な類似を示すことは、朝鮮の建国と、日本の建国とが、同じ観念を持つアルタイ神話に近しい種族によって行われたことを推測させる。

この人々は、単にそのような政治的経済的な変革を九州から畿内までの西日本に広めただけではない。言語の上でも高句麗の言語、あるいは百済の言語と密接な関係のある言語を語る人々であったろうと考えられる。それを神話の方面から見れば、次のような注目すべき事実がある。

先に私は日本書紀のウケモチノカミの話をあげた。その屍体からは種々の食糧が発生した。

ウケモチノカミの頭部に牛馬が化生した。顱《ひたい》の上には粟がなった。眉の上には蚕《かいこ》が生じた。眼の中には稗《ひえ》がなった。腹の中には稲が生じた。陰部《ほと》には麦と大豆《まめ》・小豆《あずき》が生じた。アマノクマヒトがそれをすべて取ってアマテラス大神に奉った。アマテラスは喜び、「これはこの世の人間たちの食して生きて行くべき料である」と言った。

これは、瓜子姫神話の系統を引く話であること、すでに述べた通りである。この話と、ニニギ神話とは系統が別で、ニニギ神話は朝鮮半島を経たアルタイ語族の系統の神話である。しかし、このウケモチノカミ神話について、朝鮮語の知識を持ち込み、右にあげた身体の各部位と、化生した産物とを朝鮮語に置きかえると、次のような解釈が生じてくる。*23

mɐrɐ（頭）から mɐr（馬）が生じた。

chɐ（顱）から choh（粟）が生じた。

nun（眼）から nui（稗）が生じた。

pɐi（腹）から pyö（稲）が生じた。

pöti（女陰）から p'at（小豆）が生じた。

つまり、朝鮮語の知識をもってウケモチノカミの話を理解するならば、それぞれの身体の部位と産物との間には、音韻上の結びつきが明確に見られる。もしこの説が正しいなら、この話は神話として、朝鮮でも行われたものであるということになるだろう。それをすべて日本語に改めてしまっては、身体部位と産物との間の音の類似の関係は失われ、単にそれを意味的に受け取るにすぎなくなる。つまり日本語では、発生の場所と、生じた物との間の音韻上の連絡にもとづく、口から耳への聴覚的真実性が全く失われる。してみると、これは元来、朝鮮語の世界に伝承された話であったのだろう。あるいは、日本で、朝鮮語の分る人が整理したのかもしれない。いずれにしても、瓜子姫神話は朝鮮南部にも日本にも行われたわけで、これは朝鮮南部と日本とが稲・粟・豆を持った時代に同じような文化圏の生活を営んでいたことを示す一例と見ることができよう。

さてそれでは日本語そのものは、言語としては高句麗語、百済語とどんな関係にあったのか。また、アルタイ語との間にどんな関係が想定できるのか。さらには、それ以前の時代には、どんな言葉が日本列島で行われていたのか。それは何時までさかのぼることができるか。これまで述べた神話の系統、食糧の変化の問題を言語の問題と綜合して考えるとどうなるか。第一のイモ栽培時代、第二のヒエ・アワ栽培時代、第三のイネ栽培時代に応じて、言語の上にも顕著な特徴が存在したと見られることを次に述べよう。

第三章　日本語の重層的成立

神話と食糧生産の対応

これまで述べたように神話の内容を調べて行くと、記紀の神話には、非常に古い要素から、比較的新しい要素まで、古い層の上に次々に新しい要素が重層的に加わりながら伝承されて来たことが判明する。先に記したように実際にイモ栽培が主として行われていた時代の植物栽培神話では、殺された女の身体の各部位からは、イモが発生したと語られただろう。その次の粟や稗の栽培をする時代をへて、稲作が中心の時代になっても、食糧の起源を語る時には女が殺され、その体から食糧が発生するという原型は保たれていた。それで、稲作時代の日本書紀の記載でも、殺された女神ウケモチノカミの身体から食糧が発生した。ただしそこでは粟や稗や麦だけでなく、稲までが発生するように話が増殖している。

このような変化の過程をへて成立したウケモチノカミの神話を今日のわれわれのように、最古の記録として唐突に読むならば、誰しも、身体の各部位からさまざまの食糧が発生するという神話を奇怪だと思い、食糧の発生の話が何故このような形をとるのかを直ちに理解するのは難しい。しかし、この神話の由来は、日本の栽培植物としての、(1)イモ栽培、(2)粟などの雑穀の栽培を含む水稲の栽培、という段階に対応しながら変形して来たと考えれば理解がいく。

第一のイモの栽培は南方オセアニアなどの熱帯地域の農業と類似している。第二の雑穀の栽培は立木を焼いて畑を作り、そこで栽培を営んだもので、世にこれを焼畑農耕と呼んでいる。これは縄文後期以後に広まった技術と見られ、暖温帯落葉広葉樹林帯（ナラの林）、あるいはインド北部、中国南部、江南の地の、いわゆる照葉樹林帯の生活者によって日本に伝えられたものだろうという意見がある。第三番目に、九州に水田稲作が行われはじめた。稲作は日本海を通じて、あるいは本州の中央部を経て北部まで広がった。それが弥生時代である。これは次の統一国家の成立を準備する段階でもあった。これら食糧獲得のための植物栽培技術の変革は、ある程度はそれを行う人間の移入を伴ったはずである。それと共に、言語上の大変革を日本にもたらした。

日本語の特質

そこで、およそ右のような考えに従って日本語の祖先を求め、日本語の親戚を探る場合に、少なくとも三つの地域が想定される。

第一　オセアニア（太平洋地域）
第二　インドを含めたアジア大陸南部

第三　蒙古、満州、朝鮮半島

日本語の起源に当る言語というからには、文献にある古代日本語と根本的性格が合わなくてはならない。その根本的性格とは一に発音のこと、二に文法のことである。日本語は

(1)はじめの子音がka sa ta naのようにみな簡単でstとかprなどはない。

(2)ka ki ku ke ko、ma mi mu me moのようにどの音節も母音で終る。

この二つの条件に大体合う言語がある。それはミクロネシヤ・メラネシヤ・インドネシヤ・ポリネシヤなど南太平洋オセアニア地域の言語である。

(3)日本語はra ri ru re roの音は名詞や動詞・形容詞などの最初に来ない。

たとえばラッキョウ（辣韮）、リス（栗鼠）などはみな輸入した漢語である。別に文法上は次の特徴がある。

(4)形容詞は名詞の前。副詞は動詞の前に来る。後ろに来ない。

シラユキ（白雪）、クロツチ（黒土）のように、シラ（白）クロ（黒）は、ユキ（雪）ツチ（土）の前に来て、ユキシロ、ツチクロとはならない。

グッスリ眠ル、ノロノロ歩クのようにグッスリ、ノロノロは眠ル、歩クの前に来て、眠ルグッスリ、歩クノロノロとはいわない。

(5)私ハ花ヲ見ルのように、動詞の目的語は動詞の前に来る。

(6)花ヲ買ウダロウ。彼ハユックリ歩イタなど、動詞・助動詞は文の末尾に来る。

(7)友達ト神田ニ本ヲ買イニ行ッタのように、助詞は、つく言葉の後に来る。

この(3)(4)(5)(6)を充足するのは、大陸のアルタイ諸語と、南インドのドラヴィダ諸語である。

オーストロネシヤの言語

右の(1)(2)の条件を満たすのは、南太平洋のオーストロネシヤ語である。たとえばハワイの言語などである。そこで、オーストロネシヤ語と日本語の比較に力を注いでいる学者もいる。ところがそれらの言語は(3)(4)(5)(6)(7)の条件を全然満たさない。だからそれを日本語と同系の言語だということは全くできない。しかし、(1)(2)の条件が合うのは、アジア大陸の言語に一つもないのだから、オーストロネシヤ語は、何らかの段階で日本語と深い関係があったのかもしれないと考えることは大切である。

この問題は、先に行ってさらに考えることにしたい。

チベット語と日本語

次にはインドから中国南部にかけての諸言語である。この中にはチベット・ビルマ語群が含まれる。これは日本語と語順がほぼ一致する点で注意をひく。西田龍雄氏はチベット語と日本語との同系説を展開した。しかし、単語の対応を明確に証明することはできなかった。

第二として、インド南部で使われているドラヴィダ語がある。これを研究した人がいる。

インドの言語分布図

(Imperial Gazetteer of India)

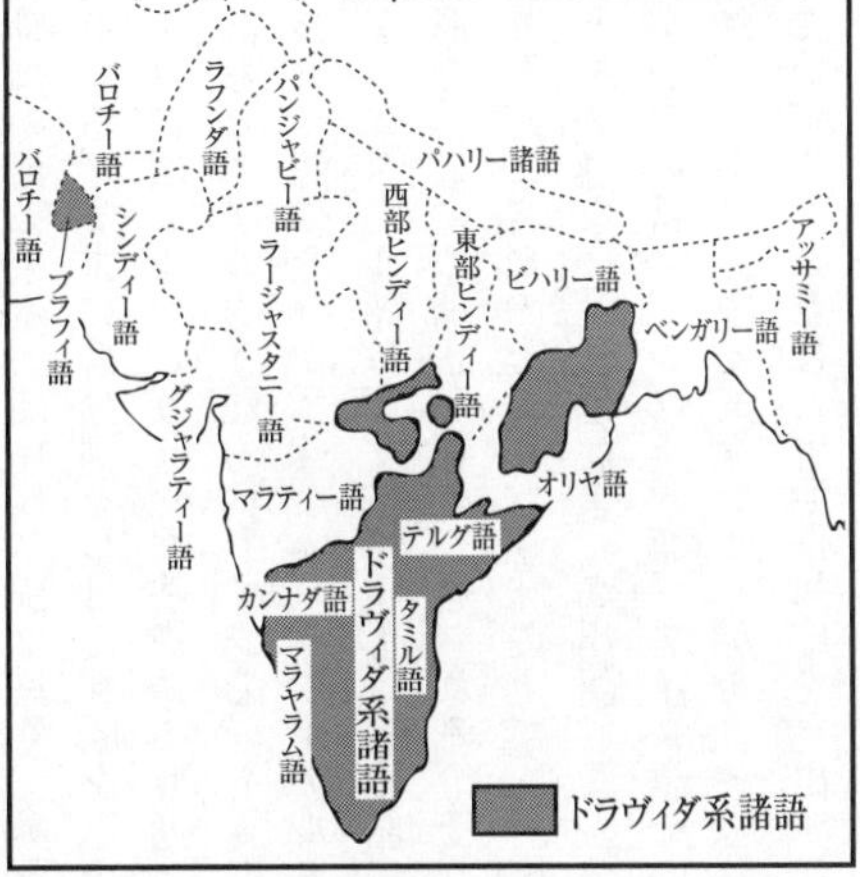

芝烝《しばすすむ》・藤原明・江実《ごうみのる》の諸氏である。[*24]ドラヴィダ語とは現在インドの最南部に広く使われている言語で、その使用人口は一億二〇〇〇万人。この一大語族の中にはタミル語（五〇〇〇万人）、マラヤラム語（一七〇〇万人）、テルグ語（三八〇〇万人）、カンナダ語（一七〇〇万人）という四つの大言語がある。中でもタミル語は二千年も前の詩二四〇〇首を今日に伝えている。長い歌が多いのでその言語量は万葉集の数倍に達する。

タミル語の特徴

三氏の研究を受けて、私はその中のタミル語に注目した。タミル語は、母音はa・i・u・e・oの五つ。それぞれに長母音がある。語頭の子音は、k・c・t・n・ñ・p・m・y・vの九つ。語中の子音としては、右の他にr・lがあり、またkk・cc・tt・nn・ññ・pp・mm・rr・llなどの促音・撥音もある。つまり先の七つの条件のうち(1)(2)については合致しない。ことにrとlとの区別のあることや、捲舌音のあること、語尾に、r・

l・m・nなどの立つ点で日本語と相違している。それにもかかわらず、タミル語は日本語と同系だというのは何故か。それには二つ理由がある。一つは、先の条件の(3)(4)(5)(6)(7)が満足されること。二つは五〇〇語に及ぶ対応語があることである。まず文法についていえば、タミル語には冠詞が無い。文法上の性の区別をしない。単数複数は、必要に応じて複数の接尾辞をつける。格変化はなく、助詞（後置詞）を使う。形容詞は名詞の前に来る。副詞は動詞の前に来る。関係代名詞は無く、動詞の連体形が名詞の前について関係代名詞の代役をする。文末に助動詞をつけて判断を示す。つまりタミル語は日本語と同じ膠着語のグループに属する。こうした文法構造の共通という点では、ツングース語やモンゴル語、トルコ語などのアルタイ語も同じである。しかしタミル語は、五〇〇語の単語の対応がある。アルタイ語はそれが示せない。そこがアルタイ語説の弱点なのである。

このようにタミル語は、文法構造上は日本語に極めてよく類似している上に、日本語と鮮明な形で対応する単語が数多く見られる。それは従来日本語と関係づけられた、どんな言語より明確に音形の上でも、意味の上でも対応する。その対応語の数は、偶然の一致と見ることを許さない。私は従来、満州語、蒙古語、台湾の高砂族の言語、マレイ語、オーストロアジアの言語、レプチャ語、アイヌ語その他数々の言語の単語と日本語との比較をそれぞれの辞書に頼って試みたことがあるが、最も日本語に近いと考えられる朝鮮語との対比においても、これほど鮮明な対応を見出すことはできなかった。

単語の音韻の対応

そこでこのタミル語と日本語とを私が比較した結果を例示しようと思う。その前に或る二つの言語の単語に見られる音韻の対応とはどんなことかを見ておこう。単語の比較はただ漠然と似ているというのでは駄目なのである。二つの言語の音の間に、規則的な対応がなければ無価値である。例えば英語とドイツ語である。現在のブリテン島には紀元五世紀の頃、ブリトン人が住んでいた。これはケルト語の系統の言語を話し、それをローマ人が統治していた。ところがローマ本国が危急におちいり、ローマ人が引きあげたので、その後へ、ドイツの北部からゲルマン族の一派であるアングル人、サクソン人、ジュート人が侵入した。その言語がブリテン島に広まった。それが現在の英語の祖先である。また現在のドイツ語は大陸のゲルマン語の子孫である。こうした関係にある英語とドイツ語とには、単語を比較すると次の事実が見られる。

英　語		ドイツ語
th ←――――→ d		
that	（あれ）	dass
this	（これ）	dies
thing	（物）	ding
thick	（厚い）	dick
thief	（泥棒）	Dieb
thirst	（渇き）	Durst
thorn	（いばら）	Dorn
thunder	（雷）	Donner
three	（三）	drei
bath	（浴み）	Bad
brother	（兄弟）	Bruder
earth	（土地）	Erde
north	（北）	Nord
south	（南）	Süd

上の表を見れば、英語とドイツ語の間では、英語のthがドイツ語では規則的にdになって現われていることが分

る。こういう表が作成できるときに、英語とドイツ語との間には、音韻の対応があるという。ここには例としてthとdとの関係をあげたが、それに止まらず、英語d↔ドイツ語tなど、他にもいくつも音韻の対応が成立する。こういう音韻の対応の規則性によってはじめて、単語の間の偶然の類似が排除される。

元来二つの言語の語彙の間に関係があるという場合に二つある。第一には借入れによる単語の一致である。例えば現在の日本語で、ペイパー、ドライバー、スライダーのような単語を使う。これは英語の、paper, driver, slider と発音も意味も類似している。しかしこれらは物と一緒に輸入された単語である。いくらこういう単語があっても文法が日本語と英語とでは全くちがう。この場合、こういう単語は「借入れ語」と扱われる。こういう単語が数多くあることは、その二つの言語を使う種族または民族の間に深い文化的関係がある証拠にはなる。しかしそれによって、その二つの言語が親族関係にある、あるいは同系であるとはいわない。日本語と中国語との場合がそれで、現代日本語の六万語を収めている辞典はその中に三万語の漢語を含んでいる。つまり現代日本語の語彙の約半分は漢語である。その意味も発音も多くは中国語と対応する。しかし天地・氾濫・精神というような単語がいかに中国語と対応しても、その基礎は文献の学習によって日本人が習得し、借入れたものにすぎない。日本語と中国語とは文法上構造が全然異なる。そういう場合は、それらは互いに別系統の言語であるという。だからこれらの借入れ語は親族関係による単語の対応とは区別される。

言語の親族関係

第二に、両言語が交通交易などで接触しているうちに文化的に優勢な民族・種族の言語が優位に立ち、現地の言語を圧倒し、単語から始まって、文法も古い言語から新しい言語のそれに置きかえる。時によっては古い言語を全く消してしまう場合もある。この場合でも、古い言語の発音の体系だけはなかなか変らず、新しい言語の発音を古い言語の発音の体系に合わせた形で受け入れる。古い言語の単語は次々に新しい言語の語彙の体系へと取りかえられる。その次の段階に進むと新しい言語が古い言語の文法組織を亡ぼして、自分の文法体系に巻き込んで行く。そういう事態が生じて文法体系が新しい言語の骨格を受けつげば、その二つの言語は親族関係に入ったのである。

日本語とタミル語の音韻対応

英語とドイツ語とは先に見たように単語の上で対応する。同様に文法の上でも対応がある。そういう場合、さかのぼればある時期その二つの言語は同じ源に達すると考えられる。これがつまり二つの言語が親族関係にあるということである。

ところが日本語とタミル語との間には、音韻の対応と言いうる多数の単語群が見出された。例として日本語m↔タミル語mを次ページにかかげて見よう。

表を見れば、意味が同じ二つの単語の日本語のmの部分がタミル語でもmで現われてい

日本語	タミル語
m ←	→ m
mata（正直・柔和・愚鈍）	maṭam（単純・信じ易い・やさしい）
maru（大小便する）	maḷ（小便する）
matu-ru（祭る・飲食を供する）	maṭu（飲ませる・食べさせる）
mana（砂・洲）	maṇ（土・つぶ）
manago（砂子・細砂）	maṇal（砂・小石）
mati（町・かこいした区域）	matil（壁でかこった砦）
mayoFu（迷う）	mayaṅku（混乱・迷乱させる）
marobu（転ぶ）	maṟi（転ぶ）
masakari（鉞）	maccu-kkati（木を切る刀）
mi（接頭語。神・仏・天皇につける）	mī（高い所・天のごとき・偉大さ）
musi-ru（毟る）	muci（むしりとる）
mötö（本・元）	mūṭu（根本・起源）
miru（見る）	mir̤i（見る）

る。実はこうした対応は、日本語とタミル語との間では、k—k、s—c、t—t、n—n・ñ、F—p、F—v、w—vなどについても成立する。対応は母音の間にも成立するので、a—a、u—uという例を次ページにあげる。

こうした単語の他に、古代のタミル語は代名詞では、日本語と同じく近称・中称・遠称の三段階の区別を持ち、また擬音語・擬態語においても日本語の一つの特徴であるガタガタ、ボロボロに酷似する造語法を持っている。日本語とタミル語との間には母音について右の外に、i—i、i—e、ö—uなどの対応が存在し、語頭にr・lの音が立たない点も一致する。以上のような事実は何らかの意味で日本語とタミル語とが、過去に深い

u ←→ u	
utu(棄つ)	uttu(捨てる)
uru(熟る)	uru(熟する)
umu(績む)	umi(外皮をとる・きざむ)
utu(内)	ūṭu(中)
ura(裏・心)	uḷ(内側・心)
uku(浮く)	uka(浮き上る)
kusi(串)	kucci(棒)
kuru-mi(胡桃)	kuru(堅果)
kuru, kuri(栗)	kuru(堅果)
kune-ru(曲ねる)	kūṉ(曲がる)
su(酸)	cuḷ(酸)
suFu(吸ふ)	cūppu(吸ふ)
tubasa(翼)	tūval(翼毛)
tuFa(唾)	tuppal(唾)
tuku(搗く)	tukai(搗く)
tura-nuku(つらぬく)	tura(さし通す)
Futo-si(太し)	puṭai(ふくらむ・太る)
Futa(蓋)	putai(封する・蓋する)

日本語	タミル語
a ←→	a
akaru(離る)	akal(行ってしまう)
amu(浴)	amir̤(水にひたす)
araFu(洗ふ)	alampu(洗う)
ara(現)	alar(花咲く・すっかり開く)
kara(石)	kal(石・小石)
karu(駆る・狩る)	kalai(追い散らす・狩る)
karu(刈)	kaḷ(草を切る・ひきぬく)
kara(辛)	kār(辛い・塩辛い)
sabu(寂ぶ)	cāmpu(やせ細る・弱くなる・疲れる・輝きをなくす)
taFaru(戯る)	tappu(不品行・道にはずれる)
taru(垂る)	tār̤(うなだれる・中ぶらりんになる)
naru(鳴る)	ñaral(音がする)
naru(成る)	nāṟu(生まれる・出現する)
Faru(張る)	paru(ふくらむ・大きくなる)

、関係を持っていたことを示すと見なければならない。このような鮮明な関係が、かつて日本語と比較されたどの言語との間にも見出されたことはない。

穀物栽培の単語

ここで注意されるのは、次ページの表に見るように日本語の稲作農業に関する単語がタミル語に対応して豊富に見出されるという事実である。[*25]

日本の九州の北部海岸には縄文晩期に稲作

日本語 ←→	タミル語	
sirö（泥）	cēṟu（泥）	ⓐ
uru（熟る）	uru（熟す）	
karu（刈る）	kaḷ（刈る）	
kömë（米）	kumai（搗いた物）	ⓑ
aFa（粟）	avai（杵で打つ）	
naru（生る）	nāṟu（生る）	
tuku（搗く）	tukai（搗く）	
aze（畦）	accu（畦）	
nuka（糠）	nukku（搗いた粉）	
are（米粉）	arai（粉を作る）	
kuro（畦）	kurampu（畦）	
Fö（穂）	pū（穂）	ⓒ
Faka（仕事量）	pakavu（分ける）	
Fatakë（畠）	paṭukar（畠）	
Faru（墾）	paṟi（墾る）	
wasa（早稲）	paccai（早稲）	
wara（藁）	vaṟal（藁）	
moti（餅）	mōtakam（餅）	

ⓐ日本語のiは、タミル語のeに対応する。その例は他にも多い。ⓑ日本語のöは、タミル語のuに対応する。ⓒ日本語のFは、タミル語のpに対応する。

が始まっていたとする考古学的な証拠が多くある。例えば佐賀県唐津市の菜畑遺跡には初期の水田の跡が見出された。それと、この稲作関係のタミル語とを結び合わせて考えると縄文晩期にこの古代タミル語の稲作関係の単語が、西日本に広まったと考えられる。つまり先に示した多くの対応語を含む古代タミル語はその頃すでに少なくとも北九州の一部に広まっていた。その古代タミル語は弥生時代に広く日本に広まった。縄文晩期に水田稲作が到来し、北九州からそれが広まったことが、つまり弥生時代が始まったことである。併せて金属使用、機織の開始などは縄文時代の生活に対して今日の原子爆弾、インターネットの発達と同じ衝撃を与えたこと間違いない。それと並行して言語の激変が生じたと考えられる。

タミル語との相違

では、これらの単語を含む言語が日本にはじめてもたらされたとき、無人の野に広まるように、もとの形のままですべて日本に広まったかといえば、そうではあるまい。何故ならすでに日本には人間がおり、言語を使っていたからである。

①現在のタミル語などを含むドラヴィダ語族の音韻には、t̤・n̤・l̤・r̤などの捲舌音の体系がある。それは根源的なものとされる。しかし日本語にはそれが無い。

②タミル語には、rとlとの区別があるが、日本語には無い。

③タミル語には、r・l・r̤・l̤・m・nなどの子音で終る音節があるが、日本語には無い。

これらの相違がある事情については、次の場合が考えられる。

古代タミル語の単語を受け入れたときの日本語の音韻体系は、オセアニアのオーストロネシヤ語の一つだった。だから、音節はすべて母音終止で、捲舌音はなく、r・lの区別もないという体系を持っていた。そこへ、あたらしくタミル語が到来した。その単語を受け入れるには、タミル語の音韻体系をそのまま受け入れることはできず、単語そのものは多く受け入れたが、それの音韻は、縄文時代の日本語の音韻体系によって新来のタミル語を受け入れたはずである。ちょうど現在の日本語には英語のthの音がないから、代りに自分の持っているsでそれを受け入れたり、street を sutoriito として受け入れているのと

		栽培植物	食糧起源神話	言語
縄文時代	早期（B.C.8000）	ヤムイモ	ウリコヒメ神話 ↓	4母音。母音終り。単純な子音。r、lの区別なし。捲舌音なし。
	前期（B.C.6000）	ヒョウタンの栽培		
	中期（B.C.3500）			
	後期（B.C.2000）			
	晩期（B.C.1000）	ヒエ・アワの焼畑農耕行われる。	アマノジャク殺害の部分加わる。 ↓	
弥生時代	前期（B.C.300）	水田稲作北九州から広まる。	ウケモチノカミ神話に発展：イモ忘れられる。	タミル語広まる。母音調和なし。農作の単語多くタミル語と共通。
	中期（B.C.100）			
	後期	稲作東日本に広まる。		
古墳時代（A.D.400）			ニニギノミコト神話（食糧起源と国家起源の融合した神話）	高句麗語系の言語、朝鮮を通して九州畿内に流入。

同じである。

言語と食糧起源神話の相応

すでに食糧起源神話について、日本には第一にイモ栽培の神話、第二にヒエなどの栽培の神話、第三にイネの栽培の神話という順序があったろうと推定した。イモ栽培だけの神話を持っていた時期が第一の日本語の時期だと考えると、それはオーストロネシヤ語の一つで簡単な子音組織を持ち、四母音で常に母音終りの言語であったと考えられる。その時期は縄文時代と比定されよう。次に日本へ入って来たのは古代タミル語であろう。これを持ち込んだ人々は、アワ（粟）とかコメ（米）とかカネ（金属）などと共に、ハタ（機織・織った布）などを持ち込んだ。

私の見解では、このタミルの言語・文明の層がそれ以後の日本語の文法と単語の基礎を作った。しかし古墳時代に至って朝鮮半島を経た、アルタイ系の文明と言語とが弥生式文化の中に波及した。つまりアルタイ語の一派であったろうと考えられる高句麗語のごときものが支配層とともにそれまでの日本語の上にかぶさった。それは古墳時代に当る時期である。しかしそれらは単語の流入にとどまった。タミル語の研究の前進によって、アルタイ語説の有力な支えであった有坂秀世・池上禎造両氏の母音調和説は崩壊した。その結果、それを強力な支えとすることはできなくなった。（『日本語の形成』一六ページ以下参照）

以上述べて来た事柄を一括すると、前ページのような表にまとめることが出来るだろう。

原日本語と古代タミル語との関係

古代タミル語と日本語との関係は右のように濃密であるといえるが、これは単に古代タミル語の単語を、原日本語が借入れたということであろうか。それとも古代タミル語と日本語とは、もはや同系というべき関係なのであろうか。

現在までの研究では、人体語の比較ではタミル語の中から目《マ》・鼻《ハナ》・耳《ミミ》などにあたる単語をそのまま見出すことはできない。また数詞もタミル語とは異なっている。そしてタミル語には助動詞の部分に人称語尾がつくが、日本語にはそれが無い。タミル語と日本語と対応すると思われる単語の数は約五〇〇である。

しかしタミル語と日本語とは文法構造は共通でゾ・カ・ヤの係り結びも共有していることが判明した。また、和歌の五七五七七の形式もタミル文学の古典（紀元前二〇〇〜二〇〇年）の中に多数ある。従ってタミル語と日本語とは同系の条件を満たしている。タミル語は、タミル文明が水田稲作・金属使用・機織を持って到来したとき、言語もそれに随《つ》いて日本の国土に広まったものと考えられる。

アルタイ語と日本語

さて、第三の地域、蒙古、満州、朝鮮半島などの言語は、明治時代以来、日本語と深い関係があるといわれつづけて来たアルタイ的文法をもつ言語である。

トルコ語、蒙古語、ツングース語などは、語順が大体日本語と一致しており、単語のはじめにr音が立たないなど、共通の特徴をもっている。また単語の面から見ると、ここにも重要な単語の共通がある。たとえば蒙古語では nru-g という語が親戚を意味するが、トルコ語キルギス方言では urū であり、ツングース語では ur という語根は息子を意味する。これは朝鮮語にも、ul という形で「親族」として使われている。この単語は日本語に入ると、udi となる（朝鮮語のlは日本語のdと対応する例がいくつもある）。ウヂ（氏）は日本の社会組織の基礎をなす重要なものであるが、これがアルタイ諸語・朝鮮語と共通である。こうした事実が見出されるのは、日本語に漢字の文明が入る以前にアルタイ語族の文化が強力に進入し、日本の社会体制の基礎を形づくる上で力を及ぼしたことを示している。

　では、このように数少ない単語の上ではあるが日本語との連関をたどることのできるアルタイ語族とはどんな言語なのか。

　これはアジア大陸の西部に広まっているトルコ語の一群。その東方に広がっている蒙古語の一群。さらにその東、沿海州にまで広がっている満州語・ツングース語の一群。それらの総称である。これらの言語は、音韻や文法の構造の上で著しい類似を示しているので、アルタイ語族という名が与えられている。しかしそれらの語彙を比較すると、共通の単語は極めて少ないという。数詞でも、親族の名称や人体の部分の名でも、語形と意味の類似する単語はほとんどないという。ただ、代名詞が相互に類似している。

　これらの言語を使う種族は、歴史的に密接な交渉を持ち、相互に影響し合って来た。それゆえ、類似する単語があっても、それは言語上の共通の祖先から伝来したとは限らず、一方から他へ流入したものかもしれない。またこれらの言語は、以下に述べるように、構造上の規則が極めて簡単な言語で、お互いの単語の借用が容易である。不規則な語形変化は借用が困難であるから、もし不規則な語形が対応していれば、それはその二つの言語が共通な祖先を持つ一つの証拠となるが、不規則形の対応の事例がアルタイ語の間では乏しいという。したがって、共通の形、あるいは対応する形が見出されても、その単語は古い由来を持つものではなく、生活技術・文化の交渉による、近い時代の借用ではないかという疑いを打消すことが困難である。

こうした事情によって、アルタイ語族という語族を設定することすら厳密な意味では困難だといわれている。しかしともかくも、トルコ語群、蒙古語群、ツングース語群が共有している構造上の顕著な特徴はそれらが膠着語だということである。私はすでに膠着語という言葉を使ったが、膠着語とは、世界の言語を三つに大別した場合の一つの類型で、①屈折語、②孤立語に対立するものである。

①屈折語とは、インド・ヨーロッパ語のサンスクリット語、ギリシャ語、ラテン語その他に見られるような語中語尾の母音の交替や子音の交替によって文法的機能を果す言語である（例えば英語で sing, sang, sung あるいは take, took, taken のような変化によって文法的機能を表わすのは屈折語的である）。

②孤立語とは中国語がその代表的な例である。単語が屈折せず、語順や、不変化詞によって文法的機能を表わす言語である。

③これに対して膠着語は、文法的機能を荷なう助詞や接尾辞を、単語の後ろに、あとからあとから加えて行くという特徴を持っている。

アルタイ語に共通の性格として、さらに次のような諸点をあげておこう。

(1)語頭に来る子音に制約があり、複雑な子音が語頭に来ることはない（たとえばstr, splのような音群は来ない）。
(2)語頭にrという子音が来ない（外来語からrを借用するときには、rの前に母音を加えたり、rをlやnに置きかえたりする）。
(3)母音調和がある（後述）。
(4)接頭辞や前置詞を使わない。後続する付属語、後置詞を使う。
(5)名詞に（男性、女性、中性のような）性の区別がない。
(6)冠詞を使わない。
(7)形容詞は名詞の前、副詞は動詞の前に立つ。
(8)関係代名詞がない。動詞・助動詞に連体の機能を果す接辞がついて、その代りをつとめる。
(9)目的語・補語は動詞の前に立つ。

これらの点は、アルタイ語と日本語とタミル語とすべて共通である。

蒙古語と日本語

アルタイ語の一つである蒙古語と日本語との比較は最近も種々行われている。その妥当性については今後の検討を待たなければならないが、小沢重男氏があげた単語の対応の例を示せば次ページのようなものがある。[*26]

日本語	蒙古語
t ←―――→	d
tökö（床）	*dege（高いところ）
tömö-si（乏）	dömö（乏しくなる）
törö（瀞）	döl（水のよどみ）
tuta-nasi（劣甚し）	*duta-gú（不足した）
tuti（槌）	duldui（大槌）
tutu（筒）	dugtu（中空の容器）
tagi（激流）	dargïl（急流）
tawa（峠）	daba-ga（峠）

ここにあげた単語の形と意味との対応が承認されるとすれば、日本語と蒙古語との間には、語頭のtとdとの対応があるということができるだろう。このような音韻対応が順次成立して行けば、日本語と蒙古語との親族関係は一歩一歩証明へと進むことになる。しかしそれは極めて困難らしい。

それにしても、アルタイ語の中には、日本語のようなすべて母音終りの音節構造を持つ言語がない。それは日本語とのへだたりを感じさせる一つの重要な相違点である。

今日、英語の学習が極めて盛んであるにもかかわらず、日本人の英語の発音は母音終りになり勝ちである。そしてまた日本人は英語の単語にある三重子音を上手に発音することがなかなかできない。例えば、strike という一音節の単語を、どうしても storaiku と四音節、または五音節に発音し勝ちであるし、われわれは street car stop についてのアメリカ人の発音を［stikkə stɑ］と聞きとってしまう。こうした事実は、その言語の音節の構造によって習慣づけられた発音の類型が容易に変化はしないものだという一般的な傾向を示している。それを考えると、縄文時代に日本で行われていた言語が母音終りであったから、それ以後に新しい言語が流入した場合も、子音終りの新しい単語をすべて母音終りの単語として受け入れ、また、複雑な子音を持つ単語も、簡単な子音にしてしまって受け入れることがあったはずである。タミル語と日本語とは極めて密接な関係にあるが、日本語はタミル語の子音終りの単語をすべて母音を加えるか、最終子音を脱するかして母音終りで受け入れている。例えば tāṛ（垂れ下がる）を taru（垂る）、nāṉ（我）を na（我）、pal（歯）を fa（歯）とするごときである。

古代の北朝鮮

では、次に、高句麗語と日本語との関係について考えてみよう。

すでに述べたように、神話の内容から見れば、日本神話のうち、国家の体制の基礎を語る部分については、アルタイ系、あるいは朝鮮系に類似の求められるものが多い。これは記紀の編者たちが神話によって基礎づけようとした国家体制が、朝鮮半島に居住した種族の体制を基本的に継承するところが多かったからだと考えられる。タミル語と日本語とについては、国家組織に関係するような単語の対応は見出されない。それは弥生時代が、まだ全国家体制の整備されなかった時代であったことと応じる。

ここでまず朝鮮半島の諸民族の興亡と言葉の歴史とのかかわりについて一見しよう。

まず、朝鮮半島の最古の史料の一つである『三国志東夷伝』を見ると、古代の朝鮮半島には、一、二世紀ごろに、次の国々の名が記されている。これらの国々の言語は果してどのようなものであったろうか。『三国志』の述べるところを基礎に大体を記すと次の通りである（地図参照）。

高句麗　遼東の東千里の地にあり、南は朝鮮の、濊《わい》、貊《ばく》、東は沃沮《よくそ》、北は夫余《ふよ》に接していた。大山、深谷が多く、広原は無い。山や谷に随って住居をつくり、谷間の水を飲む。良田は無く、田を作っても食料は不足である。高句麗は（ツングース系の）夫余と同じであるが、性質気風や服装は、夫余と異なるところがある。その人民は歌舞を喜び、国中の邑落《むら》は、暮夜に男女群集して歌い戯れる。十月には天を祭り、国中大会して、東盟という。

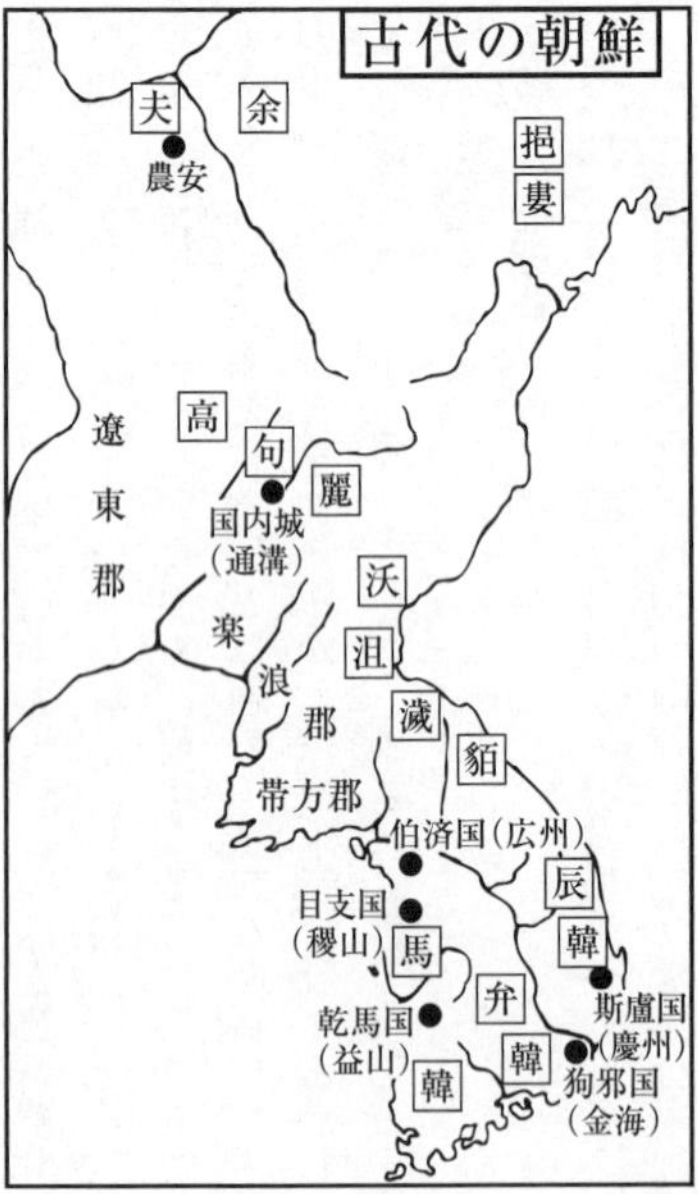

古代の朝鮮

　高句麗では、男女の間で婚姻の約束が定まると、女の家では、主家《おもや》の後に小屋を作り、婿屋《つまや》と名づける。婿になる男は日暮れに女の家に至り、戸外から自分の名を名のり、跪ずき、拝んで女と宿《ね》ることができるようにと乞う。それが再三に及んで女の父母は、ようやくゆるして男を小屋の中に入れ、娘と一緒に宿らせる。傍に銭や帛《きぬ》をおく。生まれた子が成長するに至って、男は婦をつれて自分の家に帰る。

高句麗の国人は気力があり、戦闘に習熟し、沃沮、東濊は皆、高句麗に属していた（これによって、高句麗の言語は朝鮮半島の中部南部まで広がっていたこと、結婚の習俗は古代日本と類似することが分る）。

沃沮　北は挹婁《おろ》、夫余に接し、東は日本海、南は濊、貊に接していた。その言語は高句麗と大体同じだが、時に少しの相違があった。

挹婁　（これは現在のオロチ族にあたるものと見られるが）夫余の東北にあり、日本海に面していた。南は沃沮に接し、土地は険しい山が多く、その人民は、姿形は夫余に似ているが、言語は夫余、高句麗と同じではなかった。寒さは夫余の地よりはげしく、猪を飼ってその肉を食い、その皮を衣服として着た。冬は猪の膏《あぶら》を身体に塗って風の寒さを防いだ。

濊　高句麗や沃沮の南にあり、東は日本海、南は辰韓に接する。その言語や法制習俗は大体、高句麗と同じである。服装は異なる点がある。十月に天を祭り、昼夜飲食歌舞して、舞天という。

古代の南朝鮮

これによれば、朝鮮半島の北に寄った高句麗、沃沮、濊の三国は言語的には夫余語の系統をひき、大体同じであったと考えられる。高句麗は強大であったから、朝鮮半島の南部の諸国に対して、政治的に大きな支配力を持っており、言語の上にも強い影響を与えたらしい。後の百済の王朝では、高句麗の言葉が使われ、それが百済の民衆の単語と相違していたという記録がある。これは朝鮮半島南部の地に行われていた韓語が夫余、高句麗の言語とは相違したものだったことを示す、重視すべき記事である（これは日本との関連においても重要である）。韓の地は東西と南とを海によって囲まれていた地域で、韓は二世紀ごろ、濊族の強力な発展によってその侵入をうけた。したがって濊が使っていた高句麗語に近い言語は、韓に流入したと思われる。韓はその後、漢の植民地だった帯方郡の軍隊によって攻撃され、敗北を喫して倭《わ》とともに帯方郡に属した。

韓の風俗は、日本と似るところが少なくない。たとえば、稲作を行い、鬼神を祭り、群集し歌舞して酒を飲み、昼夜休まず、数十人で舞った。その舞いは人々が一斉に手を振り足をあげ、地を踏むものであった。十月の収穫の後もまた同じことをしたという。これは万葉集の東歌その他に見られる「カガヒ」（または歌垣という）の習俗に似ており、韓と倭とに全く同じ形式のカガヒが行われていたかもしれない。また、鬼神を信じ、国邑は一人の主を立てて天つ神を祭り、その一人の主を「天君」といったという。韓では、諸国が皆、別邑を有し、名づけて蘇塗《サタ》（里）といった。鬼神を祭るには、大木を立てて鈴や鼓を懸けた。これまた倭と同じ習俗で、「蘇塗」は、魏の時代（三、四世紀）の字音で考えると、サタまたはサトとよむ。別邑をサトといったとすれば、これは日本語の里《サト》（sato）と同語で、韓の言語と日本語との深い関係が垣間見られる。韓は後に分れて、辰韓・弁韓・馬韓の三つとなった。韓では稲作をしている。そして韓語は古代タミル語系の単語を多く保有することが最近判明した。それは高句麗の侵入を受けて変化した後の言語であるから、それ以前はもっと多くのタミル語と同系の語を保有したかもしれない。

辰韓　これは後世の斯盧《しら》、新羅である。慶州に都を置き、言語は馬韓（後の百済）と異なっていた。新羅は後に強大となり、隣国の加耶《かや》（弁韓）を合併し、さらに百済を降し、北上して開城に都して、全朝鮮半島をその勢力圏に収めた。したがって、辰韓の言語は、以前高句麗の言語圏にあった地方にも浸透し、それを辰韓系統の言語に変えた。この新羅語が現在の朝鮮語の根幹をなしている。ところが「辰韓伝」の中に次の一句がある。「東方の人、我を名づけて、阿《ア》と為す」、つまり一人称の代名詞としてアという語を使ったという。これは日本語の古代の代名詞と一致する点で極めて重視される。

弁韓　これは後の加耶の国で、弁辰ともいう。辰韓の人々と雑居していて、言語、法制、習俗は辰韓と似ていた。加耶は辰韓に亡ぼされ、言語も辰韓の影響を大きくうけた。ただし、「弁辰伝」の中には「国、鉄を出す。韓、濊、倭、皆従いてこれを取る」とあり、弁辰人は「皆褊頭で、男女、倭に近し。亦、文身《いれずみ》す」とある。弁韓の鉄は周辺の国から求められた。北九州の王族も鉄のために弁韓を重視した。

馬韓　これは後の百済である。「梁書百済伝」に「言語服章およそ高句麗と同一」とある。ただしすでに述べたように『周書』の百済の条に、民衆は王族と別の単語を使った例が記載されているから、高句麗は支配階級に力を及ぼしていたのだろう。百済本来の言葉には母音終りが多かったらしいので、日本語との類似が考えられる。おそらく古代タミル語の単語を多く含んでいただろう。それが高句麗の攻撃をうけ、後には新羅に亡ぼされて、その勢力圏に包み込まれた。

高句麗語と日本語

右のような朝鮮半島の国々の興亡を見ると、ツングース系の夫余語の仲間に入ると思われる高句麗の言語が、強力に南部まで広まり行きわたっていた時期がある。そして高句麗語は、それ以前に南部に広がっていた韓語の一群に対して、進出と後退を繰返していたことが想像される。

ではその高句麗の言語を具体的に知ることはできないか。

それが可能なのだということが、最近漸く分って来た。李基文氏の研究によれば、[*27]『三国史記』の地理の部の地名表記の中から、今は亡失した高句麗語が約八十語復元された。

しかもそのうち三十語が日本語と類似した形を持っている。その発見の手順は次のようなものである。
『三国史記』の雑志、地理の部に、高句麗の地名があげてある。それは次に例を示すように、同一の地名を、漢字で、表意的に書く場合と、表音的に書く場合とを対照する方式をとっている。

兎山郡、本、高句麗、烏斯含達県、景徳王改名今因之。

これがその一例であるが、これは、「兎山郡」という地名は、もと高句麗語の表記では「烏斯含達県」であったということである。これは次のように分析される。

兎　　山　　郡
＝　　＝　　＝
烏斯含　達　　県

まず「郡」と「県」とは行政上の呼称の変更である。次には「山」が「達」に対応する。また「兎」が「烏斯含」にあたる。それ故これらの「達」や「烏斯含」の一字一字に、その頃の漢字音と推定される音を宛ててみると、「達」は dat、「烏斯含」は osieyəm となる。これで dat（山）という高句麗語が再建され、烏斯含＝兎だから

osieyəm ＝兎

という高句麗語が再建される。これを日本語と比較すれば、次の類似が見出される。

日本語	高句麗語
wosagi	osieyəm

wosagi（ヲサギ、兎）という言葉は、ウサギの古語で、万葉集の東歌に「ヲサギ狙《ねら》はり」（兎をねらって）という例がある。wosagi と osieyəm とは完全に一致してはいないが、外国語との比較、あるいは方言による語形の変貌を見なれた目には、この二つの語形の間には、偶然とは言い切れない、ある類似が看取できる。こうした方法によって古形の再建された高句麗語の例を以下にいくつかあげてみよう。

七重県、一云、難隠別

これを古い字音によって対照させると次の通りである。

七＝難隠（nanən）→nana（七）

重＝別（biɛt）→pe（重）

つまり、古い日本語の発音では、「七重」は nana pe であったが、それが高句麗語では、nanən biɛt で表記されている。ここに、ナナ（七）とへ（重）という日本語との対応語が発見される。

高句麗語の数詞

この場合の nanən については、満州語で七（nadan）という形が現に行われていることが思い合わされよう。また別に、

三峴県、一云、密波兮

という例がある。「峴」とは「小さく、険しい山」という意味の字であるが、「三峴」が「密波兮」と書かれている。「密波兮」の字音は mit pa γei である。したがって次の対応が考えられる。

三＝密（mit）→mitu（三）

峴＝波兮（paγei）→page（峴）

右の表記によって古い日本語では「三」は mitu で、峴は page であったと推定される。ところが日本語の方言を見ると、今日実際にハケ、またはハゲという言葉が各地から見出される。それは古代においては pake または page と発音されたと推定される。

ハケ　山の斜面のくずれた所、また急傾斜の地（群馬県。埼玉県。東京都西多摩郡。神奈川県。富山県）。

ハゲ　山中で岩や土の露出している所（新潟県。飛驒。奈良県）。山くずれ（静岡県駿東郡）。

右にあげた高句麗語の中で、「三」「七」という数詞が、日本語との間で類似しているのは、極めて注目すべきことである。これは後に示すように「五」や「十」にも見られる事実で、このことはすでに明治時代に、新村出の報告したところである。日本語の数詞は、日本語の周辺の言語には、全く類似語形を発見できないのだから、高句麗語との間のこの類似は、決して軽視できない。数詞が対応するということは、文化的に深い関係のあることを意味する。

ヨーロッパの諸言語では、未知の言語が発見されたときには、まず数詞らしいものを探し出し、それを既知のヨーロッパ語の数詞と比較して、その間の音韻の対応を考え、その対応の型を手懸りにして未知の単語を書いた文字の音価を推定し、それによって語形と意味とを考え、読解に導くという。

そうしたことが可能なのは、およそ紀元前五〇〇〇年から三〇〇〇年代にヨーロッパに広がって行った、インド・ヨーロッパ祖語を語った民族が、当時として極めて強力な、高度な文明を発展させた民族であったからである。その高度の文明が広まって行ったからこそ、その言語が文明と複合して伝播して行った。言語は文明について行くものなのだから、インド・ヨーロッパ語の祖語を受け入れた諸種族は、自己の数詞の体系と名称までインド・ヨーロッパ語の祖語の体系を受け入れ、かくていわゆるインド・ヨーロッパ語族と総称される一大言語族が形成されたのである。

われわれは1から10までの数の観念などは、極めて幼稚な、誰しもが持ちうる観念であると思い勝ちである。しかし、10までの数観念を人類が獲得したのは、おそらく人類の歴史のうちの、かなり新しい時代に属することに相違ない。何故なら世界に現存する諸種族の中で、10までの数の体系を持たない種族が非常に多いからである。5以上をすべて「多数」という単語で表現する言語、3以上は、すべて「たくさん」という単語で表現して、個々に数えることのできない言語、それらが世界中には少なくない。この事実は、10までの数詞のすべてを、最も基本的な基礎語と見なすことが、全人類的な観点からは不可能なのだということをわれわれに教えた。

　したがって、ヨーロッパ諸言語がみな基本的に共通な名称と体系を持つ数詞を使用していることは驚くべきことであり、それは、インド・ヨーロッパ語の祖語を語った民族の文明が極めて高度なものであったことを示すのである。そのことを考慮しながら日本語の数詞の名称と体系を見ると、それは次のような母音交替による二倍の倍数関係を造語の基礎に置いた体系である。

pitö㈠ ～ puta㈡
mi㈢ ～ mu㈥
yö㈣ ～ ya㈧

　こうした造語の体系を持つ数詞は日本語の周辺には見出されない。その中にあって、高句麗語の数詞が「三」「五」「七」「十」において類似形を示すので注目される。

高松塚古墳西壁女子群像

意味	日本語	高句麗語
水	midu	meid 買
深	puka	puksie 伏斯
谷	tani	tan 旦
十	töwö	tək 徳
鉛	namari	namuət 乃勿
土壌	na（土）	na 奴
口	kuti	koči 忽次
鵠	kuge（鵠） kugupi（鵠）	koγei 古兮
七	nana	nanən 難隠
五	itu	uči 于次

すでに高松塚古墳の色彩画について、それが高句麗の様式に類似することが説かれている。それは、はるかに時代の降った七世紀のことであるが、高句麗の政治的、文化的な影響の極めて大きかったことを示す事実であって、言語の上でも高句麗の影響について深く考えて行かなければならないことを示唆している。

高句麗語との類似

こうした関係にある高句麗語と日本語との単語の類似はすでにあげた外にさらに上表のようなものがある（高句麗語の漢字表記は借字音を示す）。これを見れば、高句麗語の中には日本語の単語と酷似する語形と意味を示すものが少なくないことが分る。これらは、何千という単語の中からようやく選び出されたものではない。わずかに残存する高句麗語資料によって再建した約八十の単語の中から見出された類似である。それを考えると、この実例を軽く見ることはできない。資料に恵まれていれば、日本語と高句麗語との関係は簡単に明確化できたに相違ない。何故なら、右のように偶然残存した高句麗語八十語余りの約三割が日本語と類似する語形と意味を持っているからである。もし多くの高句麗語が現存しさえすれば、何百という比較語彙を見出すことができ、両言語の間の音韻の対応について、法則的に把握することが可能であったろう。そうなれば、現存するタミル語と対応する単語を考えに加えて、日本語の成立はさらに明確にとらえられたろうと思われる（右表の中でタミル語と重なるのはナ（土壌）一つである）。しかし現在では、残存語の少なさのために、日本語と高句麗語とは音韻対応の法則を示すまでには至らない。それゆえ、高句麗語と日本語との関係は、語彙的に深い関係があるという以上には言えない。とはいえ、当時として高度の文明を持ち、政治的な能力にすぐれていた高句麗の勢力が日本にまで及んだことは当然考えられ、それに伴う高句麗言語の流入も自然のことと認められよう。

「倭人伝」の日本語

さて、朝鮮半島で高句麗・濊・韓などの国々が興亡を競っていた頃、日本列島には倭人が、これらの国々と関係を持ちながら小部族の連合から次第に大規模な国家の形成へと歩んでいた。私はここで、有名な「邪馬臺国」が九州にあったか、大和にあったかを論定することはできないが、まず『魏志』の中の倭国について記そう。「弁辰

朝鮮語の系統

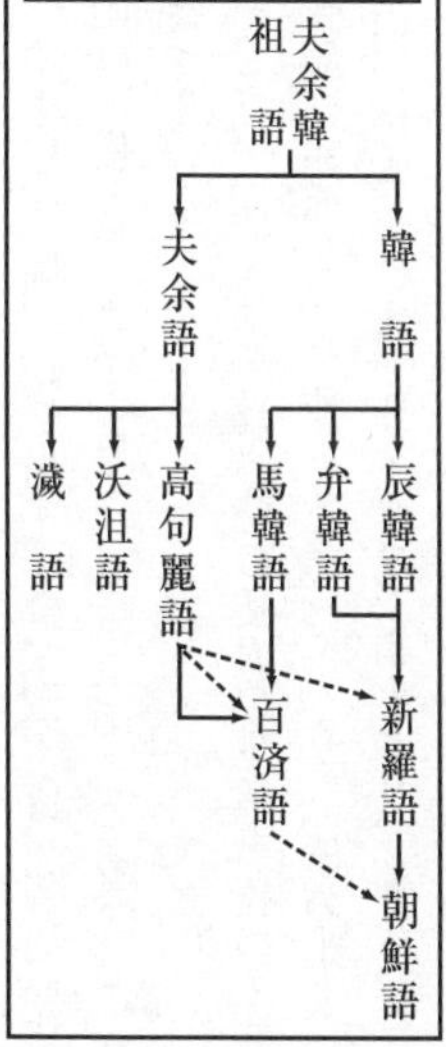

伝」の中に、「国、鉄を出す。韓、濊、倭、皆従いてこれを取る」とあり、弁辰の中の瀆《とく》盧《ら》国は「倭と界を接するところ十二国」とある。これによれば倭は、朝鮮半島の南部に国を持っていた。

そして、「倭人伝」は当時の倭人の生活を極めて詳しく記載している。たとえば「男子は皆顔に黥面《いれずみ》し、身体に文身《いれずみ》している」「倭の水人は好んで海に沈没して魚蛤を捕える」「禾稲《いね》、紵麻《あさ》を種《う》え、蚕を飼って絹をとり、綿をつむぐ」「倭の地は温暖で、冬も夏も生の野菜を食う」「朱丹を身体に塗る」「骨を灼《や》いて卜し、以て吉凶を占う」「国の大人は皆四五人の婦をもつ。下戸も二三人の婦がある。その婦は嫉妬しあうことはない」など、注目される記事が多い。

しかし、一層注目されるのは、「倭人伝」が倭の多くの国名を記し、また国の役人の官名をあげていることである。そこに使われている万葉仮名に対して、中国語の上古音（漢魏時代と推定される音）を適用するときに、それらの言葉の語形と意味の多くは、八世紀の日本語で解釈できる。ということは、倭の時代のこれらの言葉は後世の日本語と明らかに一本の糸でつながる言葉であり、この時代にすでに、古事記時代の八世紀の日本語は基本的に成立していたことが知られる。その点で「倭人伝」の記載は非常に重要である。

対海国　大官卑狗《ヒコ》　副卑奴母離《ヒナモリ》

一大国　官卑狗　副卑奴母離

伊都《イト》国　官尓支《ネキ》　副泄謨觚《セマコ》
柄渠觚
奴《ナ》　国　官兕馬觚《シマコ》　副卑奴母離
不弥《フミ》国　官多模《タマ》　副卑奴母離
投馬国　官弥弥《ミミ》　副弥弥那利《ミミナリ》
邪馬臺《ヤマト》国　官伊支馬《イキマ》　次弥馬升
次弥馬獲支《ミマワキ》
次奴佳鞮《ナカテ》
狗奴《コナ》国　官狗古智卑狗《ココチヒコ》

ここにあるヒコとは「日子」であり、太陽の子である。それが大官の官名となっていた。ヒナモリとは「夷守《ひなもり》」の意と推定され、帝都から離れた田舎を守護する役の意と思われる。ネキは、稲置《いねき》のイが聞き取られなかったものであろうか。シマコ、セマコは「島子」の意に相違ない。「島」は朝鮮語で siem であるから、これをセマと写すこともありうると思う。タマはトモ（伴）の母音交替形と考えられる。a—ö の交替の例は八世紀に少なくない。ミマワキ（御馬脇）は以前はミマカキと訓じられていた。しかし、埼玉県稲荷山古墳出土の剣銘に「獲」がワの仮名として多く使われていたところから、ワと訓む確かな例が知られた。ミマワキとは、主の馬の脇に介添としてつく者の意ではなかろうか。ナカテは

「中臣《なかとみ》」の訛伝かと思われる。ここにあるヒナ（夷）、モリ（守り）、ワキ（脇）、ナカ（中）という単語はタミル語と対応することが注意される。それが三世紀半ばの倭国の官名に見えるところが貴重である。

朝鮮語と日本語

さて朝鮮半島では、高句麗が南部まで広まって来ていたが、その後、朝鮮半島南部の辰韓から発展した新羅が弁辰を合併し、さらに百済を征服し、北上して開城に都を移して朝鮮半島の支配を成就した。それで辰韓の言語が朝鮮半島の北部まで広く行きわたった。今日の朝鮮語資料は新羅による支配が完了した八世紀よりはるか後の、十五世紀以降のものしか見られない。そこに、日本語と朝鮮語との比較研究の困難がある。しかし、明治時代にアストン、金沢庄三郎、白鳥庫吉[*28]らによって研究され、かなりの数にのぼる比較語彙が発表されている。私もまた、かつて朝鮮語と日本語との語彙の比較を試みたことがある。現在、朝鮮語と日本語との同系の証明はどの程度まで成功しているのかを、次に吟味してみたい。

朝鮮語	日本語
〔a〕 ←	→ 〔a〕
kama（釜）	kama（釜）
kat（笠）	kasa（笠）
kalh（剣）	kari（刀）
mal（斗）	masu（升）
na（我）	na（我）
nat（鈔）	nata（鉈）
na（生る）	naru（生る）
patah（海）	wata（海）
pat（畑）	fata（畑）
pakoni（篳）	fako（箱）
pahoi（巌）	fage（崖・岩）
pal（脚）	fagi（脛）
pas（外・表）	fata（外・他所）

朝鮮語との音韻の対応

まず朝鮮語と日本語との間の母音〔a〕と〔a〕との対応の例をあげる（上表参照）。

ここに見られる朝鮮語〔a〕、日本語〔a〕という対応は、極めて明瞭である。例としてあげた単語のなかの「我《な》」「生《な》る」「海《わた》」「脛《はぎ》」「外《はた》」などは、きわめて基礎的な単語である。「我」を na というのは、古事記などに、「ナセの命《みこと》」「ナセの君」とあり、「吾が背の命《みこと》」「吾が背の君」と解されるところから、古い一人称にナが存在したと考えられる（またマス（升）、ナ（我）、ナル（生る）、ハタ（畑）はタミル語とも共通である）。

次に朝鮮語〔o〕と日本語〔u〕の対応の例をあげることとしよう。[*29] 後に詳述するように、八世紀以前の非常に古い日本語には、〔o〕という母音は存在しなかったと思われるので、朝鮮語の〔o〕に対応する日本語の母音が〔u〕であるのは極めて自然である。

朝鮮語	日本語
〔o〕	〔u〕
kol（谷）	kura（洞）
kokai（峴）	kuki（岫）
koraŋ（畎）	kuro（畦）
kom（熊）	kuma（熊）
kohai（鵠）	kugufi（鵠）
korai（鯨）	
←*korari	kudira（鯨）
mom（身）	mu（身）
mosi（苧）	musi（苧）
moih（山）	
←*mori	mure（山）
top（爪）	tuma（爪）
pok（河豚）	fuku（河豚）
oi（瓜）	
←*ori	uri（瓜）
homɐi（鋤）	kufa（鍬）

ここにあげた朝鮮語は大体が十五世紀に成立した『訓蒙字会』という漢韓字典によったものである。これらの例は、すべて名詞ばかりではあるが、その中に極めて基礎的な「身《む》」「爪《つま》」「山《むれ》」

「洞《くら》」などが含まれている。それが朝鮮語o、日本語uの形で対応している。この対応は偶然と見なすことはできない。そしてここにあげたほどの例数が存在するものならば、中期朝鮮語と、古代日本語との、o―uという母音の対応は確実なものというべきだろう。そしてクラ（洞）、クキ（岫）、クロ（畦）、ウリ（瓜）はタミル語と共通である。

こうした母音の対応の外に、子音の対応の例もあげることができる。朝鮮語のハングルで「ㄹ」の字を使う音は、語末に立つ場合は〔l〕の音であるが、母音にはさまれると〔r〕の音となる。そこで左の表ではlとrとが共存しているが、ハングルでは「ㄹ」一つであって、その「ㄹ」が日本語の〔t〕と〔d〕との二つに対応している。ところが日本語の〔t〕で対応している単語は「幸《さち》」「蜂《はち》」「徒《かち》」「たち」「夏《なつ》」であって、〔t〕の直前の母音はすべて〔a〕である。

一方、〔d〕で対応している単語は、「水《みづ》」「涙《なみだ》」「臂《ひぢ》」「氏《うぢ》」「筋《すぢ》」「鯨《くぢら》」「戻《もど》る」などで、〔d〕の直前の母音は

朝鮮語	日本語
〔l〕←→	〔t〕
sal（矢）	satu（矢）
	sati（矢・獲物・幸）
pöl（蜂）	pati（蜂）
köt（歩）	kati（徒）
nyörïm（夏）	natu（夏）
tɐlh（複数語尾）	tati（たち）
〔l〕←→	〔d〕
mïl（水）	midu（水）
nunmïl（目水・涙）	namida（涙）
pɐl←*pïl（臂）	pidi（臂）
ulh（氏）	udi（氏）
čïl（筋）	sudi（筋）
korai←*korari（鯨）	kudira（鯨）
kɐrɐ（粡）	kudu（屑）
mïl（戻）	*mödö-ru（戻る）

〔i〕か〔u〕か〔ö〕である。つまり朝鮮語の「ㄹ」は、日本語では〔at〕か〔id〕〔ud〕〔öd〕の形であらわれている。周知のように、〔a〕は広く口を開く母音で、広母音《ひろぼいん》と呼ばれる。それに対して、〔i〕〔u〕は狭く口を開く母音で狭《せま》母音と呼ばれる。〔ö〕は半狭《はんせま》母音である。したがって「ㄹ」は、日本語の広母音〔a〕の直後では〔t〕、狭母音、半狭母音の直後では〔d〕で対応していることになる。

対応の内容

こうした事実は偶然に起こるとは考えられない。ここに含まれている単語の中にも、母音の対応の場合と同様「夏」とか、「たち」とか、「水」「臂」「筋」「肩」「戻る」などの、極めて基礎的な意味を持つ単語がある。これらをまで、借入れ語であるということができ

朝鮮語	日本語
na（吾）	na（吾）
uri（我々）	ware（我々）
nö（汝）	önö（汝）
ki（其）	ki（此）
ki（其）	kö（此）
työ（彼）	sö（其）
i（此）	i（此·汝）
čö（其）	si（其）
nu（誰）	nani（何）

朝鮮語		日本語
i	主格助詞	i
ka	疑問助詞	ka
nan nïn	係助詞	namu
ra	命令の助詞	rö
tɐlh	複数語尾	tati
ki	動詞を名詞化する接辞	aku
m	形容詞名詞他の語尾	mi
ani	反語の副詞 否定辞	ani
kuï	副詞語尾	ku
ri	方向の接辞	ri ti
kɐt	如し	kötö götö
si	尊敬の助動詞	su

るだろうか。

文法的単位の対応

その上、朝鮮語と日本語とは、文法的な構造がほとんど共通しており、上代日本語を研究すると、代名詞と文法上の機能を荷なう接尾辞の中に、朝鮮語と共通すると見られるものがいくつかある。まず代名詞の類似をあげてみよう（前ページ上表を見よ）。また助詞・助動詞・副詞・活用語尾には前ページ下表のような類似がある。

造語法上の共通点

次には、母音組織の特質を使った造語法上の共通点をあ

朝鮮語の母音組織

a	o	ɐ	i
ə	u	ï	

〔a〕		〔ə〕
mari	（首）	məri
na	（我）	nə（汝）
kat	（物）	kət
kamɐl	（黒）	kəmïl
atɐk	（暗）	ətïk
〔o〕		〔u〕
stapo	（鞘）	stapu
〔ɐ〕		〔ï〕
isɐl	（露）	isïl
mirɐ	（竜）	mirï
myənɐri	（婦）	myənïri
p'ɐrɐ	（緑）	p'ïrï
kɐnɐl	（陰）	kïnïl

〔a〕		〔ö〕
ana	（己）	önö
are	（己）	öre
ka	（彼）	kö（此）
sa	（其）	sö（其）
ana	（間投詞・驚きの声）	önö
asa	（浅）	ösö（愚）
fadara	（斑）	födörö
kawara	（擬音語）	köwörö
saya-gu	（乱）	söyō-gu
tawawa	（撓わ）	töwöwö
ika	（厳）	sikö
ira	（同母）	irö
ita	（甚）	itö
iya	（弥）	iyö
kara	（自分）	körö
namu	（祈む）	nömu
tanagumori	（棚曇り）	tönögumori

tarlaŋtarlaŋ	ダラリとぶらさがるさま
tallaŋtallaŋ	ダラーンとぶらさがるさま
karaŋkaraŋ	声がカラカラするさま
k'araŋk'araŋ	声がキンキンするさま
sa:lsa:l	風がサラサラ吹くさま
sɯlsɯl	スラスラすすむさま
tʃoltʃol	チョロチョロ流れるさま
nagunnagun	ナゴヤカなさま
kalkal	カラカラ笑うさま
kölköl	コロコロ笑うさま
töböktöbök	トボトボ歩むさま
nüritnürit	ノロノロするさま

〔a〕	〔o〕
katakata	kotokoto
karakara	korokoro
gasagasa	gosogoso
gatagata	gotogoto
barabara	boroboro

げておこう。

八世紀をさかのぼる時代の日本語の母音組織が、a、u、ö、iという四個の母音から成っていただろうという推定については、「音韻の変遷」の章で詳しく述べるつもりであるが、当時の日本語には、aとöとの交替による造語法があった。それは前ページ右表のような一対をなす語形の存在を指すのである。

そこにあげた日本語の語例の右側と左側とは、ほぼ同じ意味を表わし、時に多少のニュアンスの相違を伴う。これは極めて特徴ある造語法で、今日でも、上表右に示すようにaとoとの間の対応という形でのこっている。これは、その造語法の活力が極めて根強いからである。ところが、同じ現象が朝鮮語にも見出される。古い朝鮮語の母音組織は三組の対立する母音と、中立の母音iとの七つの母音によって成っていたが、その間に、日本語と同様の現象が見出される（前ページ左表参照）。そしてこの造語法はタミル語にもそっくり存在する（『日本語の形成』一五ページ参照）。

この造語法は、朝鮮語において今日も活発に働いている。たとえば前ページ左表に見るような擬態語が極めて多い。こうした実例の存在は、日本語と朝鮮語とタミル語との構造がかなり類似している実例である。かように日本語と朝鮮語との間には単語の対応や構造の類似が存在するが、重要なことは、朝鮮語が母音調和を持っていたという点である。

古代タミル語には母音調和は無かった。日本語の母音調和は有坂秀世・池上禎造両氏によって提唱され、昭和年代を通じて信奉されていた。しかし改めて吟味すると、それはアルタイ諸語に見られる母音調和ではない。違うものである。むしろ日本語には母音調和は無かったことが明らかになった。従って母音調和を根拠として日本語をアルタイ語に属させることはできなくなった（『日本語の形成』一六ページ以下に詳しく書いてある）。高句麗語と日本語との間には数詞の類似があるに反して、朝鮮語と日本語との間には基礎的な動詞の対応は指摘できない。つまり高句麗語は日本語と親子の関係にはなく、文明語として流入したという関係であった。朝鮮語と日本語とを比較すると、次にあげるように、行政上、あるいは法制上の用語に、朝鮮語と日本語との密接な関係が見られる。のみならず、農具、武具、工藝、服飾にも単語の類似がかなり見出される。これらは、高句麗の文化と言語の強い影響のもとにあった朝鮮文化が古墳時代に多くの方面にわたって日本に流入したことを示す資料である。両民族の間に、文化的関係が極めて濃密であったことが、これらの単語を一見することによって、容易に理解される。これらの単語の中には、文字の流入の時代になってから日本にもたらされたものも少なくないと思われる。

以上述べて来たところを概括すれば、次のように言うことができよう。日本にはヤマイモ栽培期に、簡単な子音組織の、母音終りの音韻体系を持った言語が行われていた。それを第一次の日本語とする。第二次の日本語としては古代タミル語が日本に流入した。それは雑穀の栽培から水田稲作、金属の使用、簡単な機織を日本にもたらすとともに、今日の日本語の最も基礎的な多くの単語及び文法組織を持ち込んだ。それはゾ・カ・ヤの係り結

	朝鮮語		日本語
法制	köröï	（族）	kara
	koïl	（郡）	köpöri
	maïl	（村）	mura
	ulh	（氏）	udi
	pat	（徴税）	fataru
	pal	（尋）	firö
	kal	（枷）	kasi
農具	nat	（鎌）	nata（鉈）
	humɐi	（鋤）	kufa（鍬）
	stapo	（耜）	sape（鉏）
	sadul	（小網）	sade
	stök	（桼）	sitöki
	tak	（楮）	taku
	poryö	（犂）	fera
	ko	（杵）	ki
	koč	（串）	kusi
武具	kabot	（甲）	kabuto
	kalh	（剣）	kari
	kirɐma	（鞍）	kura
	pɐi	（舟）	fë（舳）
	sal	（矢）	satu
工藝	kama	（窯）	kama
	kiwa	（瓦）	kawara
	namul	（鉛）	namari
	pakoni	（筐）	fako
服飾	poit'ïl	（機）	fata
	panɐl	（針）	fari
	kas	（笠）	kasa
	kusil	（珠）	kusirö（釧）
	os	（衣服）	ösufi

びに及び、和歌の五七五七七の形式もタミル語によってもたらされた。その時期に水田稲作もタミルから導入され、この言語が第二次の日本語、今日に及ぶ日本語の基礎をなした。朝鮮から入った言語は、文法や基礎的動詞には関係なく、当時の高度の文明語として、法制、農具、武具、工藝、服飾などに関して豊富な単語を日本に持ち込んだ。これら第一次・第二次・第三次の言語によって、文字以前の古代日本語は重層的に成立したのである。

第四章　語彙の発達

サケという単語

これまで日本語の親族語を求めて、タミル語が日本語の語彙・文法の基礎を形成したこと、その後、高句麗の単語が日本に入ったという経過を説いて来た。しかし、日本語とそれらの言語とを対比した場合、類似する語形と意味を持った単語は合わせても今のところ一千語に達しない。それは日本語の周囲の言語に古い資料が不足であり、単語の対比が困難だからでもある。しかしまた、日本語の内部で単語がさまざまの経過をとって新しく作られて来たということもある。そうした日本語の語彙の増加についていくつかの例をあげよう。

例えばサケ（酒）という単語である。これについて日本の近辺に類似形を求めても、なかなか見出すことはできない。この場合サケという単語が、外からこの島に、そのままの形と意味で入って来たかどうかは不明なのだから、われわれは日本の内部で、あの液体の何らかの特質をとらえた命名が行われたのかもしれないと想定してみる必要がある。それならばどんな想定が可能なのか。

まず考えるべきは、サケ（酒）の古形はサカという形だということである。言語変化には、複合語にむしろ古形が残るという一般原則がある。サカヅキ（酒杯）、サカツボ（酒壺）、サカビト（掌酒）などに見られるサカの方が古形である。そこでこのサカという言葉の仲間と見られるものを求めてみる。

まずサカリ（盛）sakari・サカエ（栄）sakaye の saka がある。サカリ・サカエは、陽春の季節に植物の生命力が頂点に達し、力一杯に花を開く状態をいう。また花が開くことをいう言葉としては、サキ（咲）saki がある。saki は語根 sak に名詞語尾 i が加わった形である。この三つの単語サカリ（盛）、サカエ（栄）、サキ（咲）には共通な sak という音の部分がある。そしてこの三つには「植物の生命力が頂点に至って、力一杯に花を開く」という共通の意味がある。ということは sak が、この共通の意味を表現する言葉だったということである。一方、sak という状態が持続的であることを表現したいときにはサキハフという。つまり生命の活動が活発になり、内にたくわえられていた活力が一気に爆発的に外にあふれ出る活動が持続して行くときに、サキハフという。ハフの語源はおそらく「這ふ」で、力がそのあたりに広がり、行きわたる意をあらわす。そこでこの言葉は「言霊《ことだま》のさきはふ国」のように使われる。これは「言葉の持つ霊力が活発にその辺一帯に作用しつづける国」という意味である。

これら、サカリ（盛）、サカエ（栄）、サキ（咲）は、植物の繁茂であり、植物の繁茂は人間に食糧の豊穣をもたらす。豊穣は原始的な生活を営んでいた人間にとってこの上ない幸福を意味する。そこでサキハヒ（saki の持続）が直ちに「幸福」の意を表現することになった。音韻の変化 sakiFaFi→saiwawi→saiwai によって現代では saiwai というが、それは sak から発展した。

　ではサカ（酒）はどうして成立したか。これはサカリ（盛）・サカエ（栄）のサカと同じ形だが、万葉集などに、「酒びたりになる」という意味のサカミヅクという表現がある。これはサカ・ミ（水）・ツク（漬）と分析される言葉で、水をミというのは「水《みづ》漬く屍」「水《み》草《くさ》」「水《み》な門《と》」「垂水《たるみ》」など少なくない。するとサカ（盛・栄）とミ（水）とが複合した、サカミという言葉が存在したと覚しい。そのサカミとは、人間を活気づけ、「豊穣」に通じる快感を与える水である。人々はそれを喜んで飲む。そして生命の活力が横溢するのを感じる。その気分を求めて人々はサカミ（栄水）を愛用し、ついにサカだけでその液体を表現するようになった。その次の時代にサカはサケと語形変化を起こして、サケ（酒）が成立したと考えられる。この語根 sak に対応する語根はタミル語にある（『日本語の形成』二七二ページ参照）。

中国語のアル、英語のアル

　次には、物の存在を表わす、最も基本的な単語である「アル」という言葉が、いかにして日本語の中に位置を占めたかについて考えてみよう。私はここで、世界の主要な言語がアルという言葉をどういうきっかけによって作り出しているかを見ることから始めたい。

まず中国語について考えてみよう。中国語は言葉を漢字で表わす。その漢字の作り方を見ることによって、中国人がその言葉をどういう角度から把握したか分ることが少なくない。[*30]

漢字では、アルという概念は「在」と「有」とで表現される。「在」という字は、「才」と「土」とから成っている。「才」という字は、流れをたち切る、あるいは流れをせきとめる意味を持つ「[illegible]」から転化した字であるという。その、せきとめるという意味を明示するために「土」を加えて「在」としたという。つまり「流れを土でせきとめる」というのが「在」の古い意味であった。

一方、「有」という字は、保有、所有などと使う外、日食や月食が「有」ると使う。それは、たまたま起こる、たまたま生じることである。『論語』の有名な文章に、「有レ朋ニ自遠方一来」とある。これは、「たまたま、友人が遠方から来た」という意味に取るのが正しいという。この「有」と同音の「尤」は、手の上に突然イボができた形を表わす文字で、「有」と「尤」とがアクセントの相違の外は同音であったとは、その言葉が起源的に同じ意味であったことだという。つまり、「尤」と「有」とは、忽然として起こるとか、突然出現したという意味において共通だったわけで「有」とは、「たまたま起こる」意を表わした。

してみると、「在」は流れをとめ、停滞させてそのままにしておくことからアルという意味に転じた。「有」は、たまたまそこに生じる意味からアル意へと転じた。ここに、アルの由来について二つの異なる道筋があることが知られる。

ところで英語には、アルにあたる基礎語として、be という動詞がある。また、was という過去形もある。be という動詞は、紀元前五〇〇〇年から三〇〇〇年の成立というインド・ヨーロッパ祖語では bheu という形で、これは「成る」「生じさせる」という意味の言葉であったという（だからこれは漢字でいえば意味的に「有」の仲間である）。他方、英語の was はインド・ヨーロッパ祖語では ues という形で、これは「残る」とか「住む」とかいう動きをとめている方面の意味を持っていた（だから漢字の意味の上でいえば「在」の仲間である）。このように見てくると、中国語でも、英語でも、アルに至る道は二つあった。「生じる」「成る」の意から来る道すじと、「残る」「停滞する」意から来る道である。つまり、アルということを、人間は二つの手懸りで考えるものらしい。「生まれ出る」意と、「そこを動かずにいる」ということとである。

日本語のアル

それならば、日本語のアル（古語はアリ）はどのようにして成立したか。こういう問題を考えるには、共通の語根を持つ言葉を探すことが肝要である。そこでアルの語根である

ar を共有する古語を求めると、次のいくつかを見出すことができる。アル（生）、アラハ（顕露）、アラハル（現）などがそれである。アル（生）という動詞は記紀万葉では多く神や天皇の出生を表現している。

玉たすき　畝火《うねび》の山の　橿原《かしはら》の　日知《ひじり》の御代ゆ　生《あ》れましし　神の尽《ことごと》……

（万葉集、巻一、二九）

また、アラハとは、まる出し、まる見えなどの意味であり、一層古い形では、ara と aFa との複合で、araaFa→araFa と縮約されることによって成立した言葉と思われる。この aFa とは、アハク（掘・発）またはアハル（圮、二つに分裂してくずれる意）の語根アハにあたる。

アラハル（現）は、何もないところに突然出現する意を持っている。たとえば隠れていた悪事の発覚とか、神やお化けの出現とかの意に使う。これらによって、アリ（有）、アル（生）、アラハ、アラハルなどに共通な ar という語根の意味は、むき出しになる、出現するという意であったことが推定される。この ar は朝鮮語の al（卵）と関係があるかと考えて来たが、一層古くさかのぼるとタミル語の中に al-ar という動詞がある。これは、「花咲く・開く・広がる・出現する」という意味の言葉である。すでに見たように、タミル語と日本語の動詞は対応するものが少なくないから、これをアラの対応語と見ることができる。

ともかく、これらによって日本語のアルは、出現する意の系統に属することは確かである。そして、残留するという意味の方は、ヲリ（居）という言葉で表現する。ヲリとはウ（坐）とアリとの複合語で uari→wori という変化を経て後になって成立したものと考えられる、つまり日本語では、そこに坐っていて動かないという意味から発展したものが「ヲリ」で、アリは生まれ出る意によって生じたと見られる。

タテという言葉

さて、日本人は情緒的にはこまやかであるが、方向感覚や論理の上では、さほど厳密ではないとよく言われる。ではそうした日本人は、「垂直」という言葉をどんなところから把握し表現したか。

垂直という言葉は漢語であるから、それをヤマトコトバで何というかを考えると、それはタテである。そこでタテという言葉について考えてみることとしよう。このタテという言葉には実は二つの意味がある。第一は上下垂直ということである。第二は前方へ一直線ということである。このように一語で二つの意味を兼ねている。タミル語の netu は、「長い」という意味と、「背が高い」という意味とを兼ねている。これは水平と垂直を兼ねていることである。それはともかくとして日本語のタテという観念を外国語ではどう把えているかを、一見してみよう。

漢字のタテ、英語のタテ

漢字ではタテを「縦」と書く。この字は「従」に糸篇を加えた字である。「従」の字の「彳」は一歩一歩進む意で、歩行に関係あることを示す。「从」は人が二人、前後している意を表わし、「止」は「足」と同源の文字で足が地を踏んでいる意を表わしている。だから、「疋」は二人の人が相前後して歩行前進する意を表わす。それに「彳」を加えて、人が進行する意を明確にしたのが「従」である。その上さらに「糸」を加えたのが「縦」である。それは糸が、あとからあとからつづいてゆく形、一すじの糸が伸びる形を表わしているものだという。[*31]

またタテは「経」とも書く。「経」の古形は「經」である。「經」の「巠」の古形は「𢀖」で、それの「一」は枠、「川」は糸の列、「工」は糸巻を表わす。つまり、「𢀖」は機織の機械の象形で、織糸が真直ぐに何本も並ぶ様子を表わしている。この「𢀖」は茎《くき》、頸《くび》、脛《すね》、勁《つよい》などの一部分として使われる。この「くき」と「くび」と「すね」と「つよい」という概念に共通な点は何だろう。「莖《くき》」にも、「頸《くび》」にも、「脛《すね》」にも共通なのは、直線的で、すじ張ってかたいということである。「勁《つよい》」というのも真直ぐで曲がらずに強いという意味である。そこで「巠」に「糸」を加えた「經」は、ぴんと張ってかたい、機織のタテ糸を表わす文字ということになる。してみると日本語のタテにあたる漢字「縦」と「經」とは、糸が前方へ繰り伸べられる形、また機織の、前方に向って張っている糸の形から来たことが分る。これは、日本語のタテが示す二つの意味のうちの一つ、水平に前方へ一直線という意味に対応する。

さて、今度はタテにあたる英語は何かと考えると、length と height とがある。length は long と同源の言葉で、長い、長くつづくという観念に基づいている。だからこれは、タテのいま一つの意味である垂直という概念を表わす漢字は、また別である。

漢字でいえば「縦」にあたる。一方の height は明らかに high（高い）に関係する言葉である。上下垂直の意のタテを表わす英語としては別に vertical（垂直の）という言葉がある。これは vertex（頂上・頂点）というラテン語から来たものだという。これによると、日本語のタテの表わす二つの概念を英語では、「長い」の系統と、「頂上」の系統という別の二つの言葉に分けて表現していることが分る。

タテの二つの概念

では、このように、英語で二語で表わすところを、何故日本語では、一語で表わすようになったのだろうか。

すでにサケ（酒）のところで見たように、サケは、サカという古形から転じた語であった。それに準じて考えれば、タテという語の古形はタタであったはずである。ところが古語を調べてみると、たしかにタタサ（縦の方）とか、タタサマ（縦さま）という言葉がある。これはいずれも今日のタテにあたる言葉である。タタサのサは、方向を表わす接尾語で、ヨコサ（横の方）などのサと同じである。タタサマのサマが方向を表わすことはいうまでもない。してみると、タテという言葉は、タタサ、タタサマのタタが転じて成立した言葉であったことが分る。

このタタという言葉はタタズム（徘徊・彷徨）などのタタにも現われてくる。ところが、徘徊、彷徨は古くはタチモトホルとも読んでいる。タチモトホルとは「立ちめぐる」という意味である。だから、「タタ」という言葉は、後世のタチ（立）と同源の言葉で、タツ（立）の古い名詞形なのである。そこでタツとはどんな意味かを考えると、「煙がタツ」「風がタツ」のように使われる。これは自然界の力の発動によって空気の動きが起こることをいう。また「月タツ」「春タツ」のように、月や、春が自然の運行のままに出現し進展する意を表わすこともある。「波タツ」「風タツ」「音タツ」などのタツも、波や風や音がその活力を大きく顕在化する動きをいう。そのように自然の力がふくらみ、発動することをいうのがタツであった。

タツには、もう一つの意味がある。それは出発するという意味である。「都へタツ」とは、都へ向って出発することをいう。「京をタツ」とは京都を離れることである。これら、「都へタツ」とか「京をタツ」とかの例では、タツは前方への発進を意味する。

これによれば出現し、上方に向けてふくらみ、大きくなり、ひろがる意から生じたタタがあり、そこから垂直の意が生じた。またいま一つの発進の意のタツと同源のタタがあり、そこから前方へ一直線の意味が生じたと考えられよう。このようにして垂直と、前方一直線という二つの概念が、日本語ではタタの一語で表現された。それが転じてタテとなったと考えられる。

タダシイという概念

次には、タダシイという概念について考えてみよう。例によって中国語の漢字の構成を分析すると、「正」は「丶」と「止」とから成っている。また、「是」も「是非曲直」とかの例で分るようにタダシイという意味に使う。これも「日」の下の部分は「𤴓」で、古くは「止」の形を書いていた。「止」は今日、とどまるという意味だけに使うが、古くは人間の足が地につく部分の形を描いた「」という象形から発展したもので、「」から「止《とまる》」と「之《すすむ》」との二つの文字が展開した（「止《シ》」と「之《シ》」とが、中国語において、アクセントの相違だけで、他は全く同音であることが思い合わされよう）。「止」は足でそこにトドマル意であるが、「之」は足で前方にまっすぐ進んで行く意である。「之」に「ユク」とか、「ススム」とかの古訓があるのは、その意味に相当する日本語をあてはめたものである。だから、「正」は「丶」（ある一点）に向って「」（直進）する意に発したのであり、「正」とは、根本的にはまっすぐに進むという意味を示す字であった。それが後に、「正義」「正論」というように形容詞としても使われるように展開した。「是」も「𤴓」の部分がまっすぐという意味を示している。

ここで英語を顧みると、英語ではタダシイは right という。これはインド・ヨーロッパ語の祖語の reg という形から変化して成立した言葉であるという。reg とは、一直線上を移動する意を表わす語根である。これによれば、中国語でも英語でも、タダシイという概念は「まっすぐに進む」という意味から成長して来たことが明らかである。

タダシイの由来

では日本語のタダシイ（古形はタダシ）は、何から発達して来たろうか。

タダシという言葉は、タダにシが加わった形である。だから、タダとは何かを考えてみればタダシの基本的意味を把握することができよう。万葉集を見ると、タダという言葉は、次のように使われている。

磐城《いはき》山《やま》ただ越え来ませ（巻十二、三一九五）

湍瀬《せせ》に白波高けどもただ渡り来《き》ぬ（巻十、二〇八五）

淡路の島に　ただ向ふ　みぬめの浦の（巻六、九四六）

これらのタダは、「山を一直線に越える」「川を一直線にわたる」「島と浦とが一直線に向き合っている」というように「一直線」という意味で使われている。

春霞井のへゆただに道はあれど君に逢はむと徘廻《たもとほ》り来《く》も（巻七、一二五六）

の歌では、明確にそれが表現されている。「水を汲みに行く泉のほとりから、一直線に道はあるのですけれど、あなたにお逢いしたいと思って、廻り道をして来ました」というのである。また、タダという言葉は「一直線」という意味から「直接」という意味にもなった。

　吾は恋ひむなただに逢ふまでに（巻四、五五〇）

つまり、「直接お逢いするまで、私は恋いこがれることでしょう」というのである。このようにタダは「一直線」ということから「直接」という意味になり、「何のかざりもない」意から、「変哲もない」という意、「タダでもらった」のように「無料」の意味にも発展した。

　それでは、このタダは、どこから来たか。先に見たように、「縦」にあたる日本語の古形はタタサであり、さらに古くはタタであった。そして、タタとは、垂直ということ、また水平に前方へ一直線ということであった。してみると、ここに、一直線という意味を持つタタと、タダとの二つがあることになる。それならばタダとは、タタの第二音節が濁音化して、tata→tada という変化を遂げた言葉だと考えてよいだろう。つまりタダシ（正）は、タツ（立）、タツ（発）の古い名詞形タタから発展した言葉である。

　もしそう考えて正しければ、タダシに語形と意味との類似した単語を直接朝鮮語、満州語、蒙古語、トルコ語に求めても、それは簡単には得られないだろう。タダシ（正）は、タツ（立）、タツ（発）という動詞と同根のタタが日本内部で変化して成立したからである。

シタとシモという観念

語源を探索する場合には、基礎的な単語がどこまで分析して考えられるかについて、よく吟味しておく必要がある。われわれが一語と思っている単語が、実は古くは二語の合成語であったものも少なくない。そうした考察の結果を二、三紹介しておくこととしよう。

たとえば、ウヘ（上）とか、シタ（下）という観念は、最も基本的なものであるから、シタという単語は、もはや分析が不可能と考えられるかもしれない。しかし、日本書紀神武巻に「兄《え》倉下《くらじ》・弟倉下《おとくらじ》」という二人の人物が登場し、倉下をクラジ（衢羅餌《クラジ》）と訓めという古注がある。この場合のジは、クラと複合した結果濁音化したものだから、本来は「シ」一音節で「下」を表わしたと見なければならない。つまり、「下」という観念は「シ」一音節で表現し得た。

するとシタという言葉は二語の複合で、シ（下）、タ（手）の二語と分析される。タは手玉《ただま》・手力《たぢから》・手枕《たまくら》のタで、手《て》の古形である。手は伸ばすと人体の両端となる。つまりタとは、その本体に付いていながら、端の方にあたるところを表わした言葉である。

こう考えてみると、シタとは物の下方を表わしていただけでなく、下にくっついたところ、下に密着している場所を意味したはずである。そこでシタの実例を吟味すると、たしかにシタ（下）とは、物に密着した内側であり（下着《したぎ》など）、隠れて見えない所である（下心《したごころ》など）。一方、シ（下）を含む言葉にはシモ（下）がある。これはシ（下）とモ

(方)との複合である。モは、ヨモノクニ(四方の国)などのモであって、方角を意味する。したがってシモとは、本来下の方という方角・方向だけをいう言葉だったわけで、川《かは》下《しも》などと使うのが古い用法である(カハシタという言葉は無い)。つまりシモとは長い延長を有するものの、終りの方を指す語で、カミ(上)と対立する意味を持つことが分るだろう。

このようにシモとシタとはシ(下)を共有するので、意味の上で近接してはいるが、シタが下部とはいえ直接的な接触をもつ場所をいうに対し、シモは、一連の延長のあるものの末尾の方向をいうという相違がある。

いま一つのシ

同じシの音でも、実は表わす意味が相違するものを一つあげてみよう。一音節の語根が、いろいろの言葉を造って行く様子をここに示すことにする。右にあげたシは下を意味したが、これと同じ音のシという別の言葉がある。それは風《かぜ》とか、息《いき》とかを表わすシである。シナガドリ(息長鳥)といえば、息長く潜水していられる水鳥をいう。また風の吹き出す口にいる神という意味の「風《し》ナ戸《と》ノ神」という言葉がある。古代社会では、風を吹き出す神が、それぞれの山の口などに座を占めていた。それを「シナトノ神」といった。シナトとはシ(風)ナ(の)ト(戸口)である。このように、シナガドリのシ(息)とシナトノ神のシ(風)とは風や息を表わす、本来同じ言葉だったと考えられる。

ところで、風を意味する言葉は、そのまま方向とか、方角とかを示すように転化することがある。例えば、ハヤチ（疾風）・コチ（東風）のチ（風）は、イヅチ（何方）、ソチ（其方）、コチ（此方）などのチ（方）として使われている。つまり、「風」と「方向」とには同じ言葉を使う。それと同じく、右にあげた息や風を示すシも方向を示す場合がある。例えば、ヒガシ（東）のシである。ヒガシは古くはヒムガシといった。これはヒ（日）ムカ（向）シ（方向）の意に発する言葉である。東とは、朝、太陽の昇る方向の意でヒ（日）ムカ（向）シ（方向）と言った。それが転じてヒンガシとなり、ヒガシとなった（Fimukasi→Fingasi→Figasi）。

ニシ（西）のシも方向の意であろうから、ニはヌ（去）という動詞の名詞形ニとシ（方）との複合した形と考えられる。太陽の没し去る方向ということである（沖縄で西をイリというのは「日の入りの方向」という意味で、ニシの場合と言葉の意味の由来は同じである）。してみると、今日では最も基本的な方向と考えられるヒガシ（東）とニシ（西）も、古い日本語としては複合語であり、その中からシ（風・方向）という語根を析出することが可能である。

ところが、ナニガシ（某）・ソレガシ（私）のシも東《ひがし》のシと同じ語である。ナニガシとは「何ガ（助詞）シ（方向）」の意であり、「不明のものの方向」と把握することによって、その名の分らない者を指した。それが後になると「ナニガシかのお金をとらせた」などと使われる。それは、不明、不確定という面に力点を置いた言い方である。ソレガシのソレは代名詞のソレで、話手も聞手も知っている存在の指示がソレであるから、ソレガシは「ソレの方向」という言い方で、私も知り、あなたも御存じの方向という意味となる。それがやがてそのまま、自分自身を指す言い方になった。以上、風を表わすシから、方向を表わすシが生じ、そこからヒガシ（東）、ニシ（西）、ナニガシ（某）、ソレガシ（自分）などの単語が形成される様子を見たのである。

意味変化に見る民族の思考

なおこのように語根からさまざまの単語が派生してくるさまを見ると、その民族の好みの型があるということを、おのずから考えさせられる場合がある。そのことについて、ここでちょっとふれておこう。

例えばソバという語根である。ソバ（soba）とは古くはソハ（soFa）と言ったと思われるが、ソハとは「山のソハ」と使う言葉で、山の斜めに切り立った、けわしいところを言う。今日ではこれを普通はガケ（崖）と言う。ともかく、斜めに、鋭角をなしていることをソハまたはソバといった。したがって尖った角もソバだった。「石のソバに……尻をかけて」（『宇治拾遺物語』）とは、石の尖ったところに腰をかけてということである。

ここで注意されるのは、こうした、斜め、鋭角を表わす言葉は、日本語では、良好、調和という意味に転じることがなく、不和、逸脱、疎隔、不完全、無作法などの意味に転じることが多いということである。

ソバについてそれを見ると、「ソバへ行く」とは、脇へ行くということである。「ソバより見入る」（『源氏物語』）とは脇からのぞくことである。「ソバサマ」（『今昔物語』）とは、横にはずれた方向である。ソバソバと重ねて使うと、斜めであること、真向いでないこと。「ソバソバ思ひ出で」（『源氏物語』）とは、わずかばかり思い出すことである。男女の仲、お互いの気持がしっくりしないことは「御仲ソバソバなり」と言った。また食料にするソバは、ソバムギの略であるが、ソバムギは、葉も実も三角形稜角の植物である。つまり「三角ムギ」というのが、ソバムギの命名の由来であった。そのムギが省略されて、ソバだけでソバムギを指すに至った。

このように、sob, soF という語根から、右の種々の単語が派生したのであるが、三角形であることを表わす単語から派生した単語はいずれも脇、逸脱、はずれ、不和などを意味している。これは日本人が鋭角のものを好まないという傾向を持っていることと関係があると思う。そういう例をいま少しあげてみよう。

ハシという語が存在した。ハシとは∧型であることを示す語根である。鳥の「嘴《くちばし》」のハシがそれにあたる。鳥が卵から生まれ出るときに、まず中からハシウチをして卵の殻に穴をあける。ハシウチとは「口バシで打つ」ことである。このハシも種々の派生語をつくるが、それが形容語である場合はいずれも良い意味を持っていない。

まずハシタ（半端）という単語が派生した。ハシタとは、ハシ（∧型であること・尖っていること）と、タ（手・方向・端）との複合である。これは今日では半端なお金をいう。「ハシタ金」がそれである。ハシはとがったものの先の方を表わしたから、ハシタで、わずかな、半端なものを表現したのである。ところがハシタであるとは、平安時代の例では「乏しく、不完全」だという意味でもあったし、また、普通以下、中途半端であることも意味した。今日「ハシタないことをして」というが、それは昔にもあった使い方で、無作法、みっともないことを意味している（ハシタナイのナイは甚しいという意味の古語）。

このように、∧型であることから発した言葉、ハシの複合語は、良い意味を持っていない。ソバ、ソハは斜め、三角形であることを意味する語根であった。ハシは∧型であることを意味していた。こうした語根から派生される形容詞は、みな逸脱、不調和、無作法等の観念を表現している。それはこれらの形に対する日本人の感覚が「好ましからぬ」「良くない」という傾向を持っていたからである。それに対して二つ揃っていることを示すマ、円形であることを示すマト、平らであることを示すヒラ等に対しては日本人は、愛好の念を持つ。だからマは、マゴコロ、マユミなどと使われ、真実、良好、的確などを表わし、マトはマトカ（円）、ヒラは「ヒラに御容赦」などと使われる。この場合のヒラは事もなくという意味である。

日本語の語根

さて、このようにして日本語は、さまざまの意味を表わす単語を殖やして来たのだが、一体われわれは、日本語の語根として、どの程度のものを数え上げることができるだろうか。一つの試みとしてその一部分を具体的に次に掲げてみよう（一四八～一五二ページ）。これは奈良時代の日本語を材料として、複合している語はすべて最小の形にまで分析し、これ以上分析はできないというところに至った奈良時代語の語根の一覧表である。

タミル語との比較によって明らかになって来たことだが、これら奈良時代の単語を資料として、そこから抽出した語根だけが古い日本語を伝えるのではない。江戸時代の言葉としてはじめて文献に現われる単語や、現代の各地の方言にだけ見られ、文献に全然姿を見せない単語にもタミル語に対応する単語がある。言葉とはそういうものであるが、今はそれらは別として、奈良朝語に資料を限った場合にはどうなるかということを、語根表の一つの見本として、ここにあげてみようと思う。このような一覧表は、分析の仕方によって、また数え方によって、かなりの異同をまぬがれないが、私の分析と数え方によれば、奈良朝語の語根は総数一三五二になる。

『The American Heritage 英語辞典』には、その末尾に、ワトキン Watkin の研究によるインド・ヨーロッパ語の語根の一覧が掲げてある。その中にはラテン語にまでしかさかのぼれないような語根もある。しかし、ともかく、語根として英語の造語の基幹となったものが集成してある。その数は一四〇六語である。[*32]インド・ヨーロッパ語は、その語族に属する数多くの言語が判明している。それらを比較対照することによって再構成された語根表と、ここにあげるような日本語の奈良朝語の語根表とでは、同じ語根という言葉を使っても、その意味は同一でない。だが、ワトキンの数え上げた語根の数と、奈良時代の言葉の分析によって得られた語根の数とが、一四〇六語と一三五二語というかなり近い値を得たことに私は興味を感じている。およそ一つの時代の一つの地域の言語の体系を詳しく調査すると、その地域の動物・植物・人事・動作・情意その他にわたって表現するための、何千、何万という語彙があるものである。しかしその何万の中の一語一語は、かなり限られた数の語根や接辞を複合させて、表現しているのが常である。その複合体を分析してゆくと、その極限において、最も基礎的な単位を析出することができるはずである。その最も基礎的な、これ以上分析できないと考えられるものを語根と名づければ、その語根は、どの社会でもおよそ一五〇〇語前後、多くても二〇〇〇語に達しないであろうと考えられる。それは、人間社会では、最も基礎的な観念として、大体それくらいを区別することを示しているのかもしれない。

　では、奈良朝語にもとづいて私が認定した語根とはどのようなものかを、次に示してみよう。例えば、ササヤカ（小）、イササカ（些）、サギリ（さ霧）、サマヨヒ（さ迷ひ）などの語があった場合に、それらから一つの語のサを析出することができる。これは、重ね

sak-a	（逆）
sak-a	（賢）
sag-a	saga-ri（下）
	sagë（下）
sag-asi	（険）
sak-i	（先・崎）
sak-u	（割）（放・離）
	sakari（離）
	sakë（放）
sag-uri	（探）
	sagu-me（探女）
sak-umi	（裂）
sak-ura	（桜）（sak〔栄〕と同根か）
sak-ebi	（叫び）
sas-a	（笹）
saz-aki	（鷦鷯・陵）
saz-are	（小石）
sas-u	（差・刺・指）
sas-i	（土製器具）
	sasi-nabë（土堝）
sad-a	（時）
sad-a	（定）
	sada-me（定）
sad-ukë	（授）
sad-e	（小網）
sat-o	（里）
sad-oFi	（迷）
sat-o	（聡）
	sato-si（聡）
	sato-ri（悟）

サ行の語根

sa	（接頭）（狭・小・浅・若の意）
	sasa-yaka（小）
	isasa（些）
	sa-gïri（さ霧）
	sa-mayoFi（さ迷ひ）
	sa-manesi（さ多し）
sa	（方向）
	sa-ma（様）
	sa-mora-Fi（侍）
sa	（接尾）（性質）
sa	（然）
sa	（神稲）
	sa-tukï（五月）
	sa-wötö-me（稲少女）
	sa-nöböri（稲上り）
sa	（箭）
	satu（矢）
	sati（獲物）（幸福）
	sö-ya（矢）
sak-	（盛・栄・咲）
	saka（酒・栄）
	saka-ri（盛）
	saka-ye（栄）
	sak-i（咲）
	saki（幸）
sak-a	（坂・界）（毛冠）
	sakaFi（堺）←saka-aFi（坂合）

	sawa-ki(騒)	san-a	(実)
	sawa-we(騒)		sanc(実)
	saw-i(騒)	saF-a	(沢)
saw-o	(棹)	saF-a	(多)
si	(下)(底)	saF-a	(障)
	si-ta(下)		saFë(障・塞)
	si-mo(下・下方)		saFa-ri(障)
	si-Fani(底土)	sab-ameki	(訕呲)
	kura-zi(倉下)	saF-iduri	(囀)
si	(石・磯)		saFe-ki(囀)
si	(羊蹄)	sab-u	(銹)
si	(代名詞)sika		sabu-si(寂)
si	(方・風・息)		sabï(荒)
	Fimuka-si(東)	saF-e	(鉏)
	ni-si(西)	saF-ë	(助詞)(söFë の交替形か)
	si-gure(風・暗)(時雨)		
	si-naga(息長)	sam-a	(覚)
	si-na-to(風の門)	sam-u	(冷・寒)
	si-buki(風・吹き)		samu-si(寒)
sik-a	(鹿)	say-a	(鞘)
sik-u	(及・敷・領・頻)	say-a	(亮)
sik-imi	(閾)		sayë(寒・冴)
sig-ë	(繁)	say-a	(擬音)
sik-ö	(醜・強)	say-ari	(障)
	siködi(譏)	sar-a	(更・新)
	sikö-de(醜手)	sar-a	(皿)
	sikö-na(諱)	sar-asi	(曝)(晒)
sis-i	(猪・鹿・肉)		cf. saga-si(探)
siz-i	(濃密・繁茂)	sar-u	(避・去・来)
	sizimi(縮)(蜆)	sar-u	(猿)
		saw-a	(擬音)

sib-u	(渋)		sizima(黙)
siF-o	(塩・潮)		sizira(緘)
	siFo-ri(塩折)	sit-a	(舌)
	sibo-ri(絞)	sit-asi	(親)
sim-a	(島)	sit-ata	(確)
sim-u	(凍)(結)(茂)	sit-aFi	(赤)
	simasi(暫)sibasi	sid-u	(下)(賤)
	simara(暫)sibara		sidu-ka(静)
	simi-ra(無暇)		sidu-mi(沈)
	sime-ra(無暇)	sit-u	(倭文)
	simi(茂)	sin-a	(科)
	simaru(締)	sin-aFu	(撓)
	simë(占)	sin-u	(死)
sim-u	(始)(sömuの交替	sin-o	(篠)
	形)	sin-o	(繁)
sim-ö	(霜)	sin-oFu	(偲)
sim-otö	(楉・笞)	sin-öbï	(忍)
sir-a	(白)(siroの古形)	sin-ögu	(凌)
sir-u	(領・知)	sib-a	(柴・芝)
sir-u	(汁)	sib-a	→sima(締)
sir-üsi	(著)	siF-asu	(十二月)
sir-o	(後)	siF-a	(舌・唇)
	siri(後)		siFa-buki(咳)
siw-a	(皺)		siFa-bure(咳)
	siwore(萎)		siFa-FuruFi(舌振ひ・老人)
su	(接頭)		
	su-gata(姿)	siF-i	(椎)
	su-naFo(直)	siF-i	(痺)
	su-samasi		sibi-re(痺)
su	(酢)	siF-u	(強)
su	(渚・州)	sib-i	(鮪)

sut-a	（捨）	su	（簾・簀）
	suta-Fë（捨瓶）	su	（巣）
	sutë（捨）	zu	（否定助動詞←nisu）
sun-a	（砂）	sug-a	（菅）
sum-aFi	（相撲）	sug-a	（清）
sum-i	（墨）	sug-aru	（蜂）
sum-i	（隅）	suk-i	（鋤）
sum-u	（住）	suk-i	（次）
sum-uyaka	（速）	sug-ï	（杉）
sum-e	（皇）	suk-uFu	（抄・救）
	sume-rö-ki（皇）	sug-u	（過）
	sume-ra（皇）		suguri（過）
sur-a	（助詞）	suk-una	（少）
sur-u	（摺・摩）		suko-si（少）
suw-e	（陶・据）	suk-ë	（助）
suw-e	（末）	sus-a	（荒）
se	（石花）	sus-u	（煤）
se	（狭）（瀬）	suz-u	（錫）
	sek-i（関）	sus-ugu	（濯）
	sek-i（塞）	suz-uki	（鱸）
	se-më（迫め・攻め）	suz-u	（涼）
se	（背）（söの転）		suzu-si（涼）
sem-i	（蟬）		suzu-mu（涼）
ser-i	（芹）	sus-u	（進）
so	（掛声）		susu-si（進）
so	（磯）		susu-mi（進）
so	（麻）（衣）	suz-umë	（雀）
	sode（袖・衣手）	sus-uru	（啜）
so	（十）	sus-o	（裾）
sö	（背）	sud-aku	（集）
sö	（代名詞）	sud-i	（筋）

sö	（間投詞・禁止）
sö	（係助詞）
sök-u	（退・限）
sök-u	（削）
sök-ö	（底）
sök-öda	（幾許）
	sökida
	（幾許）{sököba sököra
sök-önaFu	（損傷）
sös-öku	（激）
sös-öru	（聳）
son-aFë	（供）
son-i	（翠鳥）
sön-ö	（園）
söb-a	（柧・稜）
soF-u	（添）
söF-o	（朱土）
söF-ö	（湿）
söF-ödö	（案山子）
som-a	（杣）
söm-u	（染）
som-u	（澄）（sum-iの交替形）
söy-ö	（擬音）
sor-a	（空）
sor-a	（助詞）（suraの交替形）
sör-u	（剃）
sör-ö	（擬態）

られて語幹となり、サ・サ・ヤカ（小）という語を作る。また、イ・サ・サ・カのサもこれと同じと見なされる。また、サギリ・サマヨフのサも、「わずか」「少し」の意と考えれば、ササヤカ・イササカのサと同じ語根と考えられる。そうした場合ここにサを析出して、一項サを立てる。このようにして分析した語の一覧表であるが、スズキ（鱸）、ソホド（案山子）のように、分析不能のものはそのままとした。

第五章　音韻の変遷

ハヒフヘホの音

日本語について正確な理解を持つためには、日本語が、一つの時代に、ある一つの地域でいくつの音を区別していたかを知ることが必要である。そしてできるなら個々の音の実際をこまかく知ることが望ましい。それ故、文字が伝来する以前の最も古い時代から、仮名文字が広まった後の十二世紀頃までの音韻の変遷をここにまとめて概観しておくことにする。

こういう古い時代の発音をどうして知るかであるが、昔の発音に関する文献は意外に多いものである。たとえばハヒフヘホの音である。今日の発音では、これを ha hi hu he ho と発音するが、四、五百年前にはこの発音は今と違っていた。室町時代末期に来朝して、キリスト教を広めた宣教師たちがローマ字で日本語を表記した文献では、応答の言葉を Aà とか Hà とか書いている。これは、アア、ハアという感動詞で、今日の発音と同じと思われる。ところが「花」とか「人」とかは fana, fito と書いている。そして、コリヤードの

『日本文典』（一六三二年刊）には、ハヒフヘホの子音について「歯と唇とは完全にではないが幾分重ね合わせて閉じられる」と書いてある。また、「hとfとの中間音であって」と書いている。他には有名な後柏原天皇の「なぞだて」がある。

は丶には二たびあひたれどもち丶には一度もあはず

この謎々の答えは、「唇」で、それは「母《はは》」という発音では、唇は二度合うけれども、「父《ちち》」という発音では、唇は一度も合うことがないというのがそのこころである。つまり、当時のハの音は、現在とは違って、口笛を吹くときのように、上下の唇を近づけて発する〔F〕という音に近い子音を持っていた。そのことがこのなぞによって知られる。また江戸時代に入って元禄年間の契沖の『和字正濫鈔』には「は、まは共に脣音ながら、はは脣の内に触れて軽く、まは脣の外に触れて重し。……わは喉音ながら、脣音を兼ねて、はの字よりも猶《なほ》、脣の内に柔らかに触れていはる」と書いてある。これによってもその頃のハの音が、唇を上下に合わせて発音されたことが明らかである。これらの資料を見ると、ハの音に

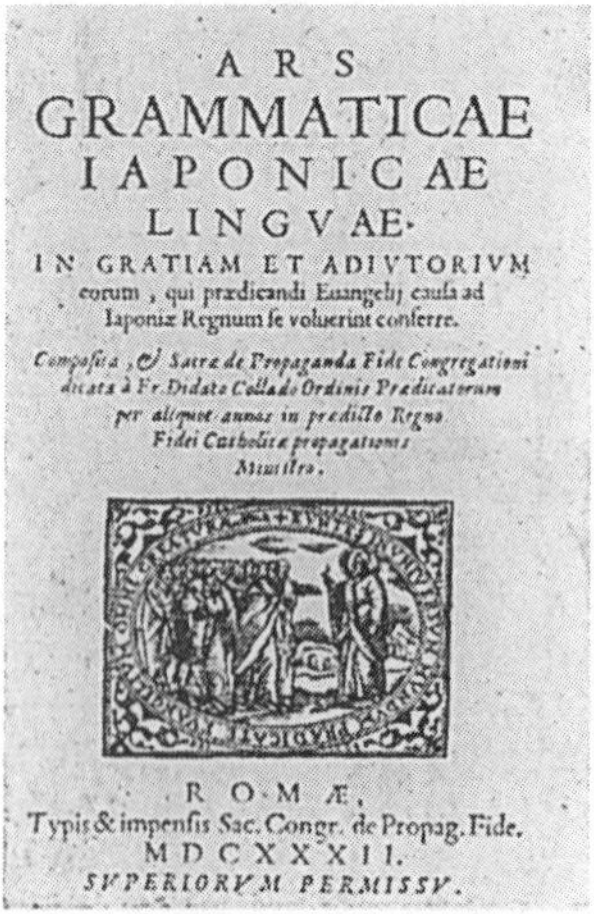
ARS
GRAMMATICAE
IAPONICAE
LINGVAE.
IN GRATIAM ET ADIVTORIVM
eorum, qui prædicandi Euangelij causa ad
Iaponiæ Regnum se voluerint conferre.
Composita, & Sacræ de Propaganda Fide Congregationi
dicata à Fr. Didaco Collado Ordinis Prædicatorum
per aliquot annos in prædicto Regno
Fidei Catholicæ propagationis
Ministro.
ROMÆ,
Typis & impensis Sac. Congr. de Propag. Fide.
MDCXXXII.
SVPERIORVM PERMISSV.

コリヤード『日本文典』の扉

限らず、当時のハ行音の発音の仕方が、今日とは相違して Fa Fi Fu Fe Fo ファフィフフェフォのような音であったことが理解される。

仮名として使われた漢字の音

このように、言葉の発音は、時代によって変ることがあるものである。それならば日本語の最も古い時代の発音を知るには何を手懸りにしたらよいか。手懸りの一つは、仮名として使われた漢字である。

たとえば、埼玉県稲荷山古墳から出土した剣の銘に「獲加多支鹵」と書いてあるが、これに、中国の三、四世紀ごろの東晋時代の南方の発音をあてはめると、ワカタケルとよむことができる。また「邪馬臺」を何とよむかについて「邪」「馬」「臺」の一字一字のその頃の発音を知ることができれば、それによって、その一字一字に日本語の何という仮名をあてるかが決定できる。このように漢字の音によって日本語を写した例については、それが中国の、どの時代の、どの地方の発音に拠っているかを吟味すれば、それによってその日本語の音を知ることができる。

先に挙げた「獲加多支鹵」の場合には、中国の東晋時代の南方音をあてるから、「支」にケの仮名をあてて、これをワカタケルとする。しかし、「魏志倭人伝」の中の「弥馬獲支」においては、「支」にキをあてて、ミマワキとよむ。というのは、「魏志」のこの部分は中国の北方の音によって日本語の音を写したと考えられるので「支」の字の北方音を求めると、キにあたる音だったと推定されるからである。このように、中国語の字音は、よりどころとする時代と地方とによって相違があることに注意しなくてはならない。この例で分るように、漢字で写した古代の日本語の発音を知るためには、そこに使われた漢字の発音について広く深い知識が要る。

そればかりでなく、漢字の発音を利用して日本語を写した七、八世紀の万葉仮名を資料とする場合には、それら約一千種の万葉仮名を組織的、体系的に取扱わなくてはならない。この万葉仮名を体系的に研究してはじめて古代日本語の音韻組織についての重要な知識を得ることができる。実は、それによって単に七、八世紀の音韻組織を知ることが可能となるばかりではない。その事実を基礎として、言語学上の諸原則によってそれを解釈するならば、八世紀をさかのぼる非常に古い時代の音韻状態を再構成することもできる。

万葉仮名の研究

その万葉仮名の研究の中で、最も注目すべきものの一つが橋本進吉によって成し遂げられた。これに関係する事実に、以前にも、気づいていた人々があった。まず江戸時代に本居宣長が、古事記の万葉仮名の細かい研究によって、従来気づかれていなかった文字使用上の区別があることを『古事記伝』に書いた。宣長の弟子、石塚龍麿は、それを承けて、記紀万葉にわたって万葉仮名を調査し、『仮名《かな》遣《づかひ》奥《おくの》山路《やまみち》』という書物を著した。しかし、龍麿は発見した事実の本質的な意味を見ぬくことが出来ず、事実そのものすら整理しきれずに終っていた。明治時代に橋本進吉は、同じ事柄を独自に発見し、ついでこの万葉仮名使用が音韻の区別を表わすものであったと認め、事実をはじめて全面的に明確に解釈した。その結果奈良時代には八十七個の音節があったことが明瞭になった。*33

　この万葉仮名の研究は、明治以降の日本語研究の収穫の中で、最も注目すべきものの一つと思われるので、ここにその発見の状況を橋本進吉自身の筆によって記しておこう。この文献は大正四、五年頃の執筆とおぼしい、『仮名遣研究史』の一節をなすものである。

（前略）自分が去明治四十二年二月中、国語調査委員会の嘱をうけて我が国、文章法の発達について研究中、万葉集巻十四東歌の中に、辞「が」にあたるべき処に、「家」の字を書いたものが少くないのを見て、当時の東国方言に於ては「家《ケ》」といふ辞があつて「が」と同じやうに用ゐられてゐたのでないかといふ疑ひを生じ、之を解決する一方法として、あらゆる「家《ケ》」の仮名について調査する必要を感じて、まづ巻十四について調べてみたけれども、別に得る所がなかつたが、猶、万葉集巻五に「家」を「が」の意味に用ゐた例がある処から、五の巻についても調査しようとし、この度は「家」ばかりでなく、「ケ」と読むあらゆる仮名の例を文字に従つて集めて見た処、当面の目的には何の解釈をも与へる事が出来なかつたけれども、ニケリ、ケム、ケラシ、今日《ケフ》などの語には「家《ケ》」「計《ケ》」等の文字のみを用ゐ、竹《タケ》、酒《サケ》、嶺《タケ》、歎《ナゲ》き、繁《シゲ》し等の語には「気《ケ》」「既《ケ》」「宜《ゲ》」等の文字のみを用ゐる事を知り、「ケ」の仮名を用ゐる語には互に通ずるものと通じないものとがあつて、之によつて「ケ」の仮名が二類に分れ、この二類の別は厳然として相犯すこと無きを発見して奇妙に感じ、大いに興味を覚え、進んで他の巻々について検しようとし、まづ東国語より始めんとして廿巻について調査した処、前半、防人歌のある部分はこの別を認むる事が出来ないで大に失望したが、その後半、大和詞の歌に至つてはこの別明に存して居るのを見、これは大和詞に存して東国語に存しないものである事を推測するやうになつた。

次に万葉集中、十五、十七、十八などほとんど全文仮名書になつてゐる巻々について調査した処、時に二三の例外はあるが、ほとんどすべての場合にこの別あるを知つた。それから万葉の他の巻々や日本紀、古事記の歌について見るに、唯万葉十四の巻の外はやはりこの二種の別があつて、一の例外もない。ここに於てこの別は奈良朝に於て東国方言をのぞいては一般に存してゐたものであるのを信ずるやうになつた。しかるにさきに発見した万葉集に於ける例外も大矢透氏所蔵の古写本（官本に属するもの）を見るに及んで、殆んどすべて刻本の誤であつて、実は例外でないことを知り、いよいよこの事実の存在を確信するに至つた（翌四十三年、元暦本万葉集の原本を一見する事が出来たが、これは大矢氏所蔵本に一致してゐる。刻本の誤であることいよいよ明である）。それから法王帝説、大日本古文書、続紀宣命など奈良朝時代の文献について検するに一も差《たが》ふものが無い。又この仮名遣の変遷の跡を見ようと思つて日本後紀以後の国史の宣命及歌謡、日本紀竟宴歌、新撰字鏡、日本霊異記其他平安朝の万葉仮名の文献について調査した処、多くはこの別を見ることが出来ない。即ち、このケ音仮名の二種の別は奈良朝時代に於て存在して居たが平安朝に入つては乱れたものであるを知る事が出来た。

ケ音仮名の調査に従事する旁、他の仮名にもかやうな区別があるかを検せん為、万葉巻五によつて、加行音について調べた処、「け」の外には「き」と「こ」とにも二種あるべきことを推し得た。又、嘗つて、記紀の歌謡中のあらゆる動詞を活用形に従つて集めて置いたものについて調べて、「け」音の研究から推測し、ひ、み、へ、め、にも二種の別あるべきを知る事を得た。

かくの如き仮名の用ゐわけは、未だ、先人の説かざる所であつて、私は、契沖以来の発見であると考へ、猶多くの材料と各種の仮名について調査の歩を進めようとしてゐた際、偶然にも当時国語研究室に購入した「古言別音鈔」を見て、先人に已にこの種の研究ある事を知り、その書の基く所の「仮名遣奥山路」を見るに、我が研究し、又は推測し得たより更に宏大な範囲に於て、二種の別あることを示したものであるを認め、我が発見の実は再発見であつた事を知つたのである。さうしてこの我が発見は実に二重の意味に於ける発見であつた。一はこの特殊の仮名遣の再発見であり、一は石塚龍麿のかくれたる仮名遣研究の発見である。もし自分でこの仮名の使ひわけを発見しなかつたならば、奥山路の真面目を解し、その真価を認むることが出来なかつたであらう。さうして又わが独立になした調査があつたからこそこの古人の研究の長短得失瞭然たるを得たのである。(下略)

橋本進吉がみずから語ったところによれば、その頃、すでに石塚龍麿の『仮名遣奥山路』の写本を見たことがあったという。しかし、この雑糅難解な書物は、当時の国語学史家によって正しく理解されていなかった。それで橋本自身も「やはり真面目を解することが出来ず、徒に細密を期し、求むべからざる所に強ひて差別を求めたものと考へて深く心にとどめない」で終ったという。たしかに石塚の『仮名遣奥山路』には記述に混乱があり、事柄の本質を理解した上で読めば分別できるが、石塚の書いた表現だけを頼って内容を理解しようとすると、ほとんど理解不可能な本である。

この橋本進吉の発見によって、奈良時代の大和地方の言語は、キ・ヒ・ミ・ケ・ヘ・メ・コ・ソ・ト・ノ・ヨ・ロの十二の音節の内部が、甲類と乙類との二つに区分されることが判明し、音節の数は八十七個(古事記では八十八個)あったことが確認されたのである。

最古の時代の音韻組織

私は、橋本進吉によって明らかにされたこの八世紀の音韻組織を基礎として、さかのぼりうる最古の時代、西暦紀元よりもさらに以前の日本語の音韻組織を推定した。まずその

最古の音韻体系についての結論を記した上で、以後の音韻の時代的変化の大体を述べることとしよう。日本の最古の音韻体系では

(1)母音はa・u・ö・iの四個であった(この四個は万葉集の万葉仮名の八五パーセントの使用度数を占め、基本母音だった)。
(2)語頭の音節のはじめに立つ子音は、k・s・t・n・F・m・y・wの八個だった。
(3)語中の音節のはじめに立つ子音は、右の八個の他、r・g・z・d・bがあり、合計十三個だった。
(4)音節は母音で始まるものと、子音一つで始まるものとの二種であった。
(5)音節はすべて母音で終っていた。二重母音は無かった。

その音節を一覧すれば左に掲げた表の通りで、音節数は五十六であった。これは理論的に推定したものである。

ⓐ

a	u	ö	i
ka	ku	kö	ki
sa	su	sö	si
ta	tu	tö	ti
na	nu	nö	ni
Fa	Fu	Fö	Fi
ma	mu	mö	mi
wa	wu	wö	wi
ya	yu	yö	yi

ⓑ

ga	gu	gö	gi
za	zu	zö	zi
da	du	dö	di
ba	bu	bö	bi
ra	ru	rö	ri

文節の中の音節

次にこの五十六個の基本的音節が、文節を形づくる上でどんな条件のもとで使われていたかを文献上最古の八世紀の例で見ることにしよう。

(1)母音a・i・u・öは、独立し

た音節としては、文節のはじめだけに位置することができた。母音だけの音節は、一語の、中、末尾に来ることは無く、母音が連続することも無かった。

aka（赤） asi（足） amu（虻） ita（板） irö（色） isi（石） uta（歌） usi（牛）

usu（臼） ötö（音） ösö（遅） ömö（乳母）……

ただしこの原則は、平安時代以後、漢語の輸入使用によって破られた。

tau（刀） gau（蒙） rau（老） dau（堂） tai（隊） kai（海） nai（内） mai（妹）

tiu（昼） kiu（救） niu（柔） riu（柳）……

（これらの漢字の読み方には au, ai, iu のように母音連続が生じている。こういう例は、漢語取り入れ以前の日本語には無かった）

(2) r・g・z・d・bをはじめに持つ音節は、文節のはじめに来ることは無く文節の中または、文節の末尾に来るのが原則だった。

kora（子ら。ラは複数の接尾語）

nakuramu（鳴くらむ。ラムは推量の助動詞。今ゴロ鳴イテイルダロウ）

Faru taturasi（春立つらし。ラシは助動詞。春ガ来ルラシイ）

ömöFarurukamo（思はるるかも。ルルは助動詞）

一語として使われているように見える、ラ、ラム、ラシ、ルなどは、みな、接尾語または助動詞であり、名詞や動詞の下に来るもので、ra・ri・ru・röで始まる語が、文節のはじめに立つことは無かった。これはタミル語、アルタイ語、朝鮮語のいずれにも共通の特性である。

しかしこの通則も次のような漢語の輸入使用によって平安時代以後破られた。

rau（老）ri（里）ron（論）riau（両）raku（落）ran（卵）……

日本人は右の例を、ラウ、リのようにr音で発音できるようになったが、朝鮮語では、今日でも楽器のラッパをナッパ、地名の羅州を nashu のように発音する。つまり語頭のrを発音できずnにかえる。それは古い音韻体系を継承しているものである。

(3)母音a・uを含む音節は、aどうし、uどうしで結合して語を作ることは勿論であるが、aとuとはお互いに仲がよく、組み合って語を作ることができた。

〔a―a〕asa（朝）ara（荒）awa（泡）kata（片）kaFa（河）kaFa（皮）saFa（沢）taka（高）nana（七）naga（長）Fana（花）Faya（早）Fara（原）……

〔u―u〕usu（薄）uru（愚）udu（珍）kudu（屑）susu（煤）sugu（直）suzu（鈴）……

〔a―u〕〔u―a〕kasu（糟）karu（軽）kazu（数）samu（寒）sadu-ku（授）saru（猿）tatu（竜）natu（夏）masu（斗）kusa（草）kuma（熊）kura（倉）suga（菅）tuna（縄）tuma（妻）tura（頰）nusa（幣）numa（沼）……

(4)母音öを含む音節は、同じöどうしで結合して語を造り、aとは結合すること少なく、öはuとは二音節語では結合しなかった。

〔ö—ö〕 ösö（遅） ökö-ru（起） ösö-ru（恐） ötö-ru（劣） ötö-su（落） kökörö（心） kötö（事・言） könö-mu（好） körö-su（殺） sönö（園） tökörö（蘚） tönö（殿） töyö（響） nökö-su（残） mönö（物） mötö（本） yökö（横） ……

〔a—ö〕〔ö—a〕 kasö（父） masö（全） marö（円） söba（柧・稜） töga（咎） ……

(5)母音iを含む音節は、iどうしで結合して語を作るほか、a・uともöとも仲よく語を作った。

kimi（君） kimi（黍） Fidi（臂） kita（北） kida（段） Fika-ri（光） Fisa（久） Fina（鄙） Fira（平） Fiza（膝） Fitu（櫃） Firu（蛭） miru（海松） kinu（絹） kizu（傷） umi（海） kubi（首） sumi（墨） aki（秋） kami（上） kami（紙） Fitö（人） Firö（尋） Firö（広） midöri（緑） töki（時） ……

新しい母音の発達

右に見たように、八世紀の万葉仮名によって得られた事実を基礎に置いてさかのぼった場合に、推定できる最古の日本語の音韻組織では先に述べたように母音は四つ、音節は五十六個であった。そして、母音が二つ連続することは無かった。

　ところが、単語の中には iso（磯）asa（朝）のように母音だけの音節で始まるものもある。だから、音節がすべて母音終りだったとすると、語彙を増大させていくに当って、語の複合が行われる場合、ara-iso（荒磯）のように二つの母音が直接接触する事態が当然生じた。ところがその母音の直接の接触を極度にきらう習慣を古代の日本語は持っていたから、その連続する母音が生じたときには、その一方を脱落させた。例えば

　荒磯《あらいそ》　ara-iso→ariso（荒磯《ありそ》）

　向き合ひ　muki-aFi→mukaFi（向かひ）

　床石の上に　tökö-isi-na-uFëni→tökösinaFëni（永久に）

　最後の例について説明を加えると、「しっかりした床石の上に」あることは確実で不変の状態にいることなので、それは「不変」という意味となり、トコシナヘニの形で「永久に」という意味を表わすことになった。このように母音の一方を脱落させたが、その他に二つの母音を一つに融合させる変化も発達した。その例は次のようなものである。

(1)たとえば、「歎《なげ》き」という言葉は、溜め息をすること、長い息をはくことである。これは「長《なが》」と「息《いき》」との連合によって成立した言葉で、naga+iki→nagaiki となるから、この形から「ナガキ」nagaki のような i の脱落した語形もあり得ないことではなかった。しかし、nagaki という形は、「長き」という形容詞と同一になり、同音による単語の区別の困難という事情もあったのだろう。ここでは、nagaiki という形のうちの ai という二つ

の母音が融合して、ëという新しい母音が形成された。そしてナゲキ（nagëki）という形が成立した。このように ai という母音連続が生じた場合には、そこに新しいëという母音が生じ、ëが母音の体系の中に一つの位置を占めた。

(2)また、「花が咲いている」という意味を表わすには「花咲きあり」と言ったが、その場合、

saki（咲き）＋ari（有り）→sakiari→sakeri

という変化を起こした。この例で分るように、iとaという母音の連続が、語の連続上の都合でやむを得ず生じた場合には、そこに ia→e という変化が生じた。その結果、eという母音が母音体系の中に新たな一つの位置を占めた。このようにeが母音体系に一つの位置を占めるに至った一つの誘因としては、日本語の第一の層の上に第二の言語として加わって来た古代タミル語がeという母音を持っていたことも関係すると思われる。タミル語のeは、日本語ではiで受け入れていたが、eのまま受け入れたと思われる例がわずかながら存在する。

(3)uとaの連続からoを生じた。その実例をあげてみよう。話は多少廻り道になるが。古代の人々が数を認識し、計算を行うときに手足の指を使ったことは明白である。というのは、アイヌ語では、「3」を rep というが、これは「中指」という単語（ri-monpet）の ri と関係がある。朝鮮語では「5」を tasət というが、これは、手の指を「閉じる」

（tat）という動詞と関係があり、「10」を yöl というのは、手の指を yöl（開く）という動作である。つまり朝鮮では5までは指を折って数え、6からは指を開いて10で開ききった。そこで「閉じる」が「5」、「開く」が「10」という命名が行われた。インドネシヤ語では「5」を lima（手）という単語でいうが、これは片手の指を一つずつ数えて5に達するところから生じている。アイヌ語では「10」を uan（両方ある）というが、両手を出すところにその起源がある。また20を「全部」とか「一人」という単語でいう言語があるのは、足の指まで数に入れるところから生じた名称である。

さてこれらによって、人類の発達史の上で計数に指が大きな役割を果して来たことが分るが、それを考えに入れて「カゾヘ」（数へ）という動詞の語源を考えると、これは指の「数《かず》」を「合はせる」ところに発するものと思われる。つまり、例えば「七」を「カゾヘ」るのは、片手の「五」といま一方の「二」との数を合わせることであったのだ。そこで「カゾヘ」という動詞の語源を考えると、

kazu（数）＋aFë（合へ）→ kazuaFë → kazoFë（数へ）

という変化が生じたと見なされる。この例で分るように ua という母音連続から ua → o という変化がおきた。その結果 o という母音が母音体系の中の一つの位置を占めるに至ったのである。

(4) これ以外にも ui→ï, öi→ï という変化が生じた。たとえばオホ（大）イシ（石）がつ

まってオヒシとなっている例がある。これは、

öFöïsi→öFïsi

という変化と推定されるので、öï→ïの例である。このようにして、ïという母音もまた母音体系の中に一つの位置を得た。すなわちここに、

e・ë・o・ï

という四個の母音が、最古のa・u・ö・iという四個の母音体系の中に加わった。こうした変化の結果として八世紀の日本語の母音体系は、合計八個の母音体系を持つに至ったのである。

新しい母音の実態

さてこれらe・ë・o・ïという新しい母音は、八世紀の、古事記、日本書紀、万葉集などの時代の母音体系の中に座席を与えられているけれども、その実勢は弱いものだった。それはその使用状態を、非常に古くから存在したa・u・ö・iという母音と比較してみれば一目瞭然である。たとえばa・u・ö・iは図表Ⓐに見るように、それ自身を繰返して語根を形成した例が極めて多い。

ところが、新参者であるe・ë・o・ïという母音は、第一音節に出て来る場合が非常に少なく、多くは語の第二音節以下に出てくる。その上、aがkata（片）saka（坂）のように自分自身を繰返して語根を形成しているに対して、e・ë・o・ïは、それ自

Ⓐ

kata（片）
saka（坂）
taka（高）
naFa（縄）
FaFa（母）
usu（臼）
yuru（緩）
turu（鶴）
tuyu（露）
mutu（睦）
kötö（事）
tökö（床）
sönö（園）
sökö（底）
kimi（君）
kimi（黍）
sikimi（しきみ）

Ⓑ

teke
tëkë
toko
tïkï
kere
kërë
koro
kïrï

Ⓒ

momo（百）
momo（腿）
kogo（擬音）
koko（鳴き声）

身を繰返して語根を形成した例がない。

たとえば図表Ⓑに掲げたような音結合による語根は存在しない。わずかに図表Ⓒにあげたような「百《もも》」「腿《もも》」などがあるだけである。しかしこれらも極めて特別な例外である。

というのは、オメメ（お目目）、オテテ（お手手）が目、手を繰返した語であるように、モモ（百）、モモ（腿）は本来一音節であったモ（百）、モ（又）を繰返して成立した語であり、コゴ、ココは物音を擬した特殊な語である。こうした例だけしかないという事実は、e・ë・o・ïという母音が、非常に古い日本語の根幹的な単語の形成に参与していないことの結果であり、この四つの母音が後に新たに加わった母音で、八世紀の日本語の中では弱い勢力しか占めていなかったものであったことを示している。

多い母音と少ない母音

一層詳しくその実状を見るために、万葉集での、これらの母音の使われる度数を一見したい。右の八個の母音のうち、eをエ列甲類、ëをエ列乙類、iをイ列甲類、ïをイ列乙類、oをオ列甲類、öをオ列乙類と呼んで区別し、その使用度数を表覧すれば、次ページの通りである。

これを見ればeの列・ëの列・oの列・ïの列の使用度数がいかに小さいかが一目で知られよう。eの列とëの列とは平安時代には合流して一つとなり五十音図のエ列に入るのであるが、これをaの列・uの列と比較すると、

a列　一二一二〇
u列　六四一五
e・ë列　三八三八

のような数値を示す。つまりuはaの約二分の一、e・ëの合計はaの約三分の一である。これは、e・ëが母音の使用数全部の中でいかに小さい位置しか占めていないかを示している。

また、iとïとは後世、合流して五十音図のイ列に入った音であるが、iとïとの区別のあるキ・ヒ・ミ・ギ・ビについて調べてみると、

i　三一六〇
ï　三七〇

となり、ïはiの一割強しか使われていない。また、コ・ソ・ト・ノ・ヨ・ロ・ゴ・ゾ・ドについてのoとöとの割合は、次の通りöが圧倒的に優勢なのである。

万葉集の音韻表・音節別使用度数

ア a 一〇五八	イ i 八〇九		ウ u 三八四	衣 e 一〇			オ ö 四五七
カ ka 一六四九	キ(甲) ki 二五九	キ(乙) kï 八四	ク ku 一〇三六	ケ(甲) ke 二八八	ケ(乙) kë 二〇〇	コ(甲) ko 三九七	コ(乙) kö 六九五
サ sa 七六三	シ si 一九〇八		ス su 五六七	セ se 二九九		ソ(甲) so 三四	ソ(乙) sö 二九三
タ ta 一三九	チ ti 四三		ツ tu 一〇四七	テ te 六五六		ト(甲) to 二四	ト(乙) tö 三四四
ナ na 三九八	ニ ni 一八五四		ヌ nu 三六	ネ ne 三三七		ノ(甲) no 九二	ノ(乙) nö 二〇九三
ハ Fa 三八八	ヒ(甲) Fi 七五	ヒ(乙) Fï 一〇九	フ Fu 五五一	ヘ(甲) Fe 二三〇	ヘ(乙) Fë 一八六	ホ Fo 四四一	
マ ma 三四八	ミ(甲) mi 九〇〇	ミ(乙) mï 八八	ム mu 六二五	メ(甲) me 七四	メ(乙) më 三〇〇	モ mo 一七九二	
ヤ ya 六二〇			ユ yu 四三	江 ye 三八		ヨ(甲) yo 一七八	ヨ(乙) yö 二五七
ラ ra 九七四	リ ri 九〇二		ル ru 七七六	レ re 五九〇		ロ(甲) ro 四〇	ロ(乙) rö 二五六
ワ wa 四三八	ヰ wi 四八			ヱ we 七四		ヲ wo 九九	
ガ ga 七六五	ギ(甲) gi 二七	ギ(乙) gï 六〇	グ gu 一五五	ゲ(甲) ge 五	ゲ(乙) gë 一〇四	ゴ(甲) go 二四	ゴ(乙) gö 九八
ザ za 八二	ジ zi 七二		ズ zu 一九七	ゼ ze 二九		ゾ(甲) zo 四	ゾ(乙) zö 七
ダ da 一五二	ヂ di 七八		ヅ du 二四七	デ de 一七六		ド(甲) do 五七	ド(乙) dö 二三七
バ ba 五五六	ビ(甲) bi 一六九	ビ(乙) bï 二九	ブ bu 九二	ベ(甲) be 八九	ベ(乙) bë 六三	ボ bo 三	

〔イ列・エ列・オ列で甲類乙類の別のないものの数を（甲）の列に書いたものがあるが、それは、直ちに甲類の音であることを示すものではない。これは万葉集巻五・十四・十五・十七・十八・十九・二十の一字一音の万葉仮名の数を合計した数である〕

o　一〇三〇
ö　五二八〇

つまり、日本語の最古の母音体系は、a・u・ö・iの四母音の体系であった。ところが日本語の発展につれて、ai→ë、ia→e、ua→o、ui→ï、öi→ïなどの変化が生じ、新たにe・ë・o・ïという母音が加わり、八世紀には八母音の体系を持つに至った。それ故、八世紀に八母音だからとて一層さかのぼればさらに母音が増加するというわけではなかった。

八世紀の母音体系の成立と崩壊

以上の日本語の母音体系の変遷を図示すれば左のようになる。

まず①の体系を基礎にしてそこに新しい四つの母音が加わり、八母音の体系が生じた。②がそれである。しかしそれが九世紀後半になると③のように五母音に変化した。それは何故なのだろうか。

元来、母音の体系には安定性のよい母音体系と安定性を欠く母音体系があるものである。母音体系は口腔の開き方の狭いか広いか、舌の調音の位置が前か後かという対立によって決定される。だから、母音の体系は口腔の狭・広と、舌の前・後とが対称的になっているような場合が一番安定する。例えば④のような五つの母音の体系は、狭広では、iとe、uとoとで明確に対立し、前後ではiとu、eとoとで明確に区別される。こうした体系は長く維持されやすい。だから世界中にこの母音体系は例が多い。

ところが、八世紀の母音体系②を見ると、これは狭母音としては、前舌i、中舌ï、後舌uの三つの区別があったに対して、半狭母音には四つの母音が並んでいる。まず前舌のeと中舌のëの対立がある。その上、円唇性の母音として、中舌öと後舌oとの対立もある。このように四つの母音が一列に並ぶ形になっているのは、狭母音が三個の区別を持つに対して、不均衡な、安定を欠く形である。このように不安定な体系は、長つづきしないのである。そこで⑤のような変化が進行して、九世紀後

①

最古の日本語の母音体系

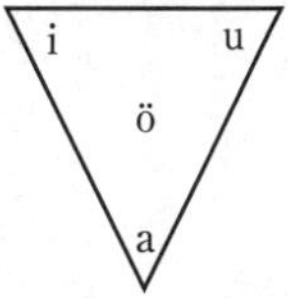

②8世紀の日本語の8母音の体系

	前舌母音	中舌母音	後舌母音
口の開き狭い母音	i	ï	u
口の開き半狭母音	e	ë　ö	o
口の開き広い母音			a

ai→ë, ia→e, ua→o, ui・öi→ï

③

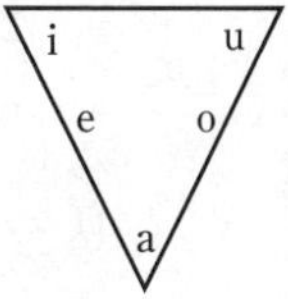

⑤

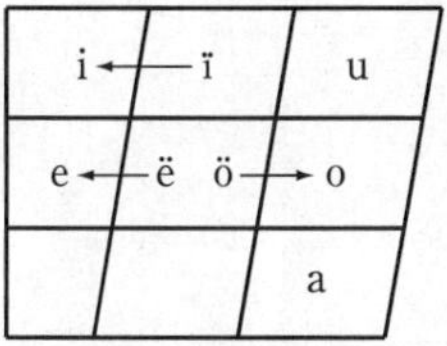

④

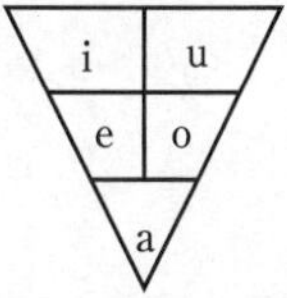

半に五母音の③の形におさまったものと考えられる。してみると、八世紀前後の八母音の体系は、古い四母音から、五母音へと移行する途中の、一つの不安定な体系（とはいっても、何百年かは維持された）だったということになる。

平安時代以後の音韻

さてこのような古代日本語の音韻の変遷を時代順に並べてみると次のようになる。

(1)第一の日本語。56音節を区別。4母音。
(2)外国語との接触の後、第二・第三の日本語は母音を増加。8母音に至る。
(3)七世紀後半（古事記の時代）88音節を区別。8母音。
(4)八世紀（日本書紀・万葉集の時代）87音節を区別。8母音（モの甲乙類が合併した）。
(5)九世紀前半（日本霊異記の時代）70音節を区別。以後、ラ行音と濁音が語頭に立つ。6母音。
(6)十世紀前半（古今集・土左日記の時代）68音節を区別。5母音（ア行のエとヤ行のエを区別）。
(7)十一世紀初頭（源氏物語の時代）67音節を区別。5母音。
(8)十二世紀以後（院政期以後鎌倉時代）64音節を区別。5母音。

(3)古事記の時代からモの甲類乙類の別を失って成立したのが、(4)奈良時代であり、その中のコ・ゴの甲類乙類と、ア行ヤ行のエの区別だけを残したのが、(5)九世紀前半である。

⑸はコ・ゴの甲類乙類の区別を失って⑹十世紀前半となった。⑹はア行ヤ行のエの区別を失って⑺『源氏物語』の時代となった。⑺はヰ（wi）ヱ（we）ヲ（wo）の三つを失って⑻鎌倉時代となった。

　こういう音韻上の事実が判明すると、それは単に区別する音の多少の問題ではなく、単語の解釈、語源の研究、あるいは文献の成立年代の判定などにさまざまの影響を与える。いまここにいくつかの例をあげて、それを説明してみよう。

　まず、日《ひ》と火《ひ》の関係について述べてみる。太陽を日《ひ》という。ところが火《ひ》という言葉があり、太陽は燃えるものだからヒというので、日《ひ》と火《ひ》とは同じ言葉なのだという考えがある。ところが、万葉仮名の実例を調べると、八世紀には日（ヒ）はヒ甲類（Fi）で、火はヒ乙類（Fï）であった。つまり発音が別だった。日《ひ》と火《ひ》とが同源の語であるという考えは、日《ひ》と火《ひ》とが同音だから同源だったのだろうという推理である。ところが、その二つが別音だったとすると、この語源説は再考しなければならないことになる。火《ひ》という言葉は、さらに古くは火《ほ》という形で、ホノホ（炎）とは「火《ほ》の穂《ほ》」であったと考えられる。そう見れば、日《ひ》と火《ほ》とを同源と考えるには、一層詳しい証明が必要となる。つまり日《ひ》と火《ひ》とは同源だという語源説はたやすくは受け入れられない。

　また、今日「亡き人を偲ぶ歌」とか「人目を忍ぶ恋」などと使うシノブという言葉がある。「偲ぶ」方は、思いを寄せるとか、思い慕うという意味である。一方「忍ぶ」は、「忍びの術」などとも使い、隠れるとか、忍耐するとかいう意味であるが、現代語の形ではともにシノブで区別がない。ところが、これを八世紀に求めて見ると、はっきりと形が異なっていた（今、連用形で掲げる）。

ⓐシノヒ　sinoFi　思い慕う、賞美する

ⓑシノビ　sinöbï　隠れる、忍耐する

ⓐとⓑとでは、noとnö、Fiとbïという二つの音節に子音と母音の相違があり、その語形の相違と意味の相違とが相応じていて、全くの別語だった。それが平安時代に合流したのである。

音韻体系の年代と文献の成立年代

こうした意味上・語形上の問題だけでなく、文献の成立年代の判定にもこの音韻の事実が深く関係して来る。一つの時代の音韻体系は、その時代のその地域の人々すべてに共通な規範であるから、その音韻の区別は極めて厳格なものであって、音韻を一つでも間違えば別の単語として受け取られる。文献についても、その文献の中に音韻表記の例外が存在すると、その部分は方言的記載であるかなどという疑惑が生じる。

例えば万葉集巻十八には甲類乙類の書き分けの例外が二十一個も見出される。これほど多くの例外の見出される箇所は、巻十四の東歌と、巻二十の防人歌以外には無い。東歌と防人歌はともに東国人の歌だから、その例外は方言を写したものだと判断される。しかし

巻十八の甲類乙類の区別の例外

群	歌番号	歌の総字数	甲類乙類の区別の例外	稀な字母
	四〇三二―四〇四三	三九一	〇	〇
第一群	四〇四四―四〇四九	一八九	八	一六
	四〇五〇―四〇五四	一五八	〇	〇
第二群	四〇五五	三二	一	二
	四〇五六―四〇八〇	七七四	〇	四
第三群	四〇八一―四〇八二	六五	一	六
	四〇八三―四一〇五	一五九〇	〇	三
第四群	四一〇六	二八一	四	一九
	四一〇七―四一一〇	一二六	〇	〇
第五群	四一一一―四一一八	八五六	七	四二
	四一一九―四一三八	九七八	〇	〇
五群総計	一八首	一四二三	二一	八五
五群外総計	八九首	四〇一七	〇	七

巻十八は方言の歌を集めたのではないから、その例外は方言によるものではない。方言でなければ、それは奈良時代を下る時代に筆写した部分が混在しているのかもしれないと疑われる。

ところがその巻十八の甲類乙類の区別の例外は、巻の中全体に散在しているのではなく、巻十八の中の五箇所に集中している（上表参照）。そしてその五箇所の中を詳しく調べると、用字の上でも平安時代でなければ使われない「介《け》」「と」「へ」「川《つ》」などの稀な仮名が目立つ。また、その五箇所の中や前後には歌の脱落や語句の脱落が重なっている。

だから、巻十八は、巻の中でその五箇所が損傷していたのかもしれない。平安時代に入ってから、発音上甲類乙類の区別が失われた後に、それが誰かによって補修されたと推定したらどうなるか。補修の時代には、発音上甲類乙類の区別は失われていたから、万葉仮名の上でもその区別をすること自体が書き手に知られていない。それゆえ、八世紀の標準に照らすと例外となる万葉仮名が合計二十一個もまぎれこんだのではないか。また平安時代の文献でなければ使われなかったような「介《け》」の仮名が、万葉集の中で、ここだけに四例も見える。それもそこが補修の箇所だからではないか。私はこれらの資料によって万葉集巻十八が平安時代の改修を経た巻だろうと推定したことがある。[*34] このように、万葉仮名の甲類乙類の区別を手懸りにすれば、その文献の成立年代が判定できる場合がある。

いま一つ例をあげると住吉神社の『神代記』は跋文に天平年間のものと書いてあるが、その万葉仮名には甲類乙類の混同があり、その様子を見ると、天平年間のものとするのは偽りであると判明する。

また、逆に、ある文献の万葉仮名が甲類乙類の使用上、全く例外が無いならば、その成立年代を平安時代に下げて考えることはできないという場合も生じる。いわゆる古事記の偽書説の不成立がそれである。古事記の本文は、万葉集の時代よりも一層古い時代の音の区別である八十八の音節を明確に書き分けている。そうした表記は、発音の体系が全く変化してしまった後の、平安時代に入って編修されたとすると、到底あり得ないことなのである。それについては古事記の成立の項で述べることとしたい。

第六章　日本の東と西

東部日本と西部日本との対立

日本語の歴史を見る場合に、古墳時代以後、文化の中心地であった大和や京都で使われた言語の変遷を、書かれた文献資料によって見るだけでは歴史を動かしている本当の力を知ることはできない。日本語の歴史を押し進めて来た動力の一つとして東部日本と西部日本との対立がある。それをここで見ておくことにする。

最初に、現在もわれわれの日常生活の中で生き続けている生活習慣の違いを一つあげてみよう。

日本の東と西とでは次ページの図に見るように、正月の雑煮の餅の形が相違している。中部地方の西を境として東日本では餅は四角であるのに、西日本では餅は丸型である。[*35]

これが何に原因するのかは、今のところ不明である。しかしこれと重なり合うと考えられる事実がある。[*36]

まず日本を次の三種の人口圏に分割する。

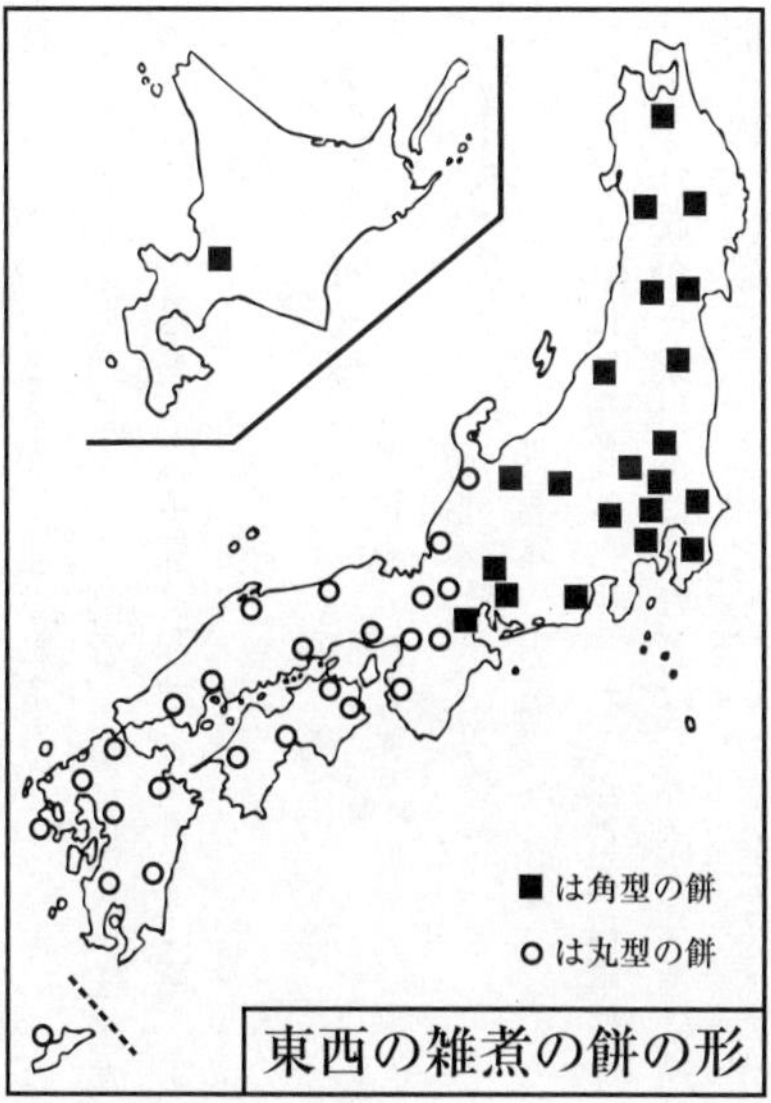

東西の雑煮の餅の形

㈠東部日本圏　新潟、長野、静岡から東の諸県
㈡中部日本圏　岐阜、愛知、三重の三県
㈢西部日本圏　北陸三県と近畿から西の諸県

そして、それぞれの地域での初婚者の夫婦の組合せを調査すると、件数三〇万八四九二について、結婚の相手の本籍地は次のようになっている。

(1)東部の男の結婚相手
東部の女　九二・一％
中部の女　一・五％
西部の女　六・四％

(2)中部の男の結婚相手
東部の女　一〇・五％
中部の女　七六・四％
西部の女　一三・一％

(3)西部の男の結婚相手

東部の女　九・三％
中部の女　二・五％
西部の女　八八・二％

右に数字を挙げた通り、東日本の男は東日本の女と、西日本の男は西日本の女と結婚する割合が約九割を占めている。昭和四十年代においてこの状態である。交通不便であった江戸時代以前においては、この数字はさらに高くなり、東と西の日本の人間の交流ははなはだ少なかったことが推測される。

次に東日本と西日本の人間の、本籍地と現住地との割合を見ると、それは次の通りであった（ここでは右の(二)中部日本圏を西日本に算入する）。

出生地		現住地	
東日本	四三％	東日本	四一％
		西日本	一％
西日本	五七％	東日本	二％
		西日本	五五％

これによれば、東日本に生まれながら西日本に住む者は一パーセントに満たず、西日本に生まれながら東日本に住む者は二パーセントに達しなかった。このことは、東西日本の間の人口の動きが、全体としていかに少なかったかを示すものである。これは大正年代の

数字であるから江戸時代以前にさかのぼればさらに顕著な事実であったに相違ない。

女性の定住率

このことを一層細かく見るために、ある県で生まれた女性が、自分の県にとどまって生活している割合を調べてみよう。次表によれば、大抵の県では、生まれたままその県に住んでいる者の割合は、およそ八割から九割に達することが明らかである。そして、他の県に行くとしても、その行先は近隣の県が大多数を占め、しかもその割合も極めて低いことも一目瞭然である。

この移住先の県名と割合とを見ると、現代の日本人も生まれた土地をいかに動かないか、動く場合にも遠隔の地に移ることがいかに少ないかが判明する。このような状態は土地に定着して農業を行うことが主たる生業であった日本では、時代がさかのぼればさかのぼるほどはなはだしかっただろうと推測される。しかも、日本の東西の対立は農業が開始されてから急に成立したものではなかった。[*37]

出土品に見る東西の対立

東西の対立について考古学の成果を参照すれば、今から二万年から一万五千年前の、旧石器時代後期には、すでにそれが認められる。[*38]

日本独特の彫刻刀、ナイフとされる杉久保型ナイフと神山型彫刻刀とは、一組の石器として発見されるが、その分布は、長野、新潟、山形、秋田、宮城、岩手、青森の七県に限

女性の定住率

出生地	現住地							
青森	青森 84	岩手 0.82	宮城 0.17	秋田 0.5	福島 0.1			
岩手	岩手 88	宮城 1.21	青森 0.58	秋田 0.45	福島 0.17			
宮城	宮城 81	岩手 1.67	福島 0.78	山形 0.75	秋田 0.24	青森 0.17	東京 0.17	栃木 0.1
秋田	秋田 84	青森 0.62	山形 0.43	岩手 0.41	宮城 0.13			
山形	山形 88	秋田 0.46	宮城 0.35	福島 0.31	新潟 0.17			
福島	福島 88	宮城 1.89	山形 1.18	新潟 1.16	茨城 1.06	栃木 0.92	秋田 0.39	岩手 0.31
茨城	茨城 85	栃木 2.5	福島 1.21	千葉 1.18	東京 0.56	埼玉 0.43	秋田 0.31	宮城 0.3
栃木	栃木 84	群馬 1.93	茨城 1.89	福島 0.72	新潟 0.48	東京 0.46	富山 0.43	埼玉 0.41
群馬	群馬 87	栃木 2.13	新潟 1.81	埼玉 1.7	富山 0.61	長野 0.51	東京 0.49	茨城 0.41
長野	長野 93	山梨 3.65	新潟 2.44	岐阜 1.4	富山 1.07	群馬 0.71	東京 0.52	
奈良	奈良 78	和歌山 0.8	大阪 0.77	京都 0.48	三重 0.49	滋賀 0.14		
和歌山	和歌山 85	奈良 0.96	三重 0.77	大阪 0.52	兵庫 0.14	京都 0.11		
鳥取	鳥取 86	島根 1.81	岡山 0.45	兵庫 0.22	広島 0.19			

島根	島根 88	鳥取 1.31	広島 0.54	山口 0.44	岡山 0.11		
広島	広島 84	愛媛 1.94	山口 1.54	岡山 1.49	島根 1.17	香川 0.66	
高知	高知 89	愛媛 0.76	徳島 0.72	香川 0.41			
佐賀	佐賀 82	長崎 1.47	福岡 0.98	熊本 0.36	宮崎 0.22	大分 0.16	
熊本	熊本 88	福岡 0.92	長崎 0.68	宮崎 0.79	大分 0.77	鹿児島 0.51	
鹿児島	鹿児島 93	宮崎 1.4	熊本 0.97	沖縄 0.36	長崎 0.19	大分 0.15	福岡 0.18

られている。この石器の組合せは中部以西からは発見されない。また北海道からも発見されない。これとほぼ同じ時期の西日本、特に瀬戸内海を中心とする地域には、サヌカイトから、横長の鋭い石片をはがし取ってナイフを作る方法が広まっている。このナイフは大阪の国府《こう》遺跡から出土したので、国府型の瀬戸内技法と呼ばれている。これは東に対立する一つの地方色を示すものである。

　縄文時代直前の、中石器、または細石器の時代には、北海道から東北、中部地方の一部にまで立川型と呼ばれる尖頭器が分布する。立川型とは有舌尖頭器のうち、基部が長方形に近い型のものである。それに対して、器形が菱形に近く、舌状部が逆形をなして尖っている柳又型有舌尖頭器は、四国、中国、近畿、中部にわたって発見されている。九州には柳又型は見られないが、九州では細石器が使用されていたからだという。

次の時代、一万二千年以前頃の縄文時代早期の、東北日本と西南日本とでは、土器の形式に相違があり、関東以北には田戸住吉町系の底のとがった土器が使われた。しかし、中部以西では砲弾型の押型文《おしがたもん》土器が使われていた。

縄文前期になると、東日本では、円筒型平底で全面に縄文のある、植物繊維を含んだ土器が使われたに対し、西日本では、薄手の丸底で縄文の代りに条痕文を主とする土器が使われた。この時期には中部地方が両土器の交錯の地となっていたらしい。縄文前期のはじめには、富山、石川、福井が、近畿圏以西と共に西日本圏に属していたが、縄文前期の中頃には、西日本圏が東に広がり、岐阜、愛知までが西日本圏となったという。

こうした対立相違を考えると、中部日本は、東北日本と西南日本との境界地帯であった。時によってはその境界線はやや東に寄り、あるいは西に寄ることがあった。しかし東日本と西日本との対立は以後も長く持続した。その対立は、東日本と西日本の人口の変化にも顕著に見えるのであるが、人口の問題は後に述べることとして、次の弥生文明の時代に見られる考古学的な土器・銅器のことについて記すこととしよう。

まず、北九州の一角から始まった遠賀川《おんががわ》式土器は東へ東へと広まってきたが、ある時期それは伊勢湾沿岸・長野県伊那谷を東限とする西日本に限られていた。この地域は一時代前の縄文後・晩期のころには、無文の黒色磨研土器と条痕文土器を使っていた。その地域に弥生前期の土器が重なり得たのは、弥生文明がそれだけ強力で縄文晩期のそれらの地域

遠賀川式土器・条痕文土器の出土地

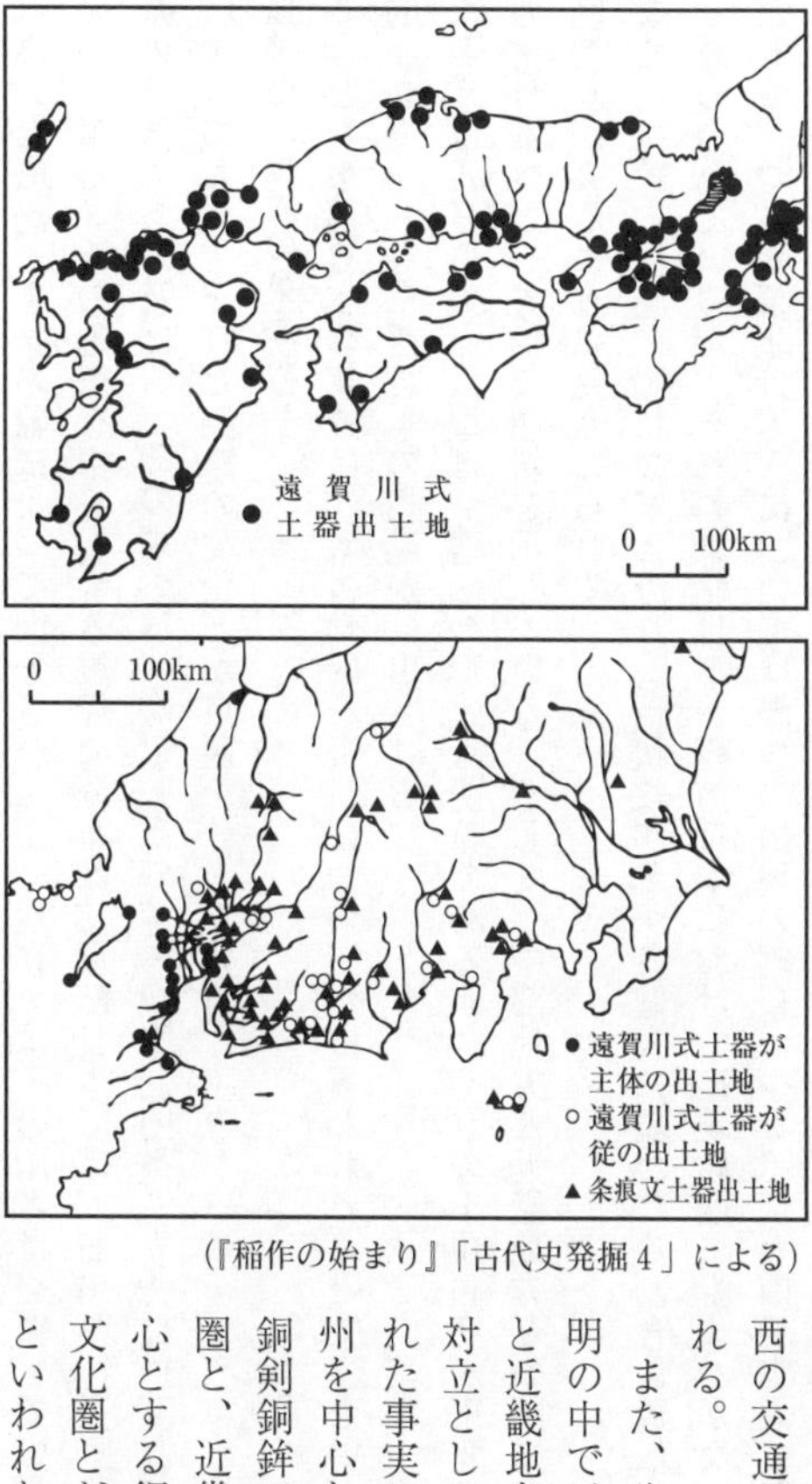

（『稲作の始まり』「古代史発掘４」による）

に伝わって行ったことを示すものである。それ以東の東部日本に対しても弥生文明は点々として広がっており、東部日本には、弥生前期からその文明は部分的に滲透したことが分る。それは青森県の亀ガ岡式土器の世界にも入り込んで行った。一方亀ガ岡式土器が近畿にも見られ、東西の交通が窺われる。

また、弥生文明の中で、九州と近畿地方との対立として知られた事実に、九州を中心とする銅剣銅鉾の文化圏と、近畿を中心とする銅鐸の文化圏とがあるといわれた。これは高知と広島とを結ぶ線によって区分されるが、現在ではその両者は交錯していることが分って来た。その近畿を中心とする銅鐸の分布は、東部日本では、石川県、長野県、静岡県の線までしか及ばず、その東へは進んでいない。その頃、関東、東北には「磨製石器」が広まっており、それと銅鐸の文化とが東西を分っている。

血液型・指紋の東西対立

こうした東西日本の相違は、考古学的な資料についてだけ言われることではない。生物学的な立場からも東西日本の相違が見出される。

たとえばABO式血液型は、遺伝の形式も明瞭であるが、それの出現頻度が東北日本から西南日本へと一方的な傾斜を示している。そして、中部地方と近畿地方との間に、一つの区切りがあるように見うけられる[*39]。

また、指紋の渦巻（渦状紋）と流れ（蹄状紋）とが各個人に現われる割合も遺伝するものと認められているが、それの東北日本と西南日本における出現頻度にもまたかなりの相違がある。つまり東北日本人においては渦巻の出現の割合が少なく、西南日本人においては渦巻の出現頻度がやや多い。逆に東北日本人には流れの出現率が、西南日本人よりもやや多い。そこで、流れの出現率でもって渦巻の出現率を割って一〇〇倍すると、その数値は九州が最も高く、東に進むに従って次第に減って、中部、関東、東北を一まとめにするならば、その東北日本と、近畿以西の西南日本との間には画然たる相違が見出される。

今、血液型と指紋の出現頻度について、地方別に一覧すれば上表の通りである。

	血液A型	血液B型	指紋指数
東北	35.6％	23.4％	72.0％
関東	37.5	22.5	67.4
中部	37.3	22.5	64.8
近畿	38.9	21.3	81.0
中国	40.2	21.3	76.6
四国	40.5	21.3	80.4
九州	40.4	20.6	84.2

こうした血液型、指紋の指数が東西日本でこれほど相違しているのは、おそらく現在東北日本に住んでいる人間と、西南日本に住んでいる人間との間に、ほぼこの出現頻度の相違に応じる人種的相違ともいうべき相違が存在していることの反映であろうと私は考えている。これについて別の方面からの資料によれば、次のような事実がある。

B型肝炎の抗原基の分布

B型肝炎抗原の決定基として、共通抗原のaの他に特異抗原基としてd、y、w、rの四種が発見された。そしてdとy、wとrとは互いに排他的なものであることが判明した。したがってB型肝炎抗原の亜型としては、adw, adr, ayw, ayrがあることになる（しかし日本人については、このうちaywとayrは実際の数が極めて少なく、無視して考えて差支えないという）。これら抗原基を持つ肝炎ウィルスの感染は、家族内の濃密な接触によって広まるものであるが、このadw, adr, aywの世界各地の分布を調べてみると、その出現頻度は各地ではなはだしく相違している。その分布のさまはB型肝炎ウィルスの伝播の様式や経路、さらにはその背景をなす民族移動の状況を推測する手懸りを提供する。[40]

次の表は、日本各地の輸血センターで献血者の血液をスクリーニングして得られた合計二三〇五例の、無症候性B型肝炎抗原基保有者の、adr, adw の百分率をあらわしたものである。日本では y 抗原基は極めて稀であるから、adr と adw との割合を見るわけである。

これによれば、adr 保有者は九州及び本州西部では八〇パーセント以上を占めている。しかし北上するにつれて adr 保有者は次第に減少し、本州の北端に近い秋田では四六パーセントという最低値になっている。つまり北海道を除く日本内地の adr の値は南から北に向って減少しているが、adw の割合は、丁度逆で、秋田において最高値を示し、南に行くにつれて減少している。しかし、重要なことは沖縄では九州全域と異なり、adw が主であって、adr の値

	adr	adw
秋田	45.7%	54.3%
新潟	67.9	32.1
栃木	61.4	38.6
茨城	64.4	35.6
埼玉	66.6	34.0
東京	66.8	33.2
神奈川	75.9	24.1
岐阜	87.9	12.1
大阪	79.4	20.6
岡山	85.2	14.8
広島	88.9	11.1
鳥取	86.3	13.7
四国	75.0	25.0
福岡	92.3	7.7
佐賀	94.3	5.7
長崎	91.8	8.2
沖縄	13.6	86.4

（各地から人の流入した北海道の adr の値は67.7%で、東京にほぼ匹敵する。これは、混血の結果である）

は一四パーセントにすぎないことである。

また日本の周辺を見ると、中国と朝鮮半島では adr が一〇〇パーセントである。一方、台湾、フィリピン、インドネシヤと南へ進むと逆に adw が一〇〇パーセントを占めている。このことと、日本の地方差とを考え合わせるならば、次の極めて重要なことが推定される。すなわち日本人は非常に古くはすべて adw に感染していたが、そこに一〇〇パーセント adr 型のB型肝炎を持った民族が、中国大陸から直接あるいは朝鮮半島を経て九州及び本州西部に上陸し、徐々に本州を北上した。その結果、本州の近畿以西の、中国、四国、九州では adr の抗原基を持つものが圧倒的に多い。これに対して表を一見して分るように、東北、関東、

中部では adr の比率は低落しており、東日本と西日本とでは、adr の出現頻度に顕著な相違がある。つまりこれは西日本地域に、大陸系の混血が大規模に起こりそれが次第に北に及んだことを示している。しかもその勢力は沖縄にはほとんど進出しなかった。

すでに述べたように、この adr または adw 型のB型肝炎ウィルスは、家族内の濃密な接触によってしか伝染しないものである。したがって沖縄には adr が一四パーセントしか存在せず、それ以南の台湾、フィリピンなどの島嶼がすべて adr が全然ない地域であることを考えると、大陸から九州に上陸した人々は、九州から南の島々へはあまり広がって行かなかったのだと判断される。ただ、この混血の時期がいつ頃であるかについてはこの事実だけでは決定できない。

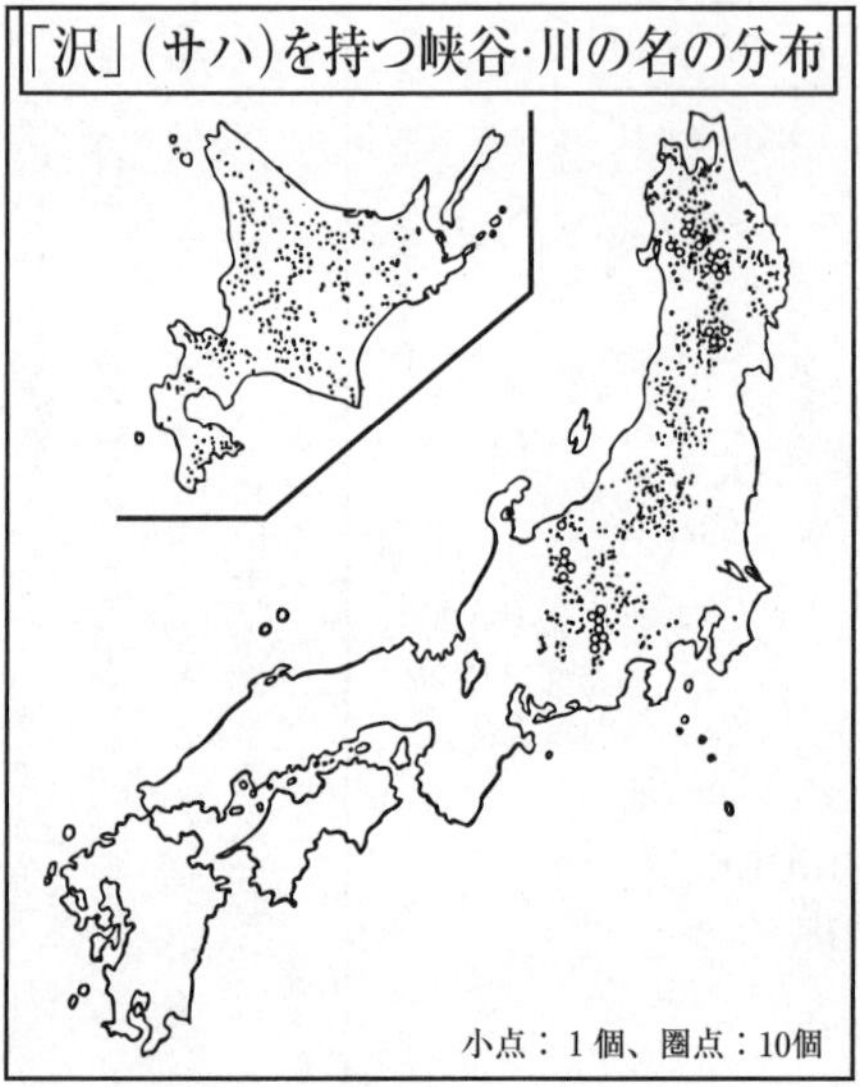

鏡味完二著「日本地名学」(地図篇)による

「谷」(タニ)を持つ峡谷名の分布

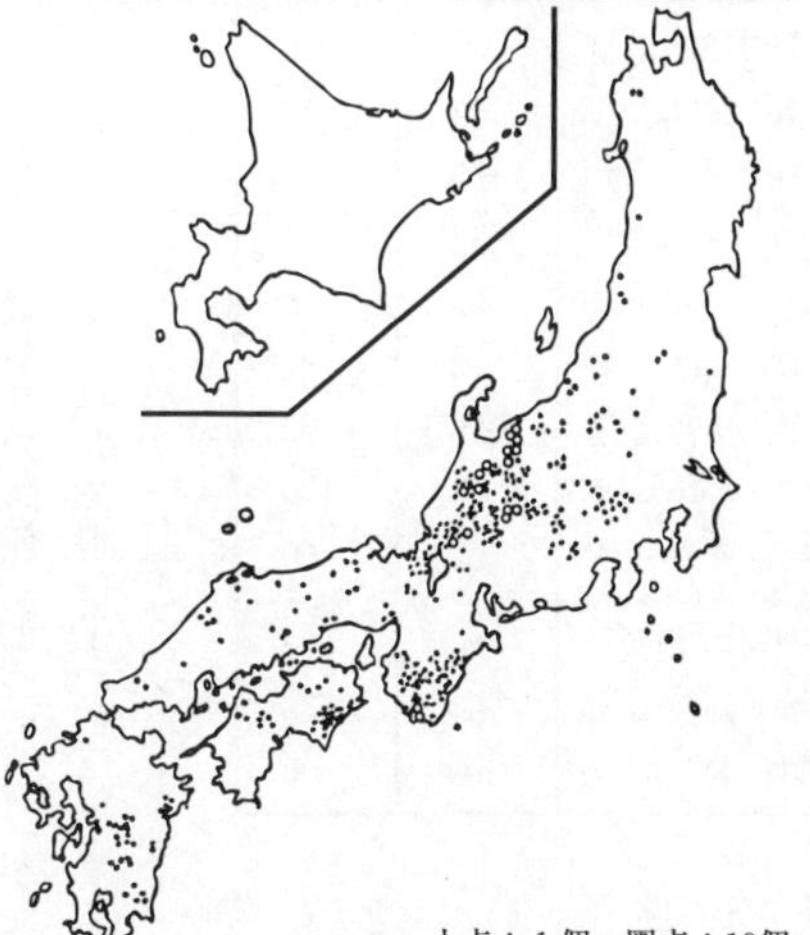

小点：1個、圏点：10個

鏡味完二著「日本地名学」(地図篇)による

「沢」と「谷」の分布

これと関連する事実がある。川の名は変更されることが極めて少ないという一般原則によって考えると、東部日本には「沢」(サハ)を持つ地名が多く分布しているのに対して、西日本には「谷」(タニ)を持つ地名が多く分布していることが注意される。その分布の状態は上図の通りである。

このサハを持つ地域はまた、湿地を表わす「ヤ」「ヤチ」「ヤツ」「ヤト」を使用する地域であって、それらは青森、秋田、岩手、山形、福島、茨城、千葉、群馬、新潟、埼玉、神奈川、山梨、長野、佐渡、愛知に見られるに対し、西南日本のタニ地域には「ヤ」系統の語は一般に使われない。この対立に関して注意を引くのは、タニという単語が、先にあげたように、高句麗語の中に見られる事実である。タニが高句麗の地名に数多く見られることを思うと、西日本にタニという地名をもたらした人々は、朝鮮半島の人々と同類と推定され、あるいは高句麗語を使った人々と同族ではないかと考えられる。これを先の肝炎ウィルスの因子の分布と重ね合わせて考察することは極めて重要である。

大麦における東西日本

こうした東部日本と西部日本の相違は、栽培植物の上にもはっきり現われている。それは大麦の世界中の栽培種の研究によって明らかにされた。

大麦の栽培種には三種類の遺伝子の型式があるという。それはE型、W型、WE型と名づけられている。もしE型とW型とを交雑すると、その小穂は脱落してしまってみのることがない。つまりE型とW型は系統的に別なものである。そのE型の遺伝子を持つ大麦と、W型の遺伝子を持つ大麦との世界各地における百分率の分布を一覧すると上表のようになる。[*41]

	E型	W型
日本東北部	38	62
朝鮮北部	22	72
満州	33	67
ロシヤ	12	84
トルコ	22	78
ヨーロッパ	13	87
西南アジア	38	62
インド	0	100
米国カナダ	27	69
日本西南部	96	4
朝鮮南部	95	5
中国本土	100	0

インドから発して西南アジア、トルコ、ヨーロッパ、ロシヤ、満州、朝鮮北部、日本東北部ではW型が圧倒的に多く、それに対して中国本土、朝鮮南部、日本西南部

（関東地方以西）では逆にE型が圧倒的に多い。E型、W型は気候、土質などによって影響をうけて変化することはなく、E型とW型という遺伝子の相違は不変で、もしそれを交雑しても小穂が脱落してしまうことはすでに述べた。ということは、栽培大麦に二つの原生種があって、それぞれ別の系統を持っているということである。ところが、日本の東北部と西南部とではW型とE型の分布が違い、それが朝鮮の北部南部でも同じ傾向を示している。つまり、日本東北部と朝鮮北部の大麦はヨーロッパ、ロシヤを経由した北方西方的なものであるに対し、日本の西南部の大麦は中国に発して朝鮮南部を経たものと見られる。つまり、ここにも日本の東と西との系統的対立があり、東北日本はアジア大陸北部、西南日本は中国南部と関連の深いことが示されている。

縄文時代の東日本の優位

このように東西日本の相違と対立とは、日本の歴史を通じて種々の形で現われている。縄文時代の文化遺跡は、一般的に言って東日本の方に多く、西日本に少ない。したがって人口の分布も東日本に厚く、西日本は少人数しか住まなかったろうという推測がある。[*42]それはこれまでに発見された縄文時代早期から晩期までの遺跡二万八〇〇〇箇所についての、集落の規模、食糧貯蔵穴、土器の出土量などを勘案し計数した結果である。それによれば、次のように、縄文中期の人口は、東日本に密度が大であり、西日本の人口は密度が小であった。そして推計によれば、各期の人口は次の通りであったという。

縄文時代早期から弥生時代に至る人口分布図

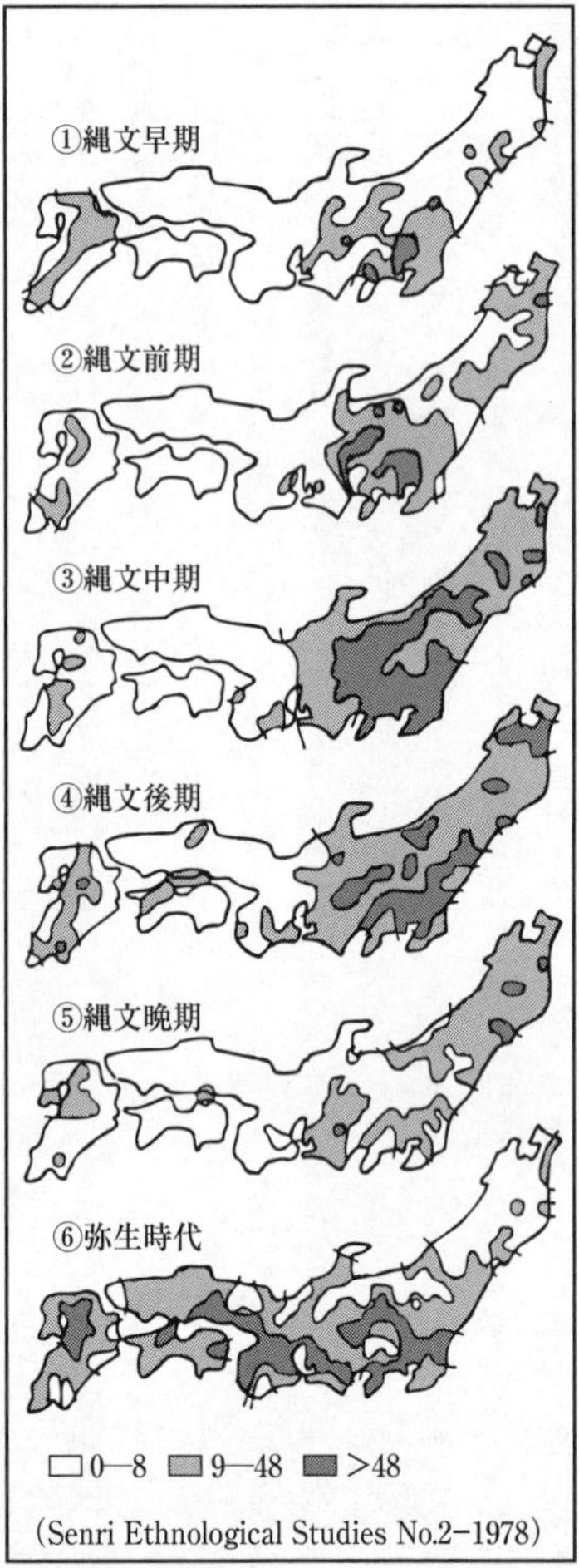

縄文早期　二万二〇〇〇人
前期　一〇万六〇〇〇人
中期　二六万三〇〇〇人
後期　一六万一〇〇〇人

それが弥生時代になると、日本の総人口は、
六〇万二〇〇〇人

に増加するとともに、図に示したように人口の東西の分布が変化し、西日本の人口密度がかなり濃密になる。これはおそらく朝鮮半島からの人口の流入と食料の変化に伴う人口増加によると思われるが、その影響は各方面にわたって極めて大きいものがあったに相違ない。

弥生時代の西日本の優勢

右の人口の動きを見れば、縄文時代においては東国の文化が西日本に対して優勢を保っていたこと。しかし、縄文晩期から水田稲作が北九州に始まり、弥生文明の時代になって、近畿地方まで水田稲作が及ぶに至って、西日本は東日本に対して優位に立ったことが理解されよう。弥生時代に流入した文明は単に稲作だけを広めたのではなく、金属器の武器と新しい機織を伴っていた。その文明は古い土器、石器の文化に対して圧倒的に強力であった。そして、西日本に広まった人々によって国家が形成された。それゆえ鎌倉時代に至るまで、西日本は東日本に対して一千年の長きにわたって優位を保った。

その証拠の一つは、奈良時代に、北九州の防備のために防人《さきもり》が徴発されていることである。これは天皇の命令による軍役で、関東人はこれを忌避することができず、肉親との別離の苦しみに耐えて、困難な長い旅行をしなければならなかった。その別れを悲しむ防人の歌が万葉集に多数収められているが、防人徴発の区域は、いわゆる東国に限られていた。それは畿内を中心とする西日本勢力——文明と軍事・政治を含めた力——が、東日本に優越し、軍事的にも東日本を制圧した経過があったからこそ可能なことであった。防人が徴発される東国とは、信濃、遠江から東の諸国であるが、万葉集の「東歌」もまた信濃、遠江から東の諸国から採集されている。埼玉県稲荷山古墳出土の鉄剣の銘文も、そうした東西の力関係の下で作られたもので、関東の一豪族が天皇に忠誠を表明するという内容を持っている。

第一の東国

その「東国」の内部を詳しく見ると、それはさらに三つに区別される。一つは今日の碓氷峠と箱根山とを結ぶ線の東で、関東地方と東北地方とを合わせた地域である。ここは東国性の最も濃厚だった地域で、方言的色彩も最も顕著だった。例えば、

長キ　良キ　クヤシキ　ウツクシキ

と使うのが畿内の標準語であったのに対してこの地域では、

長ケ　良ケ　クヤシケ　ウツクシケ

と訛った形を使っていた。また、行カズ、取ラズという否定形に対して、

行カナハ　行カナフ　行カナヘ

という形を使っていた。これは関西の、行カン、取ランという否定形に対して、東日本で使う、

行カナイ　取ラナイ

という形の祖形であると考えられる。また現在、関西で命令形に、起キヨとか起キイというのに対し、関東では起キロという。この「起キロ」のように命令形に「ロ」を使うのは、すでに万葉集の東国の歌に見出される。また、語形の上でも、

葦火（アシブ）　針（ハル）　百合（ユル）

のような標準語と相違する形を使っていた。これが、第一の東国といわれる地域である。陸奥地方に対しては畿内の政府の力は、滲透するのがかなり遅れたと見られる。

第二の東国

第二の東国といわれるのは、信濃、甲斐、駿河、伊豆、遠江の諸国の地域である。ここでは母音のöとëとが混同される傾きがあった。

面（オメ）　持ち（メチ）　思へど（オメホド）　畳薦（タタミケメ）　蔭（カゴ）
越えて（ココテ）　捧げて（ササゴテ）

などの例にそれが見られる。この地域には、第一の東国で使われたナハ、ナフ、ナへという形は見えない。しかし「着ケロ」「起キロ」のような命令に使う「ロ」は見える。

このような、言語上種々の変った形を使用していた信濃、遠江より東のアヅマの諸国は、奈良時代において畿内人から異邦と見られていた。アヅマの人々の言語は畿内の人々に、軽蔑の眼をもって遇されていた。それはさらに後の平安時代の文学などにも書かれている事実で、『源氏物語』の中でも東国で育てられた「浮舟」という女性の家に出入する従者

たちは、東国訛りで下品な言葉を使うと記されている。

このような言語形式上の相違があっただけでなく、東国で使う語彙には、畿内の上層階級の人々が使うものと異なるものがかなり多かっただろうと思われる。というのは、タミル語と日本語との比較において、対応すると見られる単語の中で、例えばジャリ（砂利）という言葉がある。小石をいうが砂利は宛て字で、中国語にはこんな言葉は無い。ジャリは江戸時代の方言辞典『物類称呼』に小石を「江戸にて砂利といふ」とある。砂利は古い文献には見えない。これはタミル語と対応するから古い言葉だが、江戸時代以後の文献にはじめて現われる。これは、古来東国で使われていたものが江戸時代の文献に浮上したものと思われる。

第三の東国

第三の東国とは、信濃、遠江より西で、かつ畿内よりは東の国、つまり飛騨、美濃、尾張、三河である。この国々のうち伊勢の所属が問題になる。今日では伊勢は三重県として近畿地方に所属しているが、すでに述べた生物化学的な指数、たとえば血液型指数、指紋指数などにおいては、実は極めて東国的な数値を示している。また『古今集』の東歌の中には、伊勢の歌が含まれている。これらを見ると、本来は伊勢は東国の仲間に属すべき国であったのだろうと思われる。しかし、ある時期から畿内の国々の仲間に繰入れられたのであろう。

また越前国と、その東の国々も東国とされた時期があるらしい。それは越前国と畿内の境に愛発関《あらちのせき》が設けられていることからも推測される。そして、縄文時代の遺品の型式などから見れば、福井、石川、富山の各地が、ある時期は東日本に属し、ある時期は西日本に属することがある。それは、その辺りの所属が揺れた結果と思われる。

第三の東国とされる地域の中心の辺りに出土する弥生時代の土器には、いわゆる接触式土器と呼ばれるものがあり、これは弥生文明と、縄文文明との接触地域に特有の形式とされている。この地域の言語については、平安時代極く初期の『東大寺諷誦文稿』に「飛驒方言」という言葉が「毛人方言」（アイヌ語を指すと考えられる）と並んで挙げてある。これは、飛驒の言語が畿内の言語と相違が大きかったからだろうと思われる。

東国方言の特徴

これらの地域の方言的特徴は、万葉集の防人歌・東歌を分析することによって明らかに知られる。しかし時代が下って戦国時代末期になっても、その言語的特徴は消失しなかった。このことについては、日本にキリスト教を広めようとした宣教師の文法書に詳細である。ジョアン・ロドリゲスの『日本大文典』に、東国方言の特徴としてあげられているものの中の特に注目すべきところは次の二項である。

○三河から日本の涯に至るまでの東の地方では一般に物言いが荒く、鋭くて、多くの音節を呑み込む。この地方の人によってしか理解できない独特で粗野な言葉が多い。

○払ウテ、払イテの代りに、払ッテ。習ウテの代りに習ッテ。買《こ》ウテの代りに買ッテを使う。借ッテの代りに借リテを使う。

関東の発音が荒く、鋭い点については、古代タミル語の単語が、関東・東北の現在の方言と多く対応するという事実を考え合わせるべきである。関東・東北の言語には、単に古代タミル語の単語が多く残っているばかりでなく、タミル語風の発音法も色濃く残存している。つまりタミル語のtt・ṭṭ・pp・nn・mmなどの、日本語でいう促音・撥音にあたる音が、関東には現在でも多く行われていて、西日本の発音法から見れば、関東の発音は荒く、鋭い発音だということになるのだと考えられる。

ともあれ、東部日本と西部日本との相違は過去二万年にさかのぼって見出される事実で、単に文化的に相違ある状況を示しているというよりも、むしろ、非常に古い時代には、東と西とによって、別系の人種、または民族が住んで生活していたと見る方がよいと私は考えている。この東西日本の対立は、奈良時代以後もつづいている。従って源頼朝が鎌倉に幕府を開いたことは、東西の力関係の再逆転として重要な意味を持つ。つまり弥生時代に水田稲作が九州から発展したことによって、東国は縄文時代前・中期からの優越を次第に失い、西日本側からの蔑視の対象に転落したのであるが、鎌倉幕府の開設は千五百年にわたる西日本の優越に対する東国の反撃の第一であった。それは旧い社会の秩序の崩壊と結びつき、中世の末の混乱期を経て、江戸幕府の成立へ、さらには東京を帝都とする動きへと進展する。そこに東国勢の優位の確立が見られるが、この力関係の転倒及び転位によって、歴史の流れも、言語の性質もまた大きく変動した。

助詞のガ

このことを明確な視点として定立することは、日本語の歴史を見通して行く場合に極めて重要である。それは、文法上の助詞の用法にまで及んでいる。例えば助詞のガの用法である。

今日、「花ガ咲イタ」「春ガ来タ」などと主語を表わすのにガを使う。これは現代日本語の基本的文型の一つである。しかし、このようなガの使い方は、江戸時代以後に定着したに過ぎないもので、鎌倉時代以前には、ガにはこういう簡単な文の述語を導く用法は全然なかった。

ガは本来「我ガ国」「君ガ代」「妹ガ家」「汝《な》ガ目」のように、自分を卑下したり、身内の親しい者を近しい存在と明示したりする際に使う助詞であった。だから馴れ馴れしく扱ってはならない相手をガで扱えば軽蔑の気持を特別に表現することになった。たとえば「池田の朝臣《あそ》ガ鼻の上を掘れ」とか「穂積の朝臣《あそ》ガ腋草《わきくさ》を刈れ」などと、相手に失礼なことを言う場合にこれを使った。ガはノと対照的に使われ、ノが相手に対して尊敬の念をこめる際、あるいは相手と自分との間に距離があると見なす際に使ったに対し、ガは、自分のことについては卑下、相手に対しては親愛、または馴れ馴れしさ、転じては侮蔑までを表わしうる言葉であった。

ところが、奈良時代の東国の歌を見ると、畿内人の表現には見られないようなところにガが使われている。たとえば「鈴ガ音」とか「赤駒ガ足掻き」とかである。これは畿内ならば「鈴の音」「赤駒の足掻き」と表現するのが普通であった。畿内では「鈴」とか「赤駒」とかは、身内扱いはされず、自分の仲間以外の、距離を置く対象と見なされるものだから「の」を使うのが普通だった。

ところが、東国人は弥生時代以来、畿内の人たちに対して、自己を卑下して表現した。また自己の範囲に属する対象として親しみをもって表現する境域が広かった。それらには、ノでなくガを使ったので、ガの使用が畿内の人々より多かった。それは前に述べたように、西国優位の政治・文化の状態によることであったと考えられる。しかし、鎌倉時代から室町時代にかけて、日本の東と西の力関係に、徐々に変化が生じ、東国の影響力が大きくなってくると、卑下・親愛の表現として多く使われていた東国風のガの用法が下層社会から広く一般社会に使われるようになった。

明らかに尊敬すべき対象に対しては助詞ノを使ったが、尊敬にかかわりない対象、あるいは客観的に扱う対象を主とする際に、従来は、助詞なしで表現したところに、ガを入れて表現する風が広まった。つまり動作の主に対して、尊敬抜きで表現する場合には、ガを広く用いるという傾向が、ここから発展して来た。これは室町末期から、江戸時代にかけて確立された語法である。

換言すれば、奈良時代の言語では、東国の人たちは、蔑視されていたが故に、自分自身で卑下の気持からガを多く使う傾向があった。しかし、鎌倉室町時代以後、東国の社会的な力が大きくなり、逆に西国に対して東国語が影響を強く与えるようになったとき、卑下から転じて、非尊敬の対象について何にでもガをつけて言う東国の語法が西国にまで広まって行った。つまり古くは「春来《き》たり」「花咲きたり」とだけ言っていたところへガを入れて、今日の日本語の基本的文型の一つである「春が来た」「花が咲いた」という型がここに成立した。*43

こうした助詞の用法一つの成立についても、東西の力関係の変動がかかわっていることを見なければならないとすれば、日本の古来の東西の力関係について知ることは、日本語の変遷をたどる上でも極めて重要なことになってくる。

第二部　漢字で日本語を写した時代

第七章　渡来人が漢字を教える

文字の獲得

さて日本語が文字時代に入った経緯、文字を使いこなすに至った次第を述べることとしよう。人類は文字を使い始めることによって、未開を脱け出て文明の段階に足を踏み入れるといわれている。文字によって始めて、空間的に遠く隔たった土地への正確な報知が可能となる。時間的に、未来に向って記録を残し、過去の事柄を正確な日付とともに知ることができる。言葉が声のとどくところ、眼の前にいない人に向っても発せられるようになり、見えない過去も巨細に読み取れるようになる。人々は神話の生活の段階から、書かれた記録によって他人の経験を自分のものとして利用できる段階へと進む。故老の記憶による正邪の判定から、成文に照らして決する裁判の時代へと移る。

人間は文字を学び、それが使えるに至って、自分ひとりの悲しみや苦しみを、自分自身で客観化し、その憂さ、つらさを反芻することも可能となるばかりか、はるかな人の悲しみや心の傷を読んで、遠くからいたむこともできるようになった。また、自然界の観察を記録することによって、自然についての正確な認識を積み重ねて行くことも可能となった。文字の獲得は、人類にとってまことに重大な事件である。

文字と文明

日本人がはじめて知った文字は漢字であった。漢字は中国語を書くに適した文字であることは言うまでもない。日本人はそれを、日本語を書く文字として消化した。しかし、一つの社会が異なる言語の文字を新しく受け入れ、それを習得し使いこなすことが、その社会の文明の発展と継承にどんな意味を持つものかを一見しておこう。

一部には、文字とは言葉を紙に書きつける単なる記号にすぎないと見ている人もいる。しかし、世界の文字の使い方の歴史を顧みると、文字が単なる記号にすぎなかったとだけ見ることは不可能である。文字と文明の継承、あるいは文字と宗教の広まりとの間には、密接な関係が存在した。遠く西から東南へと見ると、チベット、スリランカ、ビルマ、タイ、ラオス、カンボジヤなどの地域がある。これら仏教をインドから直接受け入れた地域で使っている文字は、インド文字の系統を引くものである。

これに対してその西には、イスラム教の文化圏がある。それに属する国々ではアラビヤ文字を使っている。例をパキスタンにとれば、この国の言葉ウルドウ語とインドのヒンディー語とは言語学上の系統は同じものである。そこで今日でもかなり似通った言語を使っている地域は少なくない。それにもかかわらず、パキスタンはイスラム教の国であるからアラビヤ文字を使い、インドのヒンディー教の地域ではインド文字を使っている。

一方、中国の西から北東へ目を向けると、ここには広大な地域にわたって遊牧民が生活している。漢民族とは異なる生活様式を持ち、儒教を受け入れなかった遊牧民は、ついに漢字も受け入れなかった。彼らはウィグル文字やパスパ文字の系統をひく文字を使った。

漢字は中国の黄河流域に紀元前五〇〇〇年頃、すでに高い文明を発達させていた漢民族が発明した文字である。この漢字の文明は黄河流域から南へ進み、揚子江流域に至り、さらに南下してベトナムにまで及んだ。一方、北に進んでは満州にいた諸民族にも影響を与えた。しかし漢字が定着したのは、朝鮮・日本である。つまり漢字は、中国自身と、儒教を中国から受け入れた日本、朝鮮、ベトナムで使われた。

日本や朝鮮では、それぞれの言語に適した表音文字を各々が作り出すまで、また作り出した後も、漢字は正式の文字として使われた。農業の基本的な富である土地の保有を保証する文書も漢字で書かれた。そして日本では漢字の受け入れと共に、中国で栄えていた漢訳仏典と、中国の倫理思想の柱であった儒教とを文明の中心に取り入れた。この漢訳仏典と儒教は、それ以前に定着した水田稲作の文明の上に加わって、日本の文明の性格を基礎づける重要な要素である。

このように、日本は漢字を最初の文字として受け入れた。それゆえ漢字の成行きについて明らかにすることが日本語の歴史の一つの重要な課題となる。

文字の渡来と渡来人

弥生中期の遺跡からは王莽の「貨泉」が出土している。福岡県立岩遺跡から出土した鏡には吉祥を求める文が鋳込んである。しかし中には語順が間違っているものがある。つまり、すでに文字を日本人が見ていたことは確かであるが、倭人が、漢文として正確に認識し得なかったことが分る。その後、いわゆる倭の五王の時代になると、国王の側近に、中国の言葉がわかり、漢字・漢文を解するものがいたことは間違いない。

それは、たとえば「後漢書東夷伝」の中に、

倭は韓の東南大海の中に在り。山島に依りて居と為すもの凡そ百余国。武帝、朝鮮を滅してより、使訳漢に通ずる者三十許国。（原漢文）

とあることによって知られる。漢の朝廷に「使訳を通ずる」とある以上、倭の諸国王の側にあって、外交上の文書を作成し、みずから使節として派遣される者もあったに相違ない。この人々は、いわゆる渡来人で、漢人・韓人が倭に来て定住し、倭の王に仕えたものと考えられる。

貨泉（大阪府・馬野氏蔵）
日本では、A. D. 100年前後の遺跡から発見される。

日本列島は、その緯度を見ると、北緯三十五度を中心にして南北に細長く伸びている。同じ緯度をヨーロッパに求めれば、地中海の中部に位置するクレタ島に相当する。その日本の位置は、海にかこまれ、太陽の光に恵まれた温暖の地であり、雨の豊富な木々の繁茂する地帯である。ここには朝鮮半島北部、あるいは満州・蒙古のような乾燥と酷烈な寒気はなく、フィリピン以南の島のような猛暑もない。勤勉に労働しさえすれば、概して食糧を得ることのできる安穏な地域である。それゆえ、日本列島は、ひとたび大陸が酷寒などの異常気象によって生活条件の悪化を招いた場合、あるいは国家が乱れて安定した生活をいとなむことが難しくなった場合、安住の地を求めて移り住むには適した場所であった。朝鮮半島に居を占めた楽浪などの四郡は、厳寒の襲来によって滅亡が助長されたと、古代気候学からの推論があるが、そうした事態が実際に生じた場合、日本へ移住する人々が多かったと考えることは可能である。

渡来人の役割

実際、倭の時代及びそれ以後、朝鮮半島からの渡来人の数はかなり多かった。そして彼らが果した文化的・社会的な役割は極めて大きかった。それは古代ギリシャの末期の混乱の時に、多数の文化人がローマに移住し、それがローマ文化の開花に大きな役割を果したのに類似している。後に述べるように、半島からの渡来が、楽浪帯方郡の壊滅（三一三年）の後と、高句麗や百済滅亡の時期（六六〇年前後）とに顕著であったことは注意されるべきことである。

渡来人の中には、漢語を語り、漢字を書き、漢文を綴りうる者がいた。それは、すでに述べたように倭の国々の王が漢王あるいは魏王に使節を送って外交上の好誼を求める場合に、是非必要な人たちだった。この最も古い渡来人の第一の仕事は、外交文書を作成し、時には外交使節となって大陸に赴き、あるいは外来の客を接待することにあっただろう。

また渡来人は倭人に金属の使用について先進の、冶金、金工の技術を伝えた。染色、製皮、機織などについても、在来の方法は革新されただろう。瓦造りなども、従来知られない技術が与えられたことだったろう。さらに医学、暦法、天文学などを日本に持ち込み、宮廷を中心として貴族の社会にそれを広めた。そして彼らの仕事の最大のものは、仏教と儒教と律令とを日本に伝えたことである。またそれと並行する造仏・造寺・造塔は、金工・冶金・土木などの綜合として、当時の人々の目を見はらせるものだったに相違ない。

渡来人は外交使節として大陸に派遣されたりしたから、その一部には最高の政治権力と結びつく者も生じた。こうした政治・宗教・技藝・学藝にわたる渡来人の活動と表裏一体をなすのが、漢字・漢文の理解・使用の技能だった。漢字・漢文の使用は、単に一字一語の文字を知る知らないの問題ではなかった。漢字・漢文は、これまで数えあげてきた文明全体を日本に持ち込む媒体であった。だからこの媒体を自由に駆使できる人々は、弥生時代から古墳時代へ、さらに律令制時代へと社会を進展させて行く直接的な推進力となった。

七、八世紀において、文書記録のことにたずさわった史部《ふひとべ》の祖先がことごとく渡来人であったことに注目しなければならない。それはその人々が文字を通していかに深く日本文化の形成に参与していたかを示すからである。

渡来の時期と性格

この人々は、言語・学藝の点から見ると、来住した時代によって三つに分けられる。

第一の渡来人というべき人々は高句麗が楽浪郡を壊滅（三一三年）させた時に、難を朝鮮半島の南部に避けた人々、あるいはその子孫である。彼らは動乱の絶えない半島をさらに南下し、四世紀後半から五世紀にかけて定住の地をわが国に求めた。この人々は魏から晋の時代の、ことに東晋の学藝を身につけていただろうと思われる。この第一の渡来人たちの発音は漢字の発音の歴史上いわゆる上古音（後述）に属するものであった。

第二の渡来人は百済の衰亡の時期、また高句麗の滅亡（六六八年）の後、つまり六世紀後半から七世紀後半にかけて日本に来着した人々である。これは第一の渡来人よりはるかに多数で、高句麗の工藝や建築の技術などを伝え、また百済の学問を日本にもたらした。その百済の学問・技術は、第一の渡来人の子孫たちが二世紀にわたって受け継いできたものよりもはるかに新しい中国の六朝時代の学藝を取り入れたものであった。この第二の人々の運び込んだ学問と技術とは、日本の社会全体に大きな刺激を与え、大化改新をひきおこす動因となった。そしてこの渡来人たちは改新以後の律令制時代において日本社会の組織作りに深くかかわった。この時代の百済系の渡来人の漢字の発音は揚子江下流の南方の音を伝えるものだった。これが、日本全国に広められ、日本の漢字の発音の基礎となった。それは後に呉音と呼ばれるものにおよそ当る。

第三の渡来人は百済滅亡の後、難を日本に避けた多くの人々の中にいた漢人及び直接長安などから来た漢人である。この人々は北方の民族を主体とした隋・唐の王朝の首都が六世紀の末に長安に定められた後の標準語、つまり洛陽・長安を中心にした北方の発音を日本に伝えた。奈良時代から平安時代にかけて、日本の宮廷ではしきりにこの新しい字音の学習を奨励している。あたかも第二次世界大戦の後、アメリカに世界の主導力が移った結果、学校でアメリカ英語の発音が、イギリス英語に代って迎えられたのと同じように、中国全土を統一した隋・唐の首都、長安の北方音が標準語となった後には、南方の発音は旧式とされ、新しく標準語の位置を得た北方の漢字音を学習すべきだという考えが八世紀の日本でも生じていたわけである。この発音を漢音と呼んでいる。

以下、これらの渡来人の動きを、やや詳しく見ることとしよう。

第一の渡来人

第一の渡来人は漢人である。これらの子孫は後世、倭漢直《やまとのあやのあたひ》と西文首《かはちのふみのおびと》として、大和、河内に大きな勢力を張った。

倭漢直は、大和の明日香一帯に居を占めて栄え、「人衆巨多、居地隘狭」と書かれるほ

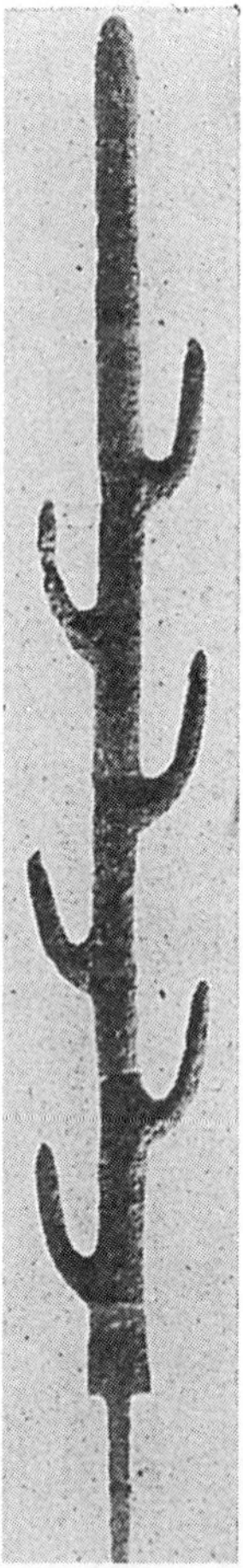
七支刀 全長75cm

どだったが、彼らは、後漢の霊帝の曾孫の、阿知《あち》王の子孫であると称していた。彼らは本国の乱を避けて妻子眷族を引きつれて渡来して来たのだった。古事記には、百済の「照古王(肖古王)」が日本の国王に対して阿知吉師《あちきし》をして「横刀《たち》」と「大鏡」を奉らせたとあり、日本書紀には、肖古王が「七枝刀」と「七子鏡」とを奉ったとある。その記事は三六七年と推定されるところに書かれている。ところが、現に大和の石上神宮に「七支刀」(鉄製両刃、表裏に制作の由来が記されている)があり、それに「泰和四年」(三六九)に献上すると読める銘がある。「支」は古くは「枝」と通用する字であるから、この「横刀」と「七枝刀」と「七支刀」とは同じものを指すと考えられる。それゆえ、阿知吉師は三六九年にこの刀をたずさえて来朝したのだろう。書紀によれば、この阿知吉師は能く経典を読み、皇太子の師となったという。この人たちの渡来、定住は、泰和四年という七支刀の銘によって判るように、三六九年頃を中心としている。つまり四世紀の後半、中国でいえば南京に首都を置いた東晋の時代である。この阿知吉師が、王仁《わに》を連れて来た。王仁は日本王に、『論語』を献上したという。この王仁の子孫が河内に住み、西文首として栄えた。この大和国に住んだ倭漢直と、河内国に住んだ西文首の遺産として重要なのは、この人々が、魏晋の頃の中国語の発音を日本に伝え、また漢字で日本語を書きとめる方法を実行したことである。その遺産が片仮名の字源に見えることは先に述べた。またその流れを汲む人々が制作したと思われる刀剣の銘が発見された。

稲荷山古墳出土の鉄剣銘

昭和五十三年九月、埼玉県稲荷山古墳出土の鉄剣にレントゲンを照射したところ、剣の両面に象眼された合計一一五字から成る文章が発見された。これは日本において書かれた文章の最も古い一例である。その大体の意味は次のようなものである。

「辛亥の年の七月中[*44]に記す。ヲワケの臣、上祖の名はオホヒコ。其の児、タカリノスクネ。其の児の名、テヨカリワケ。其の児の名、タカハシワケ。其の児の名、タサキワケ。其の児の名、ハテヒ。その児の名、カサハヤ。其の児の名、ヲワケの臣。世々杖刀人《たちはき》の首《をさ》として天皇家に事《つか》え奉って今日に至った。ワカタケル大王の寺《やくしよ》がシキの宮に在った時に、自分は天下を治めることをお左《たす》けしたことがある。ここに百練の利刀を作らせて、自分が天皇家に事え奉る根源（由来）を記す也」

このように先祖の名をあげること七代に及んで自分の家系を示す当時の文例は他にない。また、「獲加多支鹵」はワカタケルと訓むべく、記紀に「若建」「幼武」と書かれている雄

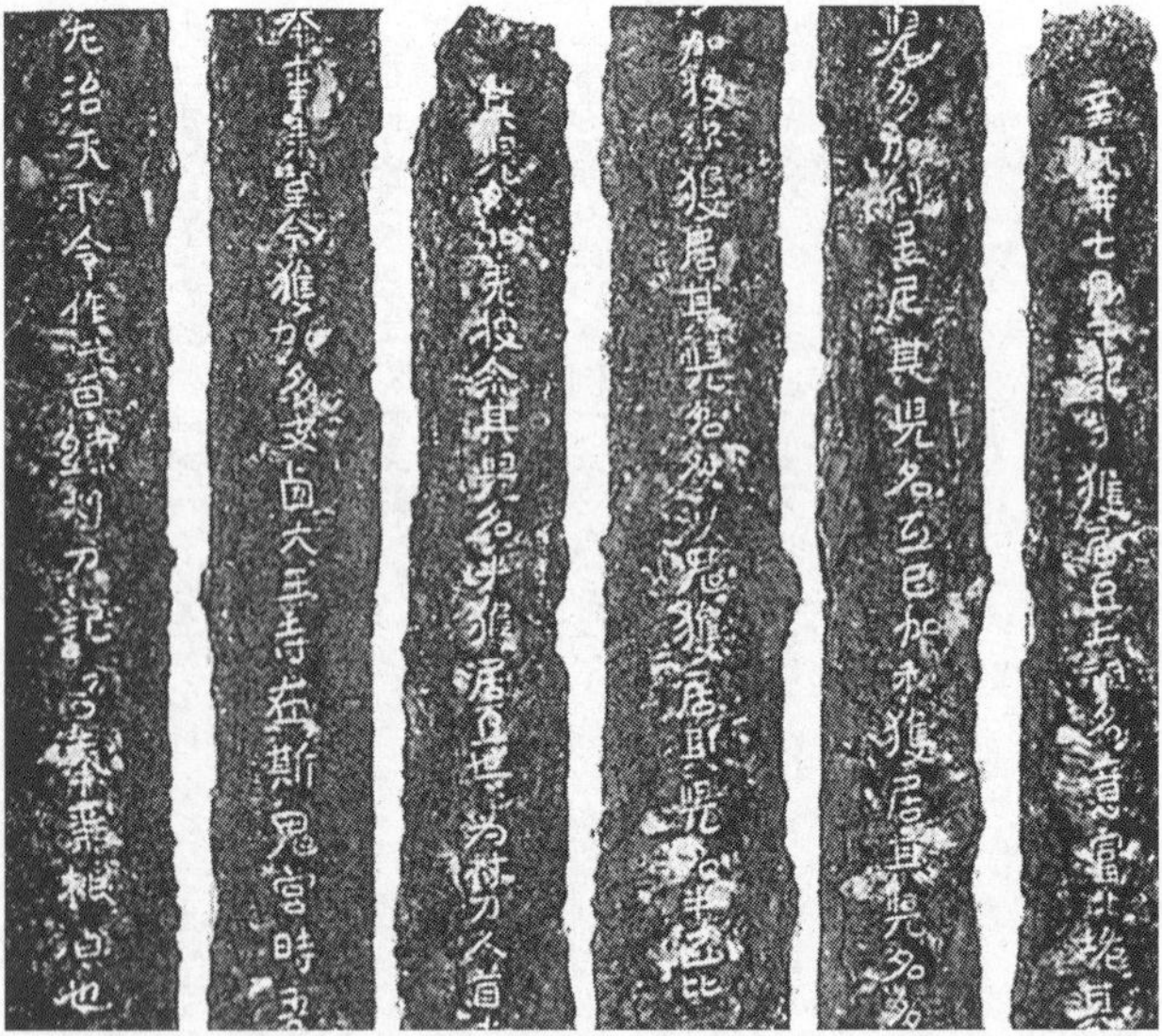

稲荷山古墳出土の鉄剣銘文　右３片が鉄剣の表、左３片が裏の銘文

略天皇にあたる。この文章は武蔵国の豪族の首長が、自己の家系が天皇家につらなるものであることを宣言し、かつ代々にわたって実際に自分たちが天皇家に仕えて来たこと、自分もまた雄略天皇在世中、磯城の宮で奉仕したことがあると明示したものである。この新出の文章の読解は極めて重要であるが、史料としては、まず、ここに見られる固有名詞の解読が重要であった。つまり原文にある「乎獲居」「意富比垝」「弖已加利獲居」「多加披次獲居」「加差披余」などが当時の日本語のどんな音を表わしていたのかが問題である。

それらの漢字にどういう日本の音をあててよむかを決定することによってはじめてこれは史料として解釈の対象となる。そのためには、まず銘文が何時書かれたかを推定しなければならない。

この文章の冒頭の「辛亥年」は四一一年、四七一年、五三一年などにあてることが可能であるが、全文の理解の上からは、これを五三一年ととらざるを得ないと私は考えている。そこで上の図を見て頂きたい。

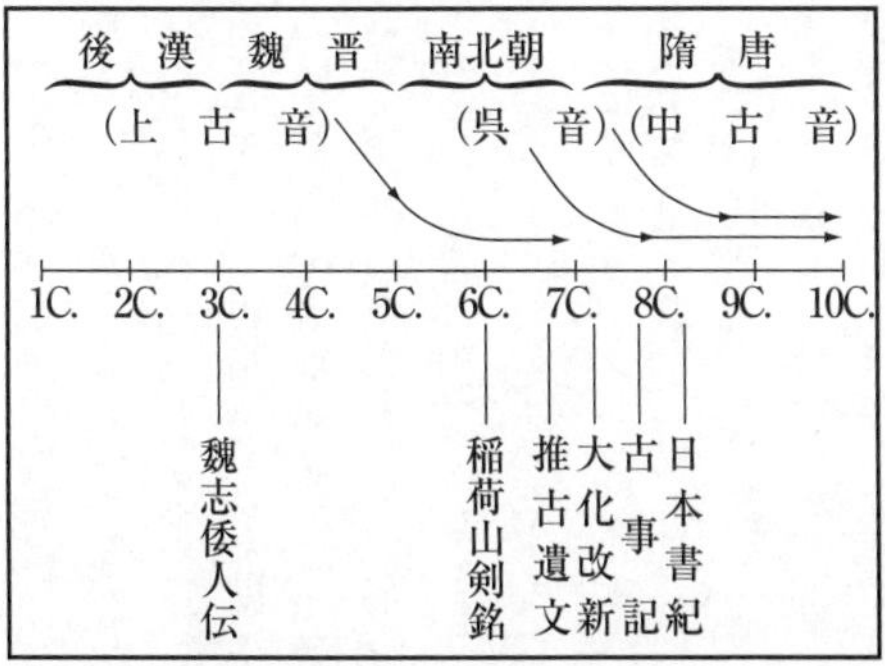

まず第一に必要な知識は、中国語の音韻の歴史では、漢の時代までの音を上古音とすること。そして隋唐時代の音を中古音と名づけていることである。後漢と隋唐の間に入る魏晋南北朝時代の漢字の音は、上古音から中古音への移り行きの時期に当り、この魏晋時代の字音には、まだ上古音の面影が濃い。それが南北朝時代になると、中古音への接近が著しい。それゆえ、もしこの時期を二分するとすれば魏晋以前と、南北朝以後とに区分される。そして上古音、中古音を知るには、およそ次のような手段を経る。

中国語の音韻の研究には、まず現代中国語の各方言を基礎にする。次に各時代の詩書、韻書、字書などを見較べながら、さかのぼって行く。そして隋唐時代の一字一字の発音を記した韻書（『切韻《せついん》』『広韻《こういん》』）の発音を細かく調べて、それによって当時の発音を再構成する。こうして再構成された隋・唐の音は中古音と名づけられており、これが中国語の発音の歴史を調べる重要な基礎となっている。ここからさらにさかのぼり、『詩経』などの古い詩集の押韻や漢字一字一字の構成を分析して、一層古い、漢代以前の字音を再構成する。これを上古音という。このようにして再構成された中古音、上古音は、細部については学者によって見解のまちまちなところがあるが、一字一字の音をローマ字で表記できるほどにすでに研究されている。

たとえば「義」「奇」は普通の日本の字音ではギ、キである。しかし中国の上古音では「義」は ŋïăr、「奇」は gïăr であったと再構成されている。何故ăという音を含むかがいぶかしいかもしれないが、「義」は分解すれば「羊」と「我」である。その、「我」の部分がこの字の音を表わす音符である。だからその中に「我《ガ》」の音が含まれている。また「奇」は「大」と「可」との合字で、「可《カ》」がこの字の音符である。したがって上古音の時代には「義」は「我」と共通の音、「奇」は「可」と共通の音を持っていた。「我」は ŋar→ŋa→ŋo →uo という変化を経て現在北京音の uoとなったが、ŋaの段階のときに日本に入って、そのまま固定した。「義」は ŋïar→ŋïe→ŋï→ï→i という変化を経て現代北京音の i となったが、まず ŋïĕ の段階で日本に入ってゲに使われ、のちに ŋï の音の段階で入った音はギとされて、そのまま固定した。「我」ŋar と「義」ŋïar との上古音の差は ï のある無しにあったが、それは微細な差であったから、その音符としてはひとしく「我」が使われていた。

「可」は k'ar→k'a→k'o→k'ə という変化を経、「奇」は gïăr→gïe→k'ï→ts'i という変化を経たが、それぞれ「可」k'a、「奇」k'ï の段階で日本に入ったのである。ただし「奇」は k'a の音としても古く日本に入ったので推古遺文にカに使った例がある。これらの音の変遷を見ると、音節の中心となる母音が a→ë→ï などのように変化している。日本で使われた字音も、中国での音の移行の状態を反映して、推古時代以前と以後とでは、かなりの相違がある。こうした漢字音についての体系的かつ歴史的な知識を持って臨むときに、はじめて稲荷山の鉄剣の中の固有名詞、「乎獲居」はヲワケ、「加差披余」はカサハヤ、「獲加多支鹵」はワカタケルと読むことができる。漢字音、ことに上古音から中古音への歴史的変遷に関する知識なしに稲荷山の鉄剣の銘文を正しく読むことは不可能である。

この字音は、魏晋の時代の学藝を日本に伝えた第一次の渡来人が持って来たものと考えられる。というのは再構成された魏晋の頃の字音を適用するときに、これらの漢字で書かれた固有名詞が、大体において理解されるからである。

この上古音に基礎を置く魏晋の時代の字音は、推古時代まで使われていた。推古時代の遺文には、豊御食《とよみけ》炊屋《かしきや》姫《ひめ》天皇（推古天皇）を「止与弥挙《とよみけ》奇斯岐移《かしきや》比弥《ひめ》」あるいは「等已弥《とよみ》居加斯支移《けかしきや》比弥《ひめ》」と書いている。挙《ケ》、移《ヤ》、已《ヨ》、弥《メ》のごときは、魏晋時代の字音と見るとき、最もよく理解できる。これらの字音は、次の六朝時代に至ると変ってしまう。その字音の変化を反映して、奈良時代には古い挙《ケ》は新しい挙《コ》、古い移《ヤ》は新しい移《イ》、已《ヨ》は已《イ》、弥《メ》は弥《ミ》の音で使われた。それゆえ、同一の「挙」の字が使われていても、古い時代にはこれをケの音の字と考えなければならず、新しい時代の仮名としてはコと見なければならないものである。

古い渡来人の学問

従って魏晋の学問を伝承したまま、本国での発音の変化の進行から隔絶して日本で二百年以上を経過してしまった人たちは、本国の新しい変化を経た字音を使って表記した文献を見ても、その一字一字に当時の正当な音をあてることができなくなった。それゆえ、中国での新しい字音で書かれた文献の中の日本の地名や人名に対して適切に読み下すことができない場合が生じた。もし魏晋の音によって「居挙盧」と書けばケケラと読むべきであるけれども、六朝時代の音ならば、これにはココロとあてなければならない。つまり上古音だけを知るものは、新しい江南の字音による文書がうまく読解できなかった。

敏達元年（五七二）、高句麗の国使の表疏を東漢《やまとのあや》、西漢《かはちのあや》などの史《ふびと》に読ませたが、三日のうちに読み解くことができなかった。ところが、百済から新しく来着していた王辰尓《おうじんに》は、これをすぐ読み釈くことができて、東西の史は全く面目を失したという有名な話がある。

何故、史たちが読めなかったかについて、高句麗の表疏は烏《からす》の羽に書いてあったから、史たちはその文字を確認できなかったのだという不可解な解説が、すでに日本書紀には加えられている。しかし、これは多分東西の史たちの弁明のための作り話である。東西の史たちは文章を読み書きするのが職業であるから、高句麗の表疏の漢文の文章の部分は理解できたに相違ない。だが、その高句麗の表疏は、日本の地名、人名等の固有名詞を一字一音のいわゆる字音仮名を使って書くときに、当然六朝時代の、新しい字音を使って書いてあっただろう。ところが、上古音だけによって固有名詞の読み書きをし馴れていた第一の渡来人の子孫たちは、その新しい字音を使って書いた日本の地名・人名に妥当な日本の音を宛てて読むことができなかったのだと考えられる。それを読んだという王辰尓は百済系の新しい渡来人であった。その頃の百済は揚子江下流地域と交渉が多く、江南の字音が百済には通用しており、王辰尓はその新しい時代の字音を知っていたから、新しい字音で書かれた固有名詞をうまく読み釈き得たのではないだろうか。

このように第一の渡来人の学問は、六世紀後半には通用し難くなってしまったのだが、その古い字音による用字法は推古時代の遺文には数多く見られる。のみならず、その用字法は日本語を書くための漢字の使い方として、文字の歴史に意外に根深く食い入っているところがある。すでに書いた片仮名の字源の他に、推古時代の用字の痕跡が色濃く見出されるのである。

奈良時代には「支」をキに宛てるが、これは呉音シである。キとするのは漢魏の音によるものである。片仮名トは「止」の最初の二画だが、止は呉音シである。toの音に宛てるのはこれも漢魏の音による。またノの仮名は「乃」から来ているが、「乃」をnöの音に宛てるのは、呉音以後のナイ・ダイでは不可能でこれも漢魏の音によっている。これらは第一の渡来人のもたらした学芸の一つの残影と見るべきものである。

第二の渡来人

第二の渡来人たちは、第一の渡来人から約三百年おくれて日本に来た人々である。それは高句麗が唐によって滅され、百済が新羅に併合された頃、大挙して日本に亡命して来た人たちである。この中には、後に船史《ふねのふびと》、津史《つのふびと》などの姓《かばね》を与えられたものがある。この人たちは、交易に関する記録を扱い、後に外交や法制のことに参画している。

彼らの多くは百済から来たが、百済は中国の南朝と密接な交渉を持っていた。だから六世紀以降日本に輸入された文化は中国の南朝の系統のものが少なくない。わが国に伝えられている『尚書』や『史記』の写本には、注の部分に「也」などの助辞の多い本があるが、『顔氏家訓』には、河北の経伝は皆これを略すとあるから、「也」のあるこれらの本は南朝系のものといえるだろう。また、『経典釈文』『白虎通』なども伝来したが、これも南朝の学問の系統をつぐものといわれている。[*45] 百済から貢献されたという段楊尓や、漢高安茂、王柳貴などの五経博士はこのように南朝系の学問を日本に伝えた。
この第二の渡来人はまた大化改新に関与した。そしてその後の律令制の導入と整備も、第二の渡来人の力によって推進されたところが大きい。この律令の行政は、文書によって命令を下し、書類を整え、文書をもって上申する行政である。戸籍を作成して班田の基礎を作るのも、すべて文字を使用してはじめて成り立つ。この大化改新から全国の戸籍の作成にいたる時期に、漢字使用は日本全国に広まり、漢字一字一字の発音の仕方も、その頃の字音によって日本中に植えつけられた。その字音は、すでに述べたように百済から伝えられたもので、百済は六朝時代の揚子江下流地域の音を受け入れていたから、日本の漢字音はそれによって基礎づけられた。この字音は、呉の地方の音を伝えるものとされて、世にこれを呉音といっている。例えば遠をヲン、病をビヤウとするなどである。

漢字の別の用法

また第二の渡来人たちは、漢字の字音を用いて日本語を書き表わす方法の他に、万葉仮名の用法の上で、漢字の訓《よみ》によって日本語を表わす方法も日本に導入したと思われる。万葉集を見ると、漢字の使い方に次のような例がある。たとえば、

たまきはる宇智《うち》の大野《おほの》に馬並《うまな》めて朝踏《あさふ》ますらむその草深野《くさふかの》（巻一、四）

という歌の原文は次のように書いてある。

玉尅春　内乃大野尓　馬数而　朝布麻須等六　其草深野

この表記を用字法によって分類してみると、次のようになる。

(1)漢字の表わす意味と同じ意味の日本語をその漢字に当てて訓《よ》むもの。

大野《おほの》　馬《うま》　数《なめ》　而《て》　朝《あさ》　其《その》　草深野《くさふかの》

(2)漢字の意味と同じ意味の日本語をあてて訓むが、(1)と異なり、その訓みの意味とはかかわりなく、訓みの音だけを使って日本語の音を表わすもの。

玉《たま》　尅《き》　春《はる》　内《うち》　等《ら》　六《む》

この使い方は多少の説明が要るだろう。というのは「王尅春」と書いた場合、「玉」はタマ、「尅」はキザムのキ、「春」はハルを表わすが、しかしこの歌ではタマは玉を意味せず、ハルも春の季節を表わしてはいない。したがって玉《たま》、尅《き》、春《はる》という訓は使っていても、それが本来表現するはずの「玉」という意味、「尅」（キザム）、「春」という意味とは無関係で、この字によってタマキハル全体を書き、その全体でもって、下のウチという言葉の枕詞となっている。また「内」をウチと読むが、ここではウチは地名で「内部」という意味ではない。「等六」はラムと訓むが、この歌では等《ら》は複数を意味せず、六《む》は数としての「六」を意味せず、語としては助動詞ラムを表わしている。

(3)漢字の意味は考えず、漢字の音だけを使ってそれと同じ日本語の音を表わすもの。

乃《の》　尓《に》　布麻須《ふます》

ここに「布麻須」とあっても、別に、「布《ぬの》」「麻《あさ》」という物を表わすわけでは全然ない。

この「布麻須」のフマスという音によって日本語の「踏ます」を表わすのである。

右の歌では、一首の歌三十一音節を二十一字で書いてあるが、その内部では、漢字が三通りに使ってある。このような複雑な用字法が万葉集にはいくらもあり、かつ古い時代の成立に属すると思われる巻一、二、十一、十二などにこれが多い。それは実は百済もしくは新羅にすでに先例のある用字法だったと思われる。

今日の韓国では漢字を使う場合には、その漢字は「音《おん》」で読む。山はsan、川はsenとだけよみ、日本語のヤマ、カハにあたる「訓《くん》」はない。しかし、百済の時代には「訓」を利用する先の(2)のような漢字の用法があったと思われる。というのは、新羅の古い郷歌（およそ八世紀のはじめ。聖徳王の頃のもの）の用字法が、日本の万葉集の右の歌の用字法と同じように見えるからである。

字音によるだけでなく、このような漢字の訓を使った表記法を併用するなど、漢字で日本語を書く方法は多様になって来たが、これと並んで漢文の文章にも日本的な書き方があらわれて来た。

それは漢字・漢語を使いながら正則の漢文の文法によらず、日本語化した語法で書く行き方である。それもこの渡来人やその子孫たちが作った文章と考えられるが、それは全国各地から貢上する品物につけた荷札や、政府の召喚状として使われた「木簡」に種々の形で残されている。

平城京跡出土の役人召喚の木簡文書の表（右）と裏

「木簡」は薄い板（長さ一〇～一三センチ、幅二～四センチくらい）または削板などに筆と墨で字を書いたもので、役所の文書、あるいは貢上するものの付札、あるいは紙の代用とされた。木簡は、難波宮跡、藤原京跡、平城京跡、大宰府跡など各所から続々発掘されている。

府召　牟儀猪養　右可問給　依事在召　宜知状　不過日時　参向府庭　若遅緩科必罪
（府召、牟《む》儀猪《げのゐ》養《かひ》、右問ひ給ふべき事在るに依りて召す。状を知らば日時を過さず府庭に参向せよ。若し遅緩せば必ず罪を科せむ）

ここでは「可問給　依事在」のように、正式の漢文では使わない「給ふ」という敬語を入れ、しかも語順が変則になっている。また、「科必罪」の「必」の置かれた位置も漢文としては変則である。これは漢字こそ使っていても正式の漢文からはほど遠い日本語化された文章である。つまり日本語で育った人々が、ただ漢字を使って、文章を書いたという程度のものである。こうした文章を基礎にして、平安時代の公卿の日記のような形式の文章が一つの型として成立してゆくわけで、その原型がすでに奈良朝にあることが知られるのである。

第三の渡来人

第三の渡来人とは、唐の都が長安に置かれてから、その長安の発音を身につけて日本に来着した漢人である。この人達はすでに持統天皇の時に来ており、音博士大唐続守言、薩弘恪の二人は、当時一番新しい中国語の発音を日本人に教授したと思われる。

長安の発音は、漢音または正音とよばれたが、第二の渡来人が持ち来った呉音つまり六朝後期の江南の発音と大いに相違していた。それが日本に知られたときには、すでに江南の発音が大化改新以後一般に流布して日本人の漢字の基礎的知識として広まっていたので、その新たな漢音の学習はかなり困難であった。その相違の様子の一部を一覧すれば次の通りである。

	胡陀婆毗耳尼奴怒磨弥既気己馬雅遠	越	若	京	平
呉音	ゴダバビニニヌヌマミケケコメゲヲン	ヲチ	ニャク	キャウ	ビャウ
漢音	コタハヒジヂドドバビキキキバガエン	エツ	ジャク	ケイ	ヘイ

この漢音と呉音の間には整然たる対応の法則があるのだが、それでも、個々の例については、まぎらわしいものが少なくない。その上、呉音と漢音とでは、一字についてのアク

セントも相違するものがあって、呉音によって漢字の知識を身につけてしまった者にとっては、漢音の学習は難しかった。だから、この新しく輸入された北方音の学習は僧尼や学生に対して強制されたけれども容易にその効をあげ得なかった。とはいえ、新しく渡来した音博士らは日本書紀の編集に協力し、その歌謡や訓注に使った一字一音の万葉仮名の上に、当時の長安の発音を反映させている。

第八章　文章を制作しはじめる

漢文の日本語化

日本人が渡来人から習った文章は、はじめ漢字で書いた漢文だった。あたかも今日われわれが英語やドイツ語を読み下すように、当時の人々はその漢文を中国語の発音で読み下すことから学習したに違いない。そして、耳でそれが聞き分けられる人や、漢文を読んで理解し、漢文で文章を書くことができる人もやがて現われただろう。

その最も早い時期の一人として聖徳太子を挙げることができる。聖徳太子にはその著という三経義疏が伝えられている。それの一つである『勝鬘経義疏』は「本義」として引かれる一つの注釈を中心にして他のいくつかの注釈を抜粋し集成した著作で、聖徳太子が独自に全部を書き下した著書ではないという。しかしその頃の経典の注釈とはそうした集成という形式のものが普通で、諸注の選択の中に、著者の特質や批判の態度があらわれるのだという。

また『法華経義疏』は、その中に種々の貼紙や訂正が残っていて、草稿本の姿で伝えら

勝鬘経講讃図　聖徳太子が「勝鬘経」を講義している。
（『聖徳太子伝絵巻』常陸上宮寺蔵）

れている。その巻頭に、「此是大委国　上宮王私集　非海彼本」という貼紙がつけられている。「これは大委国《おほやまとのくに》の上宮王（聖徳太子）の私集である。海の彼方からの輸入の本ではない」の意である。内容は六朝時代以前の中国の仏教家の説を縦横に引用した注釈である。その文字は唐代の書法と全く異なる書体であり、文章にいわゆる和臭がある。つまり純粋の漢文でない日本語的な語法が混っている。

　長行无所（長行には无《な》き所）
　汝悉知応（汝悉く知る応《べ》し）
　共議来欲（共に議《はか》りて来らんと欲《す》）

×印をつけた字の位置が、漢文としては誤っている。

　こうした誤用は中国人のするところではないから、この文章が日本人の筆になることを思わせる。その内容は極めて詳細な「法華経」の注解で、当時すでにこのような仏教理解を達成した日本人がいたことが分る。種々説をなす人もあるが、その人物は奈良時代から信奉されているように聖徳太子その人と考えざるを得ないと思う。

右にあげた漢文の文法上の誤りは、日本語と中国語との助動詞の位置が違うところから生じた。また、日本語の敬語と漢文の敬語法も相違が大きかったから、漢文による文章の制作は極めて困難を感じさせるものであったに相違ない。そこで、純粋な漢文の格からは外れても、日本語として充分な表現を、漢字によって遂行したいという欲求が、やがて勝ちを制した。そこに次のような文章の作り出された原因がある。

池辺大宮治天下天皇、大御身労賜時、歳次丙午年、召於大王天皇与太子而誓願賜、我大御病太平欲坐故、将造寺薬師像作仕奉詔。然当時崩賜造不堪者。小治田大宮治天下大王天皇及東宮聖王大命受賜而歳次丁卯年仕奉。（法隆寺金堂薬師如来像銘文、三一六ページ写真参照）

（池辺の大宮に天下を治めたまう〔用明〕天皇が、御身病になり賜うた時に、歳《ほし》丙午に次《やど》る年〔元年〕に、大王天皇《すめらみこと》と太子《ひつぎのみこ》とを召して、誓願し賜うに、「我が御病がおこたるようにと思しめします故に、寺を造り、薬師像を作りお仕えし奉ろう」と詔《みことのり》したまうた。しかし、その折に、おかくれになり賜うて、造り上げることができなかった。それで、小治田宮《をはりだのみや》に天下を治めたまう〔推古〕天皇と東宮の聖徳太子が大命をうけたまわり、歳《ほし》丁卯に次《やど》る年〔推古十五年〕に作りお仕えし奉る）

ここには、「大御身《おほみみ》」「労賜《いたはりたまふ》」「誓願賜《せいがんしたまはく》」「大御病《おほみやまひ》」「太平欲坐《おこたりなむとおもほします》」「崩賜造《かむあがりたまひて》不堪者《つくりあへねば》」「受賜而《うけたまはりて》」のような和語をそのまま漢字化した表現が少なくない。これではこのまま漢文として通用する文章とはいえない。しかしこれは、日本語として順直に訓み下せるように、漢字を使って書きたいという欲望にささえられて成立した文章である。つまり七世紀になると、日本語にぴったりした漢字だけの文章を生き生きと書く書き手が存在していた。第一次の渡来人によって日本に漢字漢文がもたらされて以来、この時までに二百年あまりを経ている。それだけの時間を経て、ようやくこのような表現が可能になったわけだ。この間には今日堙滅してしまった多くの文字資料があったことが推測される。この文章の文字使用、日本語の書き方を見ると、これは古事記の文章に極めて近いものであるといえる。推古紀には、当時、「国記」「天皇記」が作られていたと書いてあるが、それは蘇我氏の滅亡の時に亡失した。やがて再び日本の歴史を書きとめようとする動きが生じて、古事記、日本書紀が作りあげられた。

古事記の文章

古事記の万葉仮名の使い方は、アの音には「阿」一つ。イの音には「伊」一つというように、一つの音は一つの仮名で統一するという方針で整理してある（日本書紀では、アの音に「阿」と「婀」と「鞅」との三つがある）。また、一つの漢字をその意味によって訓読して使う場合にも、一字は一訓に限定しようと心懸けている。それは全面的に徹底して行いうるものではないので、結果としては例外もある。しかしおよそはその方針で貫かれている。このような方針をとったのは古事記の文章をともかく当時の口語的な表現としてできるだけ平明に日本語として訓み下せるようにという考えが執筆者にあったからだ。

しかし、古事記の序を見ても分るように、日本語として一語一語が訓み下しやすいようにとだけ考えれば、「宇《う》士《じ》多《た》加《か》礼《れ》許《こ》呂《ろ》岐《き》弖《て》」のように一字一音の万葉仮名で全部書けばよかった。しかし、それでは文が長くなって——当時はまだ片仮名も平仮名も無かったのだから——煩に耐えない。そこで漢字の訓を主とすると、訓の仕方が不定で、訓み下すのに困難が生じる。その間をとって訓読しやすく、また分りやすい表現法を発見しようと古事記の著者は苦心した。その頃にはまだ、一巻の本を全部日本語として訓み通せるようにと心懸けて書いた物は無かった。だから全部日本語で訓み通せるような日本の神々の物語と、その後をつぐ歴史を書きたい。それが古事記の著者の一つの願いだったと思われる。しかし長い文章を書き通すには、やはり文体が要る。それでは何を手本とすればよいか。

当時、漢文といっても、その中にはいろいろの文体があった。古事記の著者は、漢文の文語的文体の文章ではなくて、口語に近く、しかもあまり俗語的でない文体が欲しかった。そこで、サンスクリットから翻訳した、いわゆる漢訳仏典の文体が参考にされた。

日本語の文体はどんな接続詞を使うかによって決定されることが多いものなのだが、古事記には、次のような接続詞がある。

これらは「金光明経」とか、「仁王経」とか、「金剛般若経」とか、「大般若経」とか、当時輸入されていた多くの漢訳仏典の文章の中にも見える接続詞である。また、古事記の文章の中には、

于時《ときに》　尓時《そのとき》　時《ときに》　於是《ここに》　即便《すなはち》　即《すなはち》
何由以《なにのゆゑに》　…故《ゆゑに》　由者何《ゆゑはなにそ》　所以《このゆゑに》

悪人　安置　一時　威儀　異心　歓喜　恭敬　国土　思惟　邪心　童女　女人　趺座

など、「法華経」その他の仏典によく使われる言葉がかなり出てくる。これは、古事記の筆者、あるいは編者が中国語訳の仏典を、文章の参考にするところが大きかった結果生じた言葉遣いと思われる。

このように、古事記は中国語訳の仏典を参考にしているが、今日でも古事記は、稗田阿礼の暗誦を太安麿が書き付けたのだと素朴に信じている人がある。しかし古事記・日本書紀はそれ以前の文献を集成し、文章化したものである。そこで、古事記・日本書紀以前に、神話についても文字化された記録があったのだということをいくつか立証してみよう。

記紀以前の文献の誤読㈠

イザナミは、カグツチという火の神を生んだために、女陰を焼かれて死んでしまった。最愛の妻に死なれたイザナキは身につけていた十拳剣《とつかのつるぎ》でそのカグツチの頸を斬った。その時使った刀の名は、

　天之尾羽張《あめのをはばり》、亦の名は伊都之尾羽張《いつのをはばり》

であったと書いてある。これは天孫降臨の前段の国譲りの条にも神名として現われ、

　天安河の河上の天の石屋《いはや》に坐《ま》す、名は伊都之尾羽張《いつのをはばり》神

とある。これは、天尾羽張神とも書いてある。ところが、日本書紀によると、それと同じ神が次のように書いてある。

　天石窟《あまのいはや》に住む神、稜威雄《いつのを》走神《はしりのかみ》

これでは「伊都之尾羽張《イツノヲハバリ》」と「稜威雄走《イツノヲハシリ》」と二神があるように読めるが、この二神は文脈から言えば同一の神である。それが表現としては「尾羽張《ヲハバリ》」と「雄走《ヲハシリ》」という全く異なった神名になっている。従来はこれは単に、口伝えの間に生じた訛伝であると見られてきた。しかし私の見解では、実はこれは、口から耳へという口承の過程に生じた訛伝ではない。文字から文字へと書写して伝えて行く間に生じた訛伝だと思う。

　私の考えでは、おそらく本来次のような本文が文字で書かれて存在したのだと思う。

　乎《を》波《は》之利《り》神

「之」は普通にシと読むから、これをそのまま読んだ人は、これをヲハシリと読んで「雄《を》走神《はしりのかみ》」と翻字した。ところがこの部分が「乎波〻利神」のように「之」がやや不明瞭に書いてあった本があった。そして「〻」はあたかも繰返し符号「ゝ」のように見えた。それを見た一人の書き写し手は、これを「乎波ゝ利神」と認めてしまった。そこで写し

手はこれをヲハ、リと読み、「尾羽張《をははり》」と翻字した。こうした事情で、

乎波之利 ↗ 雄走《ヲハシリ》
　　　　 ↘ 尾羽張《ヲハハリ》

という、一見全く異なる二つの伝承が生じた。だからこれは書き誤り、あるいは見誤りであり、目と手とによって生じた異伝である。つまり、このような書承の原因になった写本が記紀以前に存在していて、それを読み取り、文章化して行く際にこのような異伝が生じたに相違ない。

記紀以前の文献の誤読㈡

いま一つ例を出そう。

天照大神がスサノヲの乱暴な行為によって傷つけられて、天岩屋に隠れ、天岩戸を閉じてしまったため、世の中は暗くなり、神々は大いに困惑した。そこで何とか天照大神を岩屋から招き出そうとして種々の工夫がこらされた。書紀の第二の一書によると、神々は、鏡作部《かがみつくりべ》の遠祖天糠戸というものに鏡を造らせた。また、玉作部の遠祖豊玉《とよたま》には玉を造らせた。山雷《やまつち》には五百箇の榊《さかき》の玉籤《たまくし》を採らせた。これらの物を取り集めて天岩屋の前で、天児屋《あめのこやね》命に神祝いをさせた。その結果、天照大神は機嫌を直して岩戸を少し開けて外に出ようとされたという記事がある。

ここに鏡作部の遠祖の「天糠戸」という神が登場する。この神は書紀の第三の一書では

「天抜戸《あまのぬかと》」と書かれている。そこで「天糠戸」と「天抜戸」とは同一の神と認められ、両方ともアマノヌカトと読まれて異論がない。

しかし神名は、その神がはたらく作用・行動・行為をそのまま名として持つことが多いものである。そこでアマノヌカトの意味を種々考えてみても、全くここの話の筋と結びつかない。ところが、「天糠戸」の「糠」は、本来、アラヌカを意味する字で、アラとだけも読む字である（『類聚名義抄』に「糠、アラ」とある）。だから「天糠戸」はアマノアラトとも読める。そこで、アマノアラトとして考えると、アラトとは「粗砥《あらと》」を意味すると見ることができる。つまり、鏡作りに使用する「粗砥《あらと》」と考えるならば、それは「鏡作部の遠祖」の名として文脈上ふさわしい。

こう考えると、「天糠戸」と書いてあったのはアマノアラトと読んで「天粗砥《あまのあらと》」という意味を表わしていたはずなのである。しかし、書紀の第三の一書を書き写した人は、「天糠戸」をアマノアラトと読むことに気づかず「糠」はヌカとも読む字であるから、アマノヌカトと読んでしまった。そこでアマノヌカトに対して「天抜戸」という字をあてた。してみると、書紀の第三の一書の系統は、それ以前にあった文献の神名の「天糠戸《あまのあらと》」という表記をアマノヌカトと誤読した人によって成立した本文だったことになる。

このような、口承では生じ得ず、書承によってだけ生じる誤伝がある所から見て、古事記・日本書紀以前に、日本神話を書きとめた何らかの文献があったことは明白だろう。だから、古事記は、稗田阿礼の暗誦を太安麿が書きとめたというような、安直なものではないことが分ると思う。

古事記以前に神話を書いた本があったとすると、どんな本を拠り所として古事記は作られたか。その序によれば日本書紀に先立つ八年に古事記は作られているが、内容から見た場合に、記紀の神話はどのような関係にあるのだろうか。

古事記と日本書紀の比較

そこで、古事記の上巻と日本書紀の神代巻上下巻とを比較してみることとしよう。

古事記上巻と日本書紀の神代巻とは、類似する神話を多く持つが、その間に著しい相違点がある。古事記は一貫して一通りの本文だけしか挙げていない。ところが日本書紀は正文として立てた本文の後に、「一書曰」として異伝を数多く掲げている。この古事記の本文と、日本書紀の正文および一書とはどんな関係にあるのだろうか。

まず日本書紀の神代巻上下二巻を話の筋に従って十一段に区分けする。その各段は、それぞれ正文を立ててあり、その後ろにそれぞれの話の異伝が「一書曰」として添えてある。最も多い第五段には「一書曰」は十一種もあげてある。このような正文の各段の後に加えた「一書曰」は合計すると五十八条ある。つまり正文十一段と異伝五十八条とを合わせると、日本書紀神代巻二巻には六十九個の部分が存在することになる。

そこで、この六十九個の部分を、何らかの規準で分類できないかという模索が行われた。

ところが神々の名をどんな字で書いてあるかを手懸りにして、一つの結果が獲られた。[*46]

神に宛てた漢字

たとえばイザナキ・イザナミ・スサノヲの三神を、書紀神代巻ではすべて伊奘諾《イザナキ》・伊奘冉《イザナミ》・素戔嗚《スサノヲ》と統一的に書いている。ところがアマテラスについては、それを「天照大神」と書いている伝承もあり、「日神」と書いている伝承もある。そこでアマテラスを「天照大神」と書いている伝承と「日神」と書いている伝承とを区別し、双方についてそれ以外の神々をどう書いているか、その書き方を比較してみる。その結果、単にアマテラスを「天照大神」と書くか、「日神」と書くかという相違だけでなく、「天照大神」と書いてある部分には、それの内部で神名の書き方に一つの統一があり、「日神」と書いてある部分の内部にも、それなりに神名の書き方に別の統一のあることが判明した。つまり、「天照大神」とある部分は一つの系列をなしており、「日神」とある部分はそれとは別の一つの系列をなすことが浮び上って来たのである。いまここに、一つの例として第五段、第六段、第七段を取り上げ、「天照大神」とある条をⓐ、「日神」とある条をⓑとして、ⓐⓑ二つに区分してみると次のようになる。

ⓐ「天照大神」とある条は……五段一書第六
六段正文、六段一書第二
七段正文、七段一書第一

ⓑ「日神」とある条は………五段正文
六段一書第一、六段一書第三
七段一書第二、七段一書第三

この ⓐⓑ 二つの系列の内部では、そこに現われる神名や剣などをどう表記しているか。それを一覧すると次のような事実がある。

ⓐ天照大神系

五の六	天照大神	高天原				
六の正	天照大神	高天原	天真名井	市杵島姫	熊野櫲樟日命	十握剣
六の二	天照大神		天真名井	市杵島姫命	熊野櫲樟日命	剣
七の正	天照大神	八十万神				
七の一	天照大神	八十万神				石凝姥

ⓑ日神系

五の正	日神					
六の一	日神	天原	天渟名井	瀛津島姫	熊野忍蹈命	十握剣・九握剣・八握剣
六の三	日神	天原		瀛津島姫命	熊野忍蹈命	十握剣・九握剣・八握剣

七の二　日神　　諸神
七の三　日神　　諸神　天渟名井　　石凝戸辺

つまり、ⓐには「天照大神」とある他、「高天原」「八十万神」などが共通している。ⓑには「日神」とある他、「高天原」は「天原」とだけあり、「八十万神」は「諸神」とだけあるという点が共通している。またⓐで「天真名井」とあるところは、ⓑでは「天渟名井」とある。ⓐで「市杵島姫」とある神は、ⓑでは「瀛津島姫」とある。

また、ⓑでは神々の化生の場合に「十握剣《とつかのつるぎ》」「九握剣」「八握剣」の三つの剣が共通して使われるが、ⓐでは単に「十握剣」「剣」だけが使われる。

「天照大神系」と「日神系」

ここでは一例として第五・六・七段だけを取扱ったが、第四段から第十段にわたって、ⓐ「天照大神系」とⓑ「日神系」の表記上の対立は明白に存在する（二四六ページの表参照）。のみならず、話の筋についてもⓐⓑ二つの系列は明白な対立を見せている。ⓑの方が素朴で簡単な内容を持つことが多い。ところが日本書紀で正文として立てている本文は、必ずしもⓐ系、あるいはⓑ系というように一貫してはいない。第五段はⓑ日神系、第六・七段ではⓐ天照大神系を採っている。

このように、日本書紀の記事は第四・五・六・七・八・九・十段についていえば、表記と内容の上からⓐ「天照大神」系と、ⓑ「日神」系とに二分される。しかし、それが正文と一書とにばらばらに切り離されていて、入り乱れて配置されている。それは何故なのだろうか。

そもそもの源にさかのぼると、まず「天照大神」系の本文を持つ複数の写本があったのだ。また、「日神」系の本文を持つ複数の写本もあったのだ。それぞれを内容の主題によって十一段に区分した上で、その中から適当と思う本文を日本書紀の正文と立て、余分になったものは一書としてそれぞれの段の正文の後に置いたのが書紀の文章なのである。それ故、正文だけをつないで行くと、話に撞着が生じることもある。

このように、神代紀の内部に、ⓐⓑ二系統の本文があり、そのⓐⓑ二系の内部では、神名の表記と神話の内容についてそれぞれに共通性があることを確認した上で、それを古事記と比較すると、古事記の本文は、話の内容においてはⓐ系「天照大神系」と一致するものが多い。

天孫降臨神話の比較

日本書紀ⓐ系の話の筋と古事記の筋とが一致する例をあげると、例えば第九段天孫降臨のところである。書紀の第九段ではⓑ系の一書の第四・第六は内容が共通している。これとⓐ系の一書の第一とは相違が大きい。ところが、そのⓐ系の一書の第一と古事記とを比較すると極めてよく一致している。

このようにⓐ系と古事記とは基本的な筋立てで一致するばかりでなく、ⓐ系と古事記とは、場合によっては表現の末端まで近いところがある。その例をあげよう。

書紀第五段一書第六（ⓐ系）

時に、伊奘諾尊、恨《うら》みて曰《のたま》はく、「唯《ただ》、一児《このひとつぎ》を以て、我が愛《うるは》しき妹《なにものみこと》に替《か》へつるかな」とのたまひて、則ち頭辺《まくらへ》に匍匐《はらば》ひ、脚辺《あとへ》に匍匐ひて、哭《な》き泣《いさ》ち流涕《かなし》びたまふ。其の涙《なみだ》堕《お》ちて神と為《な》る。是即《これすなは》ち畝丘《うねを》の樹下《このもと》に所居《ま》す神なり。

書紀第六段正文（ⓐ系）

「吾《な》が弟《なせのみこと》の来《きた》ることは、豈善《あによ》き意《こころ》を以《も》てせむや。謂《おも》ふに、当《まさ》に国《くに》を奪《うば》はむとする志《こころざし》有《あ》りてか。夫《そ》れ父母《かぞいろはのみこと》、既《すで》に諸《もろもろ》の子《みこたち》に任《ことよ》させたまひて、各《おのおの》其《そ》の境《さかひ》を有《たも》たしむ。如何《いかに》ぞ就《ゆ》くべき国を棄《す》て置《お》きて、敢《あ》へて此《こ》の処《ところ》を窺窬《うかが》ふや」とのたまひて、乃ち髪《みぐし》を結《あ》げて髻《みづら》に為《な》し、裳《みも》を縛《ひ》きまつりて袴《はかま》に為して、便《すなは》ち八《や》坂瓊《さかに》の五百箇《いほつ》の

古事記（火神被殺）

故爾《かれここ》に伊邪那岐命《の》詔《の》りたまひしく、「愛《うつく》しき我《あ》が那邇妹《なにも》の命《みこと》を、那邇の二字は音を以ゐよ。下は此れに効へ。子の一《ひと》つ木《け》に易《か》へつるかも。」と謂《の》りたまひて、乃ち御《み》枕方《まくらへ》に匍匐《はらば》ひ、御《み》足方《あとへ》に匍匐《はらば》ひて哭《な》きし時、御《み》涙《なみだ》に成れる神は、香山《かぐやま》の畝尾《うねを》の木《こ》の本《もと》に坐《ま》して、泣沢女《なきさはめの》神と名《な》づく。

古事記（スサノヲの昇天）

「我《あ》が那勢《なせ》の命《みこと》の上《のぼ》り来《く》る由《ゆゑ》は、必ず善き心ならじ。我が国を奪《うば》はむと欲《おも》ふにこそあれ。」とのりたまひて、即ち御髪を解きて、御美豆羅《みみづら》に纏《ま》きて、乃ち左右《ひだりみぎ》の御美豆羅《みみづら》にも、亦御縵《みかづら》にも、亦左右の御手にも、各《おのおの》八尺《やさか》の勾璁《まがたま》の五百津《いほつ》の美須麻流《みすまる》の珠《たま》を纏《ま》き持ちて、美より流までの四字は音を以ゐよ。下は此れに効へ。曽毘良邇《そびらに》は千入《ちのり》の靫《ゆぎ》を負《お》ひ、入を訓みてノリと云ふ。下は此れに効へ。曽より邇までは音を以ゐよ。比良邇《ひらに》は五百入《いほのり》

御統《みすまる》 御統、此《これ》をば美《み》須《す》磨《ま》屢《る》と云《い》ふ。を以《も》て、其の髻鬘及《みいなだきおよ》び腕《たぶさ》に纏《まきつ》け、又背《またそびら》に千箭《ちのり》の靫《ゆき》千箭、此をば知《ち》能《の》梨《り》と云ふ。と五百箭《いほのり》の靫《ゆき》とを負《お》ひ、臂《ただむき》には稜威《いつ》の高鞆《たかとも》 稜威、此をば伊《い》都《つ》と云ふ。を著《は》き、弓彇《ゆはず》振《ふ》り起《た》て、劒柄急《たかびとり》握《しば》りて、堅庭《かたには》を蹈《ふ》みて股《むかもも》に陥《ふみぬ》き、沫雪《あわゆき》の若《ごと》くに蹴散《くゑはららか》し、蹴散、此をば倶《く》穢《ゑ》簸《は》邏《ら》邏《ら》箇《か》須《す》と云ふ。稜威《いつ》の雄誥《をたけび》 雄誥、此をば鳴《を》多《た》稽《け》眉《び》と云ふ。奮《ふる》はし、稜威の嘖譲《ころひ》 嘖譲、此をば挙《こ》盧《ろ》毗《ひ》と云ふ。を発《おこ》して、徑《ただ》に詰《なじ》り問《と》ひたまひき。

書紀第六段正文（ⓐ系）

天照大神、乃ち素戔嗚尊の十握劒《とつかのつるぎ》を索《こ》ひ取りて、打《う》ち折《を》りて三段《みきだ》に為《な》して、天真名井《あまのまなゐ》に濯《ふりすす》ぎて、䶢然《さがみ》に咀嚼《か》みて、䶢然咀嚼、此をば佐《さ》我《が》弥《み》爾《に》加《か》武《む》と云ふ。吹《ふ》き棄《う》つる気噴《いふき》の狭霧吹棄気噴之狭霧、此をば浮《ふ》枳《き》于《う》都《つ》屢《る》伊《い》浮《ふ》岐《き》能《の》佐《さ》擬《ぎ》理《り》と云ふ。に生まるる神を、

の靫《ゆぎ》を附け、亦伊《い》都《つ》此の二字は音を以ゐよ。の竹鞆《たかとも》を取り佩《お》ばして、弓腹《ゆはら》振り立てて、堅庭《かたには》は向股《むかもも》に蹈《ふ》み、那《な》豆《づ》美《み》、三字は音を以ゐよ。沫雪如《あわゆきな》す蹶散《くゑはらら》かして、伊都二字は音を以ゐよ。の男建《をたけび》建を訓みてタケブと云ふ。蹈《ふ》み建《たけ》びて待ち問ひたまひしく、「何故《なにしかも》上り来つる。」と、とひたまひき。

古事記（天安河の誓約）

天照大御神、先《ま》づ建速須佐之男命《の》の佩《は》ける十拳劒《とつかのつるぎ》を乞《こ》ひ度《わた》して、三段《みきだ》に打ち折りて、奴《ぬ》那《な》登《と》母《も》母《も》由《ゆ》良《ら》爾《に》此の八字は音を以ゐよ。下は此れに効へ。真名井《まなゐ》に振り滌《すす》ぎて、佐《さ》賀《が》美《み》邇《に》迦《か》美《み》て、佐より下の六字は音を以ゐよ。下は此れに効へ。吹き棄《う》つる気吹《いぶき》の狭霧《さぎり》に成れる神の御《み》名《な》は、

ⓐ系の文章と、古事記の文章とが、表現の末まで一致するところがあることは、右の上下二段を対照してみれば明らかだろう。

古事記は総合版

しかし古事記は単に日本書紀のⓐ系（天照大神系）の本文を伝えているだけでなく、「天照大神系」に欠けている部分をⓑ系（日神系）から増補してある。のみならず古事記は日本書紀の素材であったⓐ系、ⓑ系以外の本からもⓐⓑに無い要素を採り入れて本文を構成している。古事記はそうした、いわば諸本の総合版を作り上げたものである。

つまり古事記は日本書紀神代巻の素材となったⓐ系写本群、ⓑ系写本群からⓐ系の一つの写本を直接の底本として選択し、それによって大筋を構成した。そこへ、それに欠けている部分をⓑ系から補い入れた。さらにⓑ系にもない本文はⓒ系ともすべき本から採って加えた。だから、日本書紀神代巻と古事記上巻との成立は次のように図示することができる。

ⓐ天照大神系神代巻の写本群
ⓑ日神系神代巻の写本群
→ 日本書紀神代巻（正文及び一書）

ⓐ天照大神系神代巻の一本（底本）
ⓑ日神系神代巻の写本群
ⓒその他の神話の写本群
→ 古事記上巻

神代紀における固有名詞の表記

四の3			高天原				
五の6	天照大神	月読尊	高天原	天安河			
六の0	天照大神		高天原			天真名井	田心姫
七の0	天照大神			天安河	八十万神		
九の1	天照大神				八十万神		
九の2	天照大神		高天原	天安河 天高市	八十万神		
九の8							
六の2	天照大神					天真名井	田心姫命
七の1	天照大神			天高市	八十万神		
九の0	天照大神				八十諸神		
五の11	天照大神	月夜見尊	高天之原				
五の7				天八十河			
五の1	大日孁尊	月弓尊					
九の6					八十諸神		
九の7							
六の1	日神		天原			天渟名井	田心姫
六の3	日神		天原	天安河			田霧姫命
五の0	日神	月神					
五の2	日	月					
七の2	日神				諸神		
七の3	日神				諸神	天渟名井	
九の4							
九の5							

	活目津彦根命	熊野大角命	石凝戸辺	天忍穂根	天孫 天孫
瀛津島姫命	活津彦根命	熊野忍蹈命		天忍穂耳	
瀛津島姫	活津彦根命	熊野忍蹈命		天忍骨	天孫
				天忍骨	
				天忍穂根	天孫 皇孫
				天忍穂耳	皇孫
			石凝姥		
市杵島姫命	活津彦根命	熊野櫲樟日命		天忍骨	
				天忍穂耳	
				天忍穂耳	皇孫
			石凝姥命	天忍穂耳	皇孫
市杵島姫	活津彦根命	熊野櫲樟日命		天忍穂耳	

（北川和秀氏作成。0は正文を示す）

古事記偽書説の誤り

古事記が一つの系統の写本を底本として各種の資料を総合して成立したことが明らかになってくると、古事記の成立はその序文に言う和銅五年ではなく、もっと後で、平安時代に入ってからだという意見が力を得てくるかもしれない。

事実、古事記の序文の内容には古事記の本文とそぐわない点があるし、正史に古事記編集に関する記録もない。それで大正時代に「古事記偽書説」を唱えた人があり、最近も平安時代初期、弘仁時代の偽作だと述べる人がある。しかし、八世紀の万葉仮名の研究から言えば、古事記の本文が平安時代の成立だとは決していえない。その論拠について、少し立ち入った説明を加えておくことにしたい。

すでに音韻の変遷の項で述べたように、大和地方の言語を写した八世紀の文献では、僅かの例外を除いて八十七の音節の区別が守られている。万葉集の中で、集中的に例外があるのは、巻十四東歌と、巻二十の中の防人歌の部分とである。それは東国の方言的音韻を反映するものだった。ほかに巻十八に多くの混同があるが、それは巻十八が損傷を受け、それを平安時代に入ってから補修した際に混入した例外に限られている。

他方、古事記の本文の万葉仮名を精しく調べると、古事記には、八十七よりも一音節多い八十八の音節の書き分けがある。一つ多いのは、万葉集にも日本書紀にも見られないモの二つの区別、「毛」(甲類) moと「母」(乙類) möの書き分けがあるからである。そのモ

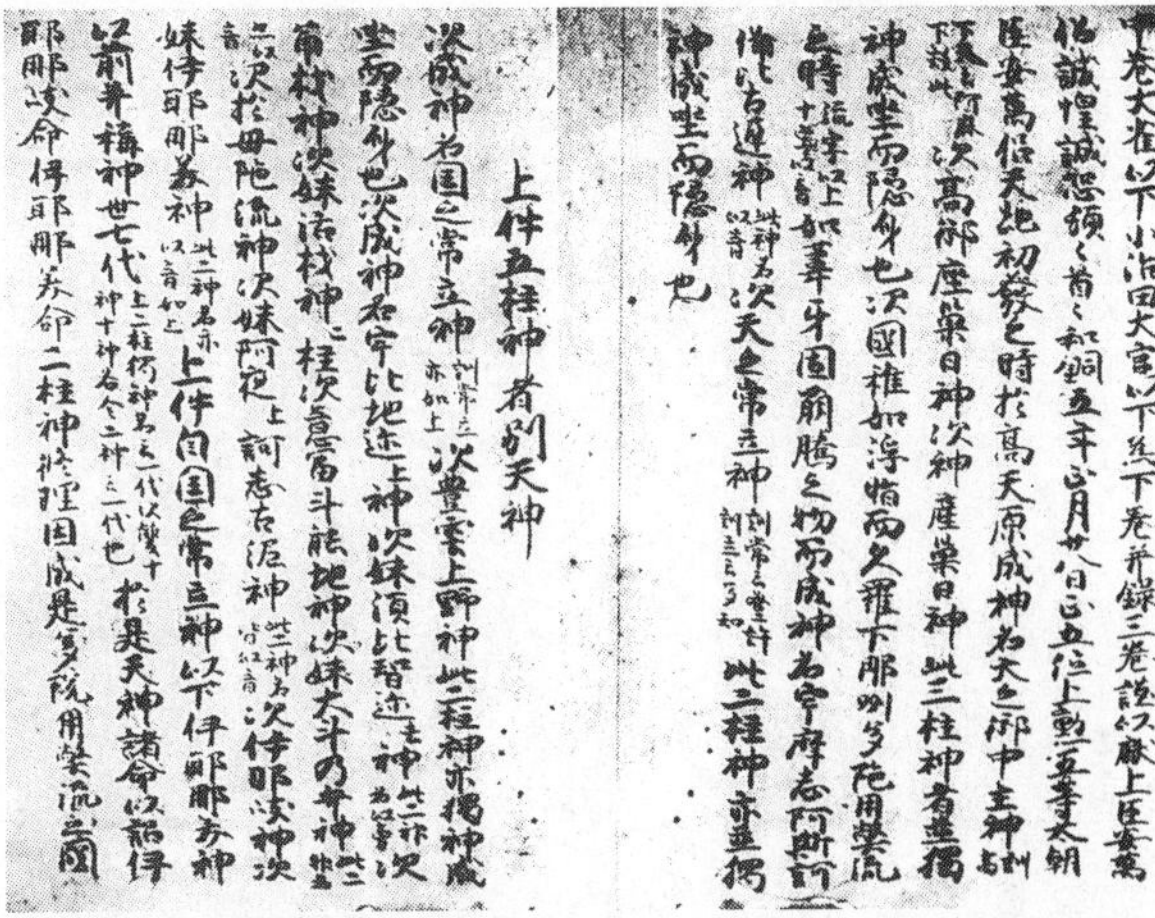

古事記（真福寺本）「火神被殺」（右）と「スサノヲの昇天」のくだり

の使用数は二百例あまりあって、それが整然と二つに使い分けられているのは、偶然だとはいえない。これは八十七音節を区別した万葉集の音韻体系よりも一時代前の音韻状態を反映するものである。

　かように古事記にモの甲類乙類の区別があるのに、万葉集にはその区別がないという事実が、どうして古事記が一時代前の音韻状態を記録していることになるのかを説明しよう。

オ列音甲類乙類の区別の意味

　八世紀の音韻体系の中で、この問題に関係が深いのはオ列音の甲類乙類の区別である。甲類乙類の区別についてはすでに述べた通りであるが、古事記ではコ・ゴ・ソ・ゾ・ト・ド・ノ・モ・ヨ・ロの十の音節にその区別が見られる。書紀・

万葉集では、このうちのモがその区別が無いのだが、このような甲類乙類の歴史的変遷を、その音節のはじめの子音に注目しながら整理すると、次のようにまとめられる。

①万葉集に甲類乙類の区別のないオ列の音節
ヲ・ホ・モ（この頭子音はみな唇の子音）
②万葉集に甲類乙類の区別のあるオ列の音節
ソ・ゾ・ト・ド・ノ・ヨ・ロ（この頭子音はみな舌先の子音）
③平安時代極初期まで甲類乙類の区別のあるオ列の音節
コ・ゴ（この頭子音はみな喉の子音）

①のヲ・ホ・モという音節の頭子音はw・F・mと推定されている。これらは、いずれも唇によって調音される子音だった。このうち唇の合わせ方の最も弱いヲ（wo）については古事記にも甲類乙類の万葉仮名の区別は全然ない。だからヲについてはwoとwöとの区別が最も早く失われた、あるいは、最初から区別がなかった、と考えていい。次に、唇の合わせ方のwoよりは少し強いと見られるホ（Fo）については、古事記に「本《ほ》」の仮名と「富《ほ》」の仮名が使われているが、学者によっては「本《ほ》」が甲類、「富《ほ》」が乙類として区別が見出せると主張する。しかし、それをよく調べてみると、ホの甲類乙類の区別はあるらしくも見えるが、例外が少なくない。だから古事記にホの甲類乙類の区別があるというのは言い過ぎで、古事記には、かつて存在した「ホ」の二類の別の失われつつある過程が反映して

いると見るのが妥当である。次に唇の合わせ方が最も確かなモの音のmoとmöについては古事記には例外なく甲類「毛」乙類「母」の区別がある。

つまり、ヲ・ホ・モの甲類乙類の区別について古事記の表記を分析すれば、唇の合わせ方の最も弱いヲには、区別はすでに失われていた。次に唇の合わせ方の少し強いホにおいては、過去に区別があったらしい名残りが見られる。はっきり唇を合わせるモについては古事記には明確な使い分けが存在する。

古事記では、右の外に、②舌先が関係するs・z・t・d・n・y・rの子音を持つ音節ソ・ゾ・ト・ド・ノ・ヨ・ロの甲類乙類、③喉で調音するk・gの子音を持つコとゴの音節に甲類乙類の区別が明確である。この万葉仮名使用上の区別を、発音の区別に関係ないと主張する人もあるが、それは、そこに使ってある漢字の、当時の発音上の明確な区別について細かく研究したこともない人のいうことで、漢字音をよく調べてみれば、発音上の差であることは明白である。

古事記以後に区別した発音

甲類乙類を万葉集、日本書紀について調べると、唇音のヲにはもちろん区別がない。ホにも無い（日本書紀に多少見えるが）。モについても万葉集の巻五におよそ区別が見えるだけである。つまり書紀と万葉集とでは、全体として唇音での甲類乙類の区別は失われてしまっている。しかし、②の舌先のソ・ゾ・ト・ド・ノ・ヨ・ロには万葉集にも、日本書紀にも区別があり、③の喉音のコ・ゴにももちろん区別が見られる。

ところが古事記よりも約百年後の弘仁時代の文献を見ると、①ヲ・ホ・モの二類はもとより、②ソ・ゾ・ト・ド・ノ・ヨ・ロの甲類乙類の区別も失われて、わずかに③コ・ゴの甲類乙類の使い分けだけが残存している。してみるとオ列音については、甲類乙類の区別は、①唇音から失われ始め、次に②舌先の音で失われ、③喉音に最後まで残ったことが明らかである。平安初期の人々は喉音のコ・ゴだけにしか区別があることを知らなかった。それはその頃の作品である『日本霊異記』などの文献の万葉仮名に、はっきり見える事実である。

この事実をよく理解すれば「昔はモの二音があったことを（弘仁時代の古事記の編者が）知っていて、仮名遣的に書き分けてみようという気持さえあれば、さほど困難なことではなかったのではないか」と決して簡単に言えないことが分るだろう。今日のいわゆる仮名遣は、伊呂波歌の四十七という固定した数の仮名表が尊重され、それを書き分けるべきものだとする意識があってはじめて藤原定家がこれを問題にした。伊呂波歌四十七字の仮名の中に「い・ゐ」「え・ゑ」「お・を」という当時同音の仮名があったから、それをどう書き分けるべきかと藤原定家が思案した。そこでそれを解決しようとする仮名遣を立てた。ところが弘仁時代に区別していた音の数は七十で、その頃の人々は奈良時代一般に八十七の音の区別があったことを知っているはずはない。だから八十七音を書き分けなければならぬという規範なども全然無かった。七十しか聞き分ける耳を持たなかった弘仁時代の人が、どうして八十七よりさらに古い八十八の音の区別を書き分けようと考えることがあり得ようか。例えば明治時代に、いくつ音を聞き分けていたか御存じか、江戸時代の発音の区別の数を御存じかといわれて、答えることのできる人はないだろう。万一、「毛」と「母」とを書き分けようとしたとしても、それをいかにして多くの単語にきちんと振り当て得ただろうか。モの万葉仮名は、奈良時代には毛・母の他に茂《も》・望《も》・暮《も》・謀《も》・慕《も》・謨《も》・模《も》・梅《も》・悶《も》・墓《も》・莽《も》など多くがあった。それを毛と母とに限定して一つも間違わずにどうして統一的に分属できたろうか。

ここで一つ別の例を出してみよう。「を」と「お」との仮名について、現代仮名遣では「お」一つに統一してしまった。それは発音上「オ」一つだからである。それを昔「を」と「お」とは発音上の区別があったのだと現在の大学生に教えて、次の言葉の「を」と「お」とを昔の音の法則に合致するように使い分けよと命じたとき、大学生はどんな規準によって次の単語のどれを「を」とし、どれを「お」ときめるだろうか。

織《お》る　折《を》る　居《を》る　押《お》す　惜《を》しむ　威《おど》す　幼《をさな》し　治《をさ》む　藪《おどろ》　斧《をの》　男子《をのこ》　男《をとこ》

現在の大学生がこれらの単語を「お」と「を」とに整合的に書き分け得ないことは明白である。これと、弘仁時代の人々が、「毛」と「母」とを書き分け得ないのとは、同断なのである。

大体、平安時代はじめの『日本霊異記』あるいは『琴歌譜』『高橋氏文』等の万葉仮名には全体として奈良時代の八十七の音の区別が無い。中にコ・ゴの甲類乙類の区別を保つ程度である。当時の文献で古事記のように八十八の音節の区別を明確に示すものは皆無である。古い資料を使って編集した場合には文字面に古い姿を残しはするが、その場合でも、誤っていくつかの例外を持ち込んでしまう。その例としては住吉神社の『神代記』がある。これは「天平」という年号を末尾に書いた文書で、内容は日本書紀などから関係ある箇所を寄せ集めて編集したものである。ところがその中に点々と甲類乙類の違例が発見され、万葉仮名を見馴れた目にはそれが平安時代に入ってからの偽作であることが手にとるように見える。違例が現われるのが自然なのである。こうした観点から見て、万葉仮名の使用上、万葉集よりもさらに古い姿を示し、かつ一つも例外のない古事記の本文の編集の時期を、弘仁時代まで引き下げることはできない。序文は別にして古事記本文の偽書説つまり本文が平安時代に編集されたとする説は万葉仮名使用の上から成立し得ない。

日本書紀の成立

日本の修史事業は、すでに推古天皇の時代に行われた。しかしその成果は今日に伝わっていない。その後、天武十年（六八一）に、天皇の命によって川島皇子以下十二人が任じられて、帝紀と上古の諸事を記すことになった記録がある。かくて日本書紀が養老四年（七二〇）に成立した。帝紀とは帝王の日継であり、天皇家の系図である。上古の諸事とは、古代の歴史ということであろう。古代の社会では血筋を明らかに示すことは極めて重要なことであったし、天皇家としては日本国を王として統治する由来を明らかにすることが必要だった。

古事記は、先に述べたように、諸種の記録を統合して一つの筋にまとめ上げようとした作品だったが、古事記の文章の特徴は日本語として訓読できるようにするという一つ基本方針を守っていることである。その方針の具体化として字音仮名を、一音について一字で統一しようと努力している。また訓として使った文字も、一字についてなるべく一訓とする原則を立てていた。実際にはそれで貫くことは不可能であったとしても、古事記には訓み下して日本語となるようにとの配慮が厚い。そうした特徴を持つ古事記は量において小さいものであり、細部にわたる記述では、全く日本書紀に及ぶものではなかった。

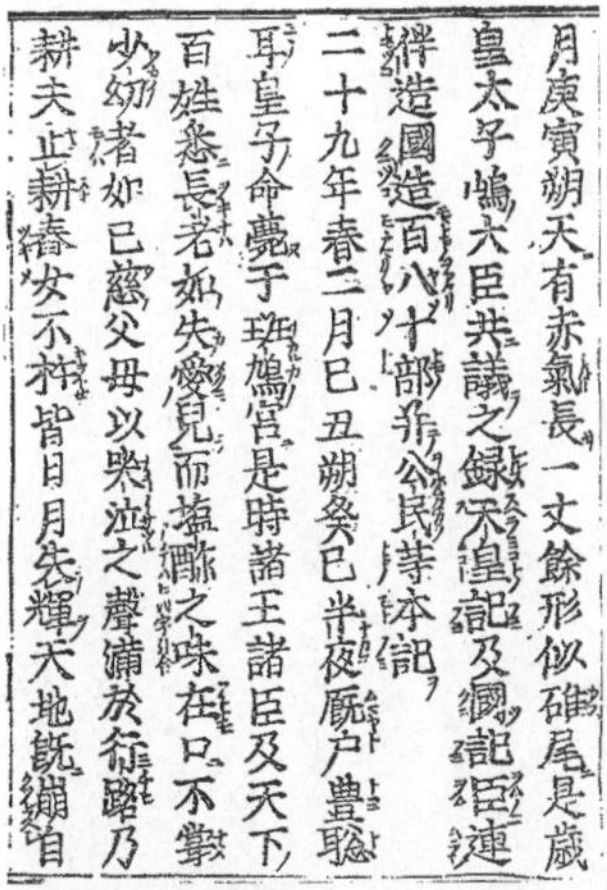
月庚寅朔天有赤氣長一丈餘形似雉尾是歳
皇太子嶋大臣共議之錄天皇記及國記臣連
伴造國造百八十部并公民等本記
二十九年春二月己丑朔癸巳半夜厩戸豊聰
耳皇子命薨于斑鳩宮是時諸王諸臣及天下
百姓悉長老如失愛兒而鹽酢之味在口不嘗
少幼者如亡慈父母以哭泣之聲滿於行路乃
耕夫止耜舂女不杵皆曰日月失輝天地既崩

推古朝の国史の編纂を記述する
日本書紀の記事

日本書紀の編修は、日本の正史として、中国に対しても、堂々とこれを示すことができるような漢文体の史書にしたいとの意向に貫かれている。書紀は、方針としてそれ以前にあった資料・文献を丁寧に取扱い、ことに神話の部分については、正文として立てた内容と異なる伝承を多く参照し、かつ異伝はそれぞれ併せ掲げる方針を取っている。それ以後の部分でも、内容に疑義ある場合などは、異本を詳細に掲げている。

書紀は、歴代の天皇の名、皇居のありか、后妃、皇子、皇女の名、御陵の所在地などを挙げ、政治上の重要な事項を記述するという方針をとっている。しかも今日我々の考える政治上の記録だけでなく、天皇及びその周辺の人々の歌謡などまで収めてある。そのためには、その頃諸家の保有していたさまざまの記録を参考にしている。また各地の伝承や、政府自身が保存していた記録を使い、個人の手記から、外国の歴史書、たとえば『百済記』『百済新撰』『百済本紀』などまで利用している。その結果、内容の豊富さにおいて日本書紀は、はるかに古事記をしのいでいる。それにもかかわらず古事記が今日世間で重んじられるのは、全く本居宣長の『古事記伝』の精細な研究の結果によるのである。それに較べて日本書紀については、その漢文の文章の訓読の研究が遅れており、一般の読者に理解しにくい所が多くある。

『藝文類聚』の利用

先に述べたように古事記と日本書紀との根本的な相違点は、書紀が漢文で書くことを基本にしているところにある。ところが歴史を漢文で書く場合、それまでに著わされた古典のすぐれた文章を取り込み、もって自己の文章の彩《あや》とする中国の歴史書の習慣があった。

日本書紀もまたそれにならった。ことに古い資料の少ない場合には、漢籍の文章をかなり多く取り入れた。参考にされた漢籍は、『漢書』『後漢書』『三国志（魏志と呉志）』『文選』『金光明最勝王経』などが中心である。本居宣長は漢籍による文飾を、その思想上の立場から漢心《からごころ》による虚飾と批評し排斥した。しかし当時の文章技術としてはそうした文飾はむしろ当然のものだった。その利用ぶりを見るために極めて顕著な二、三の例を引いてみよう。[*47]

漢書旧文　①多有古字　②解説之後　③屢経遷易　④後人習読　⑤以意刊改　⑥伝写既多　弥更浅俗　⑦今則曲覈古本　⑧帰其真正　⑨一往難識者　皆従而釈之……⑩遂致舛雑　⑪前後失次上下乖方　⑫昭穆参差（『漢書』叙例）

帝王本紀　①多有古字　②撰集之人　③屢経遷易　④後人習読　⑤以意刊改　⑥伝写既多　⑩遂致舛雑　⑪前後失次　⑫兄弟参差　⑦今則考覈古今　⑧帰其真正　⑨一往難識者　且依一撰而註詳其異（欽明紀二年）

（帝王本紀に、多《さは》に古き字ども有りて撰び集《さだ》むる人、屢《しばしば》遷り易《か》はることを経たり。後人習ひ読むとき、意を以て刊《けづ》り改む。伝へ写すこと既に多《さは》にして、遂に舛《たが》ひ雑《まよ》ふことを致す。前後次《ついで》を失ひて兄弟参差《かたたがひ》なり。今則ち古今を考へ覈《あなぐ》りて其の真正に帰す。一往《ひとたび》識り難きをば且《しばら》く一つに依りて撰びて、其の異《け》なることを註詳《しる》す。他も皆此に効《なら》へ）

これを見れば欽明紀二年の記事が、いかに漢書をそのままはめ込んで使ったかが明白である。また、顕宗紀には次のように『礼記《らいき》』の文章によるものがある。しかし実は、この顕宗紀の文章は『礼記』そのものの文章とは語句の上で多少の相違がある。そして全く一致するのはむしろ『藝文類聚』の文である。『藝文類聚』とは、唐以前の代表的な佳句、名文の詞華を集めて分類した百巻の書であり、漢文表現のための簡便な参考書である。それが当時すでに日本に到来していた。日本書紀はそれを有効に利用した。

吾聞 ①父之讎不二与共戴一レ天 ②兄弟之讎
不レ反レ兵 ③交遊之讎不レ同レ国 夫匹夫
之子 ④居二父母之讎一 寝レ苫枕レ干不レ
仕不レ与二共国一 （顕宗紀二年）

礼記曰 ①父母之讎 不二与共戴一レ天 ②兄弟
之讎不レ反レ兵 ③交遊之讎 不レ同レ国
④居二父母之讎一 寝レ苫枕レ干不レ仕 不レ
与二共国一 （『藝文類聚』人部）

『藝文類聚』に「不与共国」とあるところは、『礼記』の原文には「弗与共天下也」とあって、少し違う。ところが顕宗紀の本文は『藝文類聚』に全く一致する。だから日本書紀の筆者は、『礼記』の原文によってここを文飾したのではなく、『藝文類聚』を使ってここを仕上げたのである。

こうした『藝文類聚』の利用の箇所は極めて多い。つまり書紀の編者は、中国の古典を取り込む際に『藝文類聚』という安直《あんちょこ》を使っていたわけである。

しかし、日本書紀が、これら漢籍にもっぱらたよって漢文を綴り合わせ、内容まで造り上げたと見るならば、それは誤りである。たとえば日本書紀巻頭の天地創造の神話についても、文章の辞句は『三五歴記』とか『淮南子』とかに確かに見出される。しかし、それは単に字句を取り入れたにすぎず、それらの書で語られている天地創造の趣旨・内容をそのまま受け入れて記述しているのではない。天地創造の神話について、書紀の正文、一書、あるいは古事記などを分析すると、それらに共通する日本の天地創造神話が見出される。その日本の伝承に合致する範囲内で『淮南子』などの文章の語句をつなぎ合わせて書紀の本文は書き上げてある。だから『漢書』『後漢書』などの史書、『金光明最勝王経』などの仏典の語句は、書紀の中に使われてはいるが、それらが内容の本体をなしているのではない。日本国内には当時すでに相当多量の記録があって、日本書紀はそれを資料として使って日本の歴史を編修した。

渡来漢人の役割

ただ、文章全体を完成させる上で、おそらく当時日本にいた渡来人たち、殊に長安の言語を知っている漢人が日本書紀の編修にかなり深く関与していたことはあると思う。それは、書紀の助辞の用法、あるいは使っている漢字の字音の点から指摘できる。つまり、その頃の長安の都で使われていたような俗語の助辞が神代巻などに散見するのは、よほど新しい中国語に精通していないと不可能なことである。

また日本書紀の万葉仮名は、その頃の長安の新しい発音をかなり精しく反映している。これも都のあった北方の中国語によく通じていてはじめて可能なことである。たとえば、オの音を表わすのに、古事記では「意《オ》」という万葉仮名を使った。しかし、日本書紀には「意《オ》」の仮名は、ただ一度、古い記録を引用したと思われる所にあるだけで、普通には「於《オ》」「飫《オ》」などを使っている。本来「意」の字が、日本語のオ（ö）に当てて使いうる音だったのは、中国では上古音の時代のことだった。だからそれは推古遺文や古事記には「意《オ》」として使われた。しかし、日本書紀は、唐の都、長安で使われていた中古音を使って書く主義である。「意」の字は長安の音ではイに当る音に変化していた。だから原資料に「意《オ》」とあっても、書紀ではそれをそのまま書かず、それを「於《オ》」とか「飫《オ》」とか、中古音で、日本語の（ö）に当る音を持つ字に取りかえている。

「其《ゴ》」「碁《ゴ》」というゴ乙類の万葉仮名も、古事記、万葉集には例が多い。しかし、これらの漢字が日本語のゴ乙類（gö）に当る音だったのは上古音の体系の中でのことだった。だから日本書紀には、これらの字をゴ乙類（gö）に当てた例は一つもない。別の「馭《ゴ》」「御《ゴ》」「語《ゴ》」が使ってある。なぜなら「其」「碁」は、中国の中古音ではギ（gï）の音に移ってしまったので、日本書紀では、「馭《ゴ》」「御《ゴ》」など、中古音で確かにゴ（gö）の音に当る字に取りかえて書いたのである。

また古事記でゲ乙類（gë）にあてた「宜」は、日本書紀には万葉仮名として一例も使われていない。というのは、「宜」は、中国の上古音から中古音への時期に、ŋïăr→ŋïe→ŋïï と音が変化した字なので、ŋïe の段階で、ゲ乙類の万葉仮名として古事記に使われたけれども、中古音ではギ乙類相当の音に移ったので、日本書紀では、ゲ乙類なのかギ乙類なのか見分け難かろうとの配慮によって、「宜」を仮名として使うことを避けたものに相違ない。

最も著しい例は「蟻」「儀」の使い方である。それらはŋïe の段階ならばゲ乙類（gë）に当てられ、ŋiï の段階ならばギ乙類に使われるはずの字である。ところが長安などの中古音になると、ŋiï と ŋiï との区別が明確を欠いてきた。つまりギ乙類に相当した字がギ甲類に当るように発音が変化しつつあった。それ故、長安の音に依ろうとした日本書紀では、「儀」などをギ甲類として使っている。こうしたことは、日本書紀の万葉仮名の筆者が、長安での最も新しい音韻の変化を敏感にとらえていた人だったことを示している。この新しい音を、勅命による編集である日本書紀に持ち込めたのは、権威を持って音博士として長安の音を日本人に教える役目にあった中国人にしてはじめて可能なことであったろうと思われる。つまり日本書紀の仕上げには中国人も深く関与しているに相違ないと私は考えている。

日本書紀訓読の努力

なお、古事記については、本居宣長の努力によって、それが日本語としてすべて訓読されるべきものと江戸時代から考えられ、『古訓古事記』以来、いくつかの読み方が提出されている。日本書紀は、本来は中国に対する日本の正史という意識によって編修されたに相違ないが、完成してしまうと、これも日本の歴史として、ヤマトコトバで訓読しようとしたらしい。完成の翌年、養老五年（七二一）には、その講書が行われている。その養老五年の講書の内容は部分的にしか伝えられていないが、日本書紀の古写本に、しばしば「養老」とか「養老五年」とかの注記のもとに書き込まれている訓読の記録がある。その記録によれば、全文を和語で訓読しようとしたらしいが、不自然な訳語も見えないではない。それはともかくとしてその訓読のうち、万葉仮名で書いてある部分では、いわゆる甲類乙類の区別がほぼ正確に守られている。ということはその万葉仮名が奈良時代の成立だということを意味する。つまり、養老五年、日本書紀完成の翌年から、その講書（訓み下しと部分的な解説）とが実行されていた。その時の書き込みなどの記録が今日まで写し伝えられているのである。その日本書紀の訓読の仕方を見ると、当時の漢籍や仏典の訓読と異なっていた点が少なくない。その一つは、漢籍や仏典の訓読では、多くの漢語をそのまま字音で訓んだに対し、日本書紀では漢文の文飾によるところを含めて全部を和語として訓み下そうとしていることである。

このように奈良時代には、日本語を文字で書いてそのままヤマトコトバで読めるようにしたいと願う歴史（例えば古事記）と、中国に示しても恥かしくない漢文の詳細な歴史とが並んで成立した。そして日本書紀も成立した上では、やはりヤマトコトバで訓読しようという努力が直ちに始められたのだった。そこには、漢字による文章でも、それを日本語として読み通せるようでありたいという、当時の人々の熱い希望が脈うっている。そうした気持から、日本書紀の訓読だけでなく、漢文一般の訓読が、やがて工夫された。その次第については、先で述べる機会があるはずである。

第九章　ウタを記録する

ウタフとはどんなことか

日本語のウタフにあたる言葉は英語では sing ドイツ語では singen だが、それをインド・ヨーロッパ語の基語にまでさかのぼると、ギリシャ語の「声」という単語と関係があるという。してみると、sing や singen は肉声によって発せられるという点に基本的な命名の由来があったのかもしれない。フランス語の chanter はラテン語の canere にさかのぼり、一声鳴くというところから発しているという。

ひるがえって漢字を見ると、「詠」は、「言《こゑ》」を「永」く引く意をあらわすし、「謡」は「言《こゑ》」を細長く伸ばす意であるという。また、「歌」は「可」を二つ重ねて「欠」と合わせた字で、「可」とは本来、「型《かぎがた》」曲折する意であり、「欠」は口を大きく開く意であるという説がある。してみると、「歌」とは、口を大きく開いて、声に曲折をつけるという意味を表わしていたと推定される。中国語には、いま一つ「詩」という字がある。「詩《し》」は「志《し》」と相通じる言葉である。それは「士」を共通に持つことで示されており、「士」は

「之」の変形で、前方に進む意をあらわす。つまりいずれも「之《ゆく》」という意味を持ち、心が進んで「之《ゆ》」くのは「志」であり、言葉にそれが発せられて「之《ゆ》」くのが「詩」であるという。

このように漢語では、声を長く伸ばすという観点、声を曲折させるという観点、心に湧くことをずんずんと表現するという観点、それらによって「詠」「謡」「歌」「詩」のような言葉が作られている。これらの漢字をみな日本語ではウタフと読んだが、日本語のウタフは果してどのような命名の由来を持つものだろうか。

ウタフには従来一つの有力な見解があった。それは、歌を歌う時には手拍子をうつ。だからウタとは「打つ」の名詞形なのだという見解である。「築《つ》く」ものであるから「塚《つか》」。ナフものであるから「縄《なは》」という名詞形が作られたように、「打つ」からウタ（歌）が誕生し、そこからウタフが作られたという。しかし私は、これに疑問を持つ。それは、ウタ（歌）とウツ（打）とでは、平安時代において第一アクセントの高さが相違し、アクセントの型も全くちがう。そうした言葉が同じ源から出たと見ることは平安時代のアクセントと語源との関係についての一般的な原則にははずれる。それに、声を出す、声を長く引く、声に曲折をつけて発するという点に命名の手懸りを求めることは、sing や chanter あるいは「詠」や「謡」や「歌」のように多くの言語に例があるが、「手を打つ」ところに「ウタ」の命名の根拠が求められた類例は見当らない。

日本語のウタの由来

私は別のところに日本語のウタフの命名の由来があるように思う。それは日本語の語根の分析の結果得た考えである。ウタフと語根を同じくする言葉に、ウタタ、ウタテ、ウタガフなどがある。ウタテは、ウタタからの転化であり、ウタタはウタウタと、ウタを繰返した言葉である。これは古事記や万葉集にすでにウタテの形で見えていて、万葉集のウタテは「恋しい」「逢いたい」「やさしくしてもらいたい」「娘に気がひかれる」など、みな、自分の気持が一つの方向にずんずん進んで、手がつけられない状態を表わす言葉である。こうした自分の気持を表現するところから広がり、平安時代になると、ウタテは、客観的な事態についても使われ、事態がいよいよ激しくつのって行くのを仕方なく傍観し不快に思う意を表わすが、ウタテの古い根本の意味は、「自分自身の気持がどんどん進む」ことをいう。

ウタテと共通の語根を持つウタガフは、一つの既成の事態があるのに対して、それを信ぜず、それに対して自分自身の考えや気持を積極的にさしはさんで行くことである。またウタガフの古い使い方には「言い訳をする」という場合もある。言い訳とは、すでに生じた事態に対して自分の以前からの用意、相手の知らない事情などを明らかにしようと述べ立てることである。つまりウタガフという言葉には自分自身の気持を進んで介入させるという根本の意味がある。したがってウタガフは「ウタ」と「カフ（交フ）」との複合語で、

「ウタ」（進んでゆく自分の気持）を事態に対して「交フ」（ぶっちがえにあてる）というのがその語源と考えられる。

こう見ると、ウタフとは、心に湧きあがってくる想念を、そのままどんどん言葉に表わすことだったと考えられる。それならば、これは漢語の「詩」と同じ命名の由来を持つ言葉である。心に湧いて来て、止めようもないこと、それを表わすウタがそのまま名詞として固定されたとき、それが「歌《うた》」となったのではないか。ウタとは本来的にはそういう意味と考えられるということをまず記しておきたい。

掛け合いとしてのウタ

さて、文字の無かった時代のウタは、肉声によって歌われた。それは、個人と個人との交渉においても歌われたし、多くの人々が集合した場において——神々の前で、祈りの場で、また豊作の予祝の交歓の場で、あるいは宴楽の場で——歌われた。その時代のウタは、今日の歌のように、まず文字に書きとめられるというものではなかった。

会話として交わされる言葉が、そのままウタである。最も簡単な例はイザナキとイザナミとの呼び合いの場で見られる。

あなにやし　え《愛》をとこ《男》を（ああ　いい男よ）
あなにやし　え《愛》をとめ《少女》を（ああ　いい女よ）

こうした対話の形のウタは記紀の歌謡には多く、万葉集にも数多くあるが、ことに対話が形式的に固定して、労働の場などで掛け合いで歌われる形もあった。

息《いき》の緒《を》に　我は思へど　人目多みこそ
吹く風に　あらばしばしば　逢ふべきものを（巻十一、二三五九）
（〔アナタヲ〕命の綱と思うけれど、人目が多くてお逢いできない）
（もし、吹く風だったなら、しばしばお逢いできるのに）

この歌は旋頭歌《せどうか》と名づけられた万葉集中の一体で、五七七、五七七という音数律を持つ。これは実は右のように二つに分離される歌である。これは労働をしながら右側の列がはじめの五七七を歌う。ついで左側の列が次の五七七を歌いつぐ。そして右、左、右、左と繰返して同じ歌詞を歌ったものに相違ない。右の列と左の列とは、逢えない恋の苦しさを歌い合って行くうちに、共同体に生きる親睦の感情を相互に滲透させて行ったことだろう。

ウタと呪言

歌はこうした労働・作業の場で歌われたが、それと並んで神前の集会で歌われることも多かった。例えば、新しい家屋の完成には、琴をひいて神を上界から降下させたうえで、室寿《むろほき》の言葉が述べられた。それは新しい家屋をほめたたえることによって、その新室《にいむろ》が永く、しっかりと保たれることを求める呪言《じゅごん》である。

築《つ》き立つる稚室《わかむろ》の葛《くず》の根、築き立つる柱は、此の家の長《をさ》の、御《み》心《こころ》の鎮めそ。取り挙ぐる棟梁《むねうつはり》は、此の家の長《をさ》の、御心の林《はやし》そ。……取り葺《ふ》ける草葉《かや》は、此の家の長《をさ》の、

沖縄・久高島の祝女（のろ）による神事

御富の余りそ。出雲《いづも》田《だ》は新墾《にひはり》、新墾の十握稲《とつかしね》を、浅ら甕《け》に醸《か》める大御酒《おほみき》、美《うま》らにを飲喫《やらふ》るかわ。わが子ども……（顕宗紀即位前紀）

（新築の家の葛根や柱は、この家の家長の心をささえる中心となるものである。高く張った棟や梁は、この家の家長の心を元気づけるものである。……出雲田の新しく切り開いた田から得た長い穂の稲で作った酒を、盃についでおいしくいただくことだ。わが子どもよ……）

これは家屋の永い保全と、食糧の豊かな収穫とを、新築の家に言葉で語りかけることによって、それが現実の事実として出現することを求める呪言であり、歌である。こうした呪言は、「家ほめの言葉」といわれている。ここにあげた有名な「室寿きの詞」は、家ほめの呪言が、歌の言葉と同居している例であり、呪言と歌とが、本来分ちがたく作用していたことを示している。家をほめることによってそれが現実となるとするのは、コト（言）はコト（事）と一致するという、コトダマ（言霊）がその頃、しっかりと信仰されていたからである。

「言霊のさきはふ国」

わが国は「言霊《ことだま》のさきはふ国」であるという。それは万葉集に歌われたところで、当時の人々は、その信仰をあつく持っていた。しかし、コト（言）がコト（事）と一致する、つまり物の名は、その物自体であり、言葉に出したところは現実に実現するという信仰は、実は日本だけに見られた信仰ではなく、未開社会——文字が使われず、人々が肉声だけによって言語を交わしている社会——には広く見られるものである。

北アメリカのインディアンは自分の名を、眼とか歯のような彼自身の体の特殊な部分と同じように扱っている。彼らは、人の名の悪しき取扱いはその人の肉体に加えられた危害と同じで、確実に肉体に災害をもたらすと信じている。

また、死者の名を口にするのを避ける風習は、多くの未開民族の間で厳格に守られている。死者の名を呼べば、それは死霊を呼び起こし、死霊をその場に出現させることになるからである。その恐怖から、人々は死者の名を口にすることを避ける。日本にも「イミナ」という単語があり、その人の生前の実名を、死後「イミナ」という。イムは口にすることや触れることを禁じることで、「イミナ」は、呼んではならない名という意味であった。「イミナ」という言葉の存在によって、死後その人の実名を呼んではならぬという習慣が日本にも存在したことが知られる。

イミ言葉と言語変化

イミナの場合は個人の名を呼ぶのを忌むのであるが、その適用範囲が拡大されると、言葉の歴史の上にもさまざまの影響が生じる。例えばオーストラリヤの土着民の間では、子供の名を自然物にちなんでつけるが、その子供が死ぬと、その子の名は呼べない。そこでそれに代る何か新しい語が創られなければならない。例えば「火」を意味する「カルラ」という人が死ねば、火を表わすにはカルラ以外の別の語が取り入れられ、作り出されなければならなかった。その結果、単語は常に変化して行くことになると報告されている。パラグヮイのアビポネ族の間では、死者の名に似かよった語は残らず廃止され、代りの語が新造されたという。こういう社会では単語の永続性は到底望むことはできない。

このように、人間の名前は人間の実体と密接していたのだが、単に人名に関してだけではなく、言葉はすなわち実体・事実として受け取られた。ニューブリテン島のスルカ族は、敵のガクティ族の領土に近づく場合には、敵を「オ・ラプ・レェク」すなわち「朽ちた丸太」と呼んだ。その名を呼べば、怖るべき敵の四肢は丸太のように重く不自由になるとスルカ族は考えている。このように、未開な人たち――文字を知らない人たちが言語に対して抱く見解によれば、例えば不自由を象徴する言葉を口にするだけで、遠方にいる敵の四肢に不自由をもたらし得る。つまり言葉は事実となる。だから、家を安泰であるとほめれ

ニューブリテン島の原住民

ば家は永く安泰安全であり、国をほめれば、国は豊穣になる。先にあげてその訓と解釈とに新しい考えを述べた万葉集の歌も国ほめの歌に属する。

大和には　群山ありと　取りよろふ　天の香具山　登り立ち　国見をすれば　国原は　煙立ち立つ　海原は　かまめ立ち立つ　うまし国そ　あきづ島　大和の国は（万葉集、巻一、二）

つまり国原に食物を炊く煙が立ち、沼にはカマメが飛び立つとは安泰平和の象徴であり、それを以てヤマトの国はよい国だとほめたたえることによって、それが現実となる。

集団で歌うウタ

こうした信仰を日本では「言霊《ことだま》」と呼んだ。だから歌は戦いの場では単に士気を鼓舞するだけでなく、味方の勝利を確実にするものであった。

……みつみつし　久米の子が
頭椎《くぶつつ》い　石椎《いしつつ》い持ち　撃ちてし止まむ

みつみつし　久米の子らが
頭椎い　石椎い持ち　今撃たば良らし（古事記神武）

こうした「言霊」の信仰によって歌われた歌と並んで次第に個人個人の感情を、個性的に表現する歌も発達して来た。しかしそれも、やはり集団に共通な感情、観念、あるいは悲傷を歌いあげることから発展したのである。例えば、多くの舎人《とねり》たちが柱とも頼み、永久の栄光の象徴と信じていた主君の死に際して、限りない愛惜と悲しみと不安とを表明する歌が人々の集まった殯宮《あらきのみや》の場で歌われた。その歌詞は、あたかも神に言上する祝詞のような荘重さで歌い出されることも多かった。

かけまくも　ゆゆしきかも　言はまくも　あやに畏《かしこ》き　明日香の　真神の原に　久《ひさ》
堅《かた》の　天つ御門を　かしこくも　定めたまひて　神さぶと　岩隠ります　やすみしし
吾《わご》大君の　聞こしめす　背《そ》友《とも》の国の　真木立つ　不破山越えて　こまつるぎ　わざ見
が原の　行宮《かりみや》に　天《あ》降《も》りいまして　天の下　治めたまひ……（万葉集、巻二、一九九）

こうした歌は漢字で日本語を書く習慣が広まりはじめ、貴族・官僚・僧侶が漢字をあやつるようになった後にも長い間、口で歌い出されて、人々に記憶され、口から耳へと伝達された。その伝承がやがて文字に書きとめられることになったのである。

万葉集には、親族の宴会の日に歌ったと注記のある歌、あるいは、死に際して見舞の客に向って涙を拭《のご》い、悲嘆しながら口吟したと記録のある歌（山上憶良の有名な「士《をのこ》やも空しかるべき万代に語りつぐべき名は立てずして」がそれである)、または、宿直にあたる日が多い近習の婢が夫に逢うこと難く、当直の夜夢のうちに夫を見ても現実には夫をさぐり得ず、むせび泣いて高声に吟じたという注のある歌も記録されている(これによって彼女は宿直を免ぜられたという)。[*48]

ウタは朗吟するもの

このように歌が朗吟されるものであったことは、平安時代に入っても変ることがなかった。『堤中納言物語』に次のような話がある。木立の風情ある家から琴の音がほのかに聞こえてくる。その音にひきとどめられ、その家に忍んで入ろうとしたが果せなかった蔵人の少将は、随身の少年に歌わせる。

　ゆきかたも　わするるばかり　あさぼらけ　ひきとどむめる　琴のこゑかな

こうして門の中から誰かが現われるかと待っていたが、人は来ず、少将は残念に思いながら行き過ぎたという。

このように、歌は集団の場で作られ歌われるものであったし、人と人との交際・交渉の道具だった。それは肉声で交換された。

無文字社会の表現技巧

このように、基本的に文字を知らず、肉声だけで言語表現をしていた時代のウタには、どんな表現技巧があったかと考えてみると、その一つに、いわゆる枕詞、序詞という技法がある。

枕詞といえば、「ちはやぶる　神」「あしひきの　山」「くさまくら　旅」などを人は思い浮べるだろう。そして、このチハヤブル、アシヒキノ、クサマクラという固定した表現が、神、山、旅などの上に、無意味に冠せられているのが枕詞だと人は思っているかもしれない。たしかに江戸時代以来の普通の見解では、枕詞とはそういういくつかの固定した表現が、形式的に、無意味に、あるいは精々のところ音調を整えるために、特定の単語の上にかぶせられることを指している。

しかし枕詞とは本来、決してそんなものではなかった。枕詞とは、文字の無い社会で、形容詞の数が少なかった頃、つまり、対象を客観的に精確に描写し記述するよりも、表現にあやを加えて興味をかきたてようとした時代に、工夫され、駆使された技法だった。この枕詞は記紀の歌謡に多数あり、万葉集にも新しい工夫が多く、枕詞の数は四百種に達する。しかし『古今集』の歌になると、枕詞の使用は四十種あまりに激減してしまい、万葉集に見えなかった新しい枕詞は、わずかに五種しかない。平安時代には、枕詞はこのように全体として形式的に使われるだけになった。それは枕詞の時代が去ったことを示している。

何故これほどに枕詞を使う表現法が衰えたのか。私の見るところ枕詞とは、音だけで言語をあやつっていた人々の世界で通用する技法だったからである。『古今集』の時代になると作者の多くが、若い頃から文字になじみ、漢字あるいは仮名を読み書きして育った人だったから、文字無しで育った人々と言語意識が全く違っていた。文字を知る人々は、自分の心を文字に投影して客観的に見る。それは無文字社会の人には全然できなかったことである。文字社会の人間は、客観的精神において一歩前進する。そこでは「枕詞」の技法は無価値に近づいたのである。

枕詞のいろいろ

ともあれ万葉集の歌に使われている枕詞を見よう。

ちちの実の　父の命　ははそばの　母の命（四一六四）
さゆり（百合）花　ゆり（後）も逢はむと（四一一三）
つがの木の　いやつぎつぎ（継々）に（二九）
あしたづ（蘆鶴）の　あなたづたづし（五七五）

これらの——をつけた部分が、‖をつけた語にかかっている。しかしチチノミと父との間には意味上の関係は全く無い。ここにあるのはチチとチチとの同音による装飾である。ハハソバとハハとの関係も全く同じく、植物としてのハハソバは、「母」と何の関係も持っていない。ただ同音のひびきが装飾の役を果している。また、アシタヅのタヅは「鶴」を意味する。それが下のタヅタヅシ（気持が暗くて晴れない）を導いている。ここにも意味上の連関はない。同一のタヅという音声が前駆的に使われることによって装飾の役割を果しているだけである。

これらの表現では、同音の繰返しが、音響の快感として受け取られ、その快感が言葉と言葉との間の意味的連関に優先して扱われている。こうした表現は、漢字を学び、一字一字が、どんな意味を喚起するかに鋭い注意を向けなければならなくなった人間には、もはや、第一義的に重んじられることはなかった。

枕詞にはまた次のようなものがあった。

妹らがり　今来の嶺《みね》に　茂り立つ　妻松の木は（巻九、一七九五）

百足らず　いかだに作り（巻一、五〇）

山川の　清き河内と　御心を　吉野の国の（巻一、三六）

「妹らがり」とは、「妹の許へ」という意味である。だから「今来《いまき》」と続けば、「恋人の家に今着いた」という意味に誰しも取っただろう。そして男が女の家に着いた時の女の出迎える仕草、男の安らぎの気持を人々は思い浮べたに相違ない。ところが「イマキの嶺」と一転して、イマキは固有名詞になる。このよじれにいい一つの転換の面白さを感じるのが、この枕詞の目指す効果である。ここには意味の論理的な進行を重んじるよりも、意味の進行の意外な方向転換を楽しむ気持が優先している。

「百《もも》足らず」とは「百にとどかない」という意味で、「八十」とか「五十」とかの数が予想される。事実、表現は「百足らずイカ（五十）」と展開して来るのだが、その先にダがついてイカダ（筏）となって意味の様相は一変する。その転換を面白いと感じる心がこの表現をささえる。

「御心をヨシ」とは「御心を寄《よ》し」を意味するように見えながら、それはヨシノ（吉野）へと転換し展開する。だからこれらの枕詞の用法は、意味の上で順直に進行して行くように見える表現が途中でよじれ、同音の全く無関係の別の言葉へと展開する面白さをねらっている。

長く遅かった発音

こうした枕詞の類型の存在は次のことを示唆している。つまり、当時のウタは、一音一音の発声が、かなり長く、ゆっくりしていたのだということである。というのはこれらの表現では、

イモラガリ──→（動詞）　今来
　　　　　　　（固有名詞）　今来──→の嶺

という形をなす。「今来」という一語は「今来る」という意味と、地名としてのイマキという意味の二重性が是認されている。このような一語の意味の二重性が、聞き手によって消化され理解されるには、発音が遅くなくてはならない。もし発音が極めて速かったら、それは不可能である。だからその頃の日本語のウタの発声は、あの新春の宮中における歌会始めの朗詠のように、声を長く引いた極めて遅いものであったに相違ない。それによ

ってこそ聞き手が一語に二つの意味を賦与して、上から受けるときの意味と、下へかかるときの意味との相違をたどって行けたのである。

大体、文字の無い社会では、人々は一つの音によって一つの意味だけを思い浮べるというよりも、発声された音の連続を聞き取った受け手は、その音の連続によって思い浮べうるあらゆる意味を頭の中でぐるぐる廻転させていたと見る方がよいと思う。その音連続によって思い合わせうる種々の想念を頭の中で廻らすうちに、これと思う物・事柄に結びつけば、それがその言葉の意味となった。

連想による意味の転換

たとえばヤマトタケルは、草原で敵に火をつけられ、燃え迫って来る草を剣で薙ぎ、危難をまぬかれたという。それ故その剣を「クサナギの剣」というと古事記に書いてある。しかしその剣は、元来、スサノヲが出雲の国の簸《ひ》の河のほとりで、ヤマタノヲロチを斬った時、その尾から得た剣であった。そのヲロチは巨大で凶悪な蛇だった。考えてみれば、クサナギのクサは、クサシ（臭）の語幹である。クサはクソ（糞）と同じ語幹の言葉だから、強烈な悪臭を放つものを意味し、同時に凶悪・獰猛の意を表わした。ナギとは、ナガ（長）と同じ語根の語である。ナギはウナギのナギと同じであり、奄美大島で、オーナギアといえば青大将を意味する。またエラブウナギとは、沖永良部島《おきのえらぶしま》の海蛇をいう。つまりナギとは蛇だった。だから「クサナギの剣」とは本来的には、「獰猛な大蛇の剣」という

エラブウナギの乾燥小屋と海蛇（久高島）

意味だった。それは、この剣の出所を考えてみれば至極当然のことといえる。

ところが、この「クサナギの剣」は伝承されているうちに、クサナギが「草薙」に連想された。すると、これは草を薙いで身の危険を脱するという話と関係づけられてくる。するとそれがヤマトタケルの話と結合した。そしてヤマトタケルが東征のとき、危難に遭い、身の周囲の草をその剣で薙いで身を護ったという説話に結びついた。つまり一つの「クサナギ」という音連続は「獰猛な蛇」という意味でもありうるし、「草薙」という意味も思い浮べられる。このような場合、言葉の意味はどちらへも行きうるのが、文字の無い社会の言語の一つの特性だった。

こうした、意味の二重性が容認される言語社会では、明晰・判明な言葉が交換されるよりも、むしろその意味の二重性の許容を巧みに利用する表現が面白がられた。そこに「妹らがり今来の嶺」「御心を吉野」のような表現が生じて来る状況がある。これは序詞においても同じであり、懸詞《かけことば》の技法もまた同じ原理にもとづいている。

たたえ言と枕詞

なお枕詞については、それのかかる名詞の半分以上が神名、または地名であることが注意される。

うまし　あしかびひこぢの神（古事記神代）
天照らす　ひるめの命《みこと》（万葉集、巻二、一六七）
やすみしし　我ご大君（万葉集、巻一、三六）
くはし戈　千足る国（日本書紀神武）
玉藻よし　讃岐の国（万葉集、巻二、二二〇）
青旗の　木旗（万葉集、巻二、一四八）

これらの枕詞は多く、神をたたえ、国をほめる意識によって使用された言葉である。それは、枕詞がはじめ、神威をかしこみ、国土に賞讃の呪言を与えて豊穣を祈るために使われるものの多かったことを示している。

このように神や国をたたえるところから発して、一般的な形容へと表現が進んで行く。「草枕旅」「千磐破る神」「足ひきの山」などがそれである。「草枕」とは、野宿が原則だった当時の人々には直ちに「旅」を思わせる言葉だった。チハヤブル（千磐破る）といえば、

使節とともに留学生を送る遣唐使船（『東征絵伝』）

当時の人々には威力すさまじい神＝雷を連想させるに十分だった。また「足ひきの」といえば疲れて足がつれることで「山登り」についての、普通の連想だった。だからそれは「山」の形容語として極めて自然だった。このように、形容語と、その対象の間に緊密な結びつきが成立し、やがてそれが固定的な関係として定着した。それがつまり大部分の枕詞のはじまりだった。

文字社会での枕詞の衰亡

このように、文字の無い社会の言語の特性にその基盤を持つのが記紀・万葉集の枕詞だったが、しかし万葉集の時代になると、貴族あるいは官僚は、多く漢文を読み、漢文学に馴染んだ。その顕著な例は、九州の大宰府に勤務していた大伴旅人、山上憶良などの一団の人たちである。

大伴旅人たちは九州という都を離れた土地にいて、九州歌壇ともいうべき社交圏を形成し、その中で中国の風流を真似た。彼らは風雅の士の交流に倣い、神仙の世界に遊ぶことを想定して歌を作った。山上憶良は直接中国に留学した人であったから、中国の都市の壮麗さ、制度文物の充実ぶりを目のあたりにしていた。だから、中国の風流を好み、それの日本版を作ろうとしたことも自然と言える。その先導をしたのが名門の貴公子、大伴旅人で、この人たちは漢字・漢文を心をこめて学習していた。

柿本人麿なども直接中国を知っていたはずはない。しかし、人麿の歌の中にも、人麿が漢文を読むことによって獲得しただろうと思われる表現が少なくない。例えば、

……大御身に大刀取り帯ばし　大御手に弓取り持たし　御軍士《みいくさ》をあどもひ給ひ　斉《ととの》ふる鼓の音は　雷《いかづち》の声《おと》と聞くまで　吹き響《な》せる小角《くだ》の音も　敵《あた》見たる虎か吼《ほ》ゆると　諸人《もろひと》のおびゆるまでに　捧げたる旗の靡《なび》きは　冬ごもり春さり来れば　野ごとに着きてある火の　風の共《むた》靡くがごとく　取り持たる弓弭《ゆはず》の騒《さわ》き　み雪降る冬の林に　飄風《つむじ》かもい巻き渡ると　思ふまで聞きの恐《かしこ》く　引き放つ矢の繁けく　大雪の乱れて来《きた》れ……（万葉集、巻二、一九九）

漢詩漢文とウタの発想

この緊迫した表現の背後に、『文選』などの表現の影を見ないわけにはいかないだろう。

万葉集の中に「柿本人麿歌集」と出典の記されている歌の中には、

光儀《すがた》　率尓《いさめに》　天漢《あまのかは》　金風《あきかぜ》　海若《わたつみ》

など、『文選』に見られる特殊な用字が少なくない。これは漢文に馴染んだ人だけに可能

な文字表記である。このようにすでに万葉集の代表的な歌人である柿本人麿において、漢文学から語詞を取り入れて歌を作った例がある。日本の文学が絶えず大陸からの刺激によって展開して来たこと。新しい手法、新しい発想、新しい課題が海外から輸入され、それによって新風が吹き起こること。それは、日本文学の歴史において何回か繰返されて来た類型的現象の一つである。たとえば『古今集』の表現も中国の唐代の新しい詩の影響を色濃く受けたし、明治時代の島崎藤村の『若菜集』もヨーロッパの詩を取り入れて成った。そうしたことは、すでに七世紀から八世紀にかけての万葉時代の文学でも同様だった。

　はじめから文字で育った人々の間では、枕詞の技法が衰えて行ったことはすでに述べたが、中国の詩は個々の語句の上で万葉集の歌に影響を与えただけではない。それは和歌の成立そのものあるいは用字法の上に大きな影を落している。

変字法

その一例としてまず変字《かえじ》法《ほう》のことをあげてみよう。変字法とは次のようなことを指している。継体紀二十四年に次の歌がある。

　枕方《ひらかた》ゆ　笛吹き上る　近江のや　毛野《けな》の若子《わくご》い　笛吹き上る

この第二句と第五句とは全く同じ言葉で成っている。ところが、書紀の原文には、

輔曳輔枳能朋楼《ふえ・きのぼる》（第二句）

輔曳符枳能朋楼《ふえ・きのぼる》（第五句）

とある。第二句と第五句との表記に使われた文字はほとんど同一だが、第三字目だけが「輔」と「符」とで相違している。何故このような書き方をしたのか。これについての類例を求めると、中国の詩に、同じような事実がある。その一例を示してみよう。

維鵲有レ巣維鳩居レ之　之子于帰百両御之
維鵲有レ巣維鳩方レ之　之子于帰百両将之
維鵲有レ巣維鳩盈レ之　之子于帰百両成之（『毛詩』国風）

（かささぎが巣をつくれば鳩はそこに居る。この子がここに嫁《とつ》ぐならば、良人は百車をもってそれを迎える）

（かささぎが巣をつくれば鳩はそこに向う。この子がここに嫁ぐならば、家人は百車をもってそれを送る）

（かささぎが巣をつくれば鳩はそこに伴って行く。この子がここに嫁ぐならば、百車をもって婚礼をする）

この詩では各行の前半では「居」「方」「盈」だけが相違し、後半では「御」「将」「成」だけが相違している。これを先の「輔」と「符」との相違に比較すると、一句の中の一字だけ違っているという点では酷似している。しかし、『毛詩』の場合には、文字の相違はすなわち単語の相違であり、意味と発音との相違である。

この『毛詩』国風の場合には、全体としては同じ語句を繰返しながら一つの大切な語を変えることによって、各句の諧調と意味とに変化をもたせている。そこに、この詩の趣向がある。ところが、さきの日本書紀の歌では、文字の変化の仕方だけはこの『毛詩』と同じに見えるが、「輔」と「符」とは等しく「笛《ふえ》」という語のフにあたる音を表わすだけで意味上何の変化もない。これは、『毛詩』の表現技法を、全く表記の面だけで模倣したものである。この種の手法による表記の例は相当数存在しているから、右の例は偶発的なものではなく、その手法が一つの文字使用上の技法として認められていたものと思われる。

万葉集の変字法

また、変字法には次のような例もある。たとえば「心」を意味するココロという単語の表記として、万葉集には次の例がある。

許己呂	三七例
己許呂	一七例
許ゝ呂	四例
己ゝ呂	一例
去ゝ里	一例

右のうち己ゝ呂、去ゝ里は防人歌にだけあり、許ゝ呂は三例までが巻五にある。防人歌や巻五には、同音が二つ連続するときには躍り字「ゝ」を使う顕著な傾向があるから、そこを一応別にすると、他の大部分は「己許呂」「許己呂」のように、同じコの音の繰返し

には同じ字を繰返さず、「己許」「許己」と字を変えていることが分る。これは、偶然ではなく同一字は繰返すまいとしているのである。別の例では、ホトトギスという鳥の名の表記も、次の通りである。

保等藝須　二六例
保等登藝須　二三例
保等登伎須　二例
保登等伎須　一例
保等得藝須　一例
富等登藝須　一例

つまりトトという同音の繰返しに対して、「等登」「登等」「等得」という表記だけがあって、同じ字を繰返した例はない。ではこうした表記法が何故行われたのか。

当時の中国の詩法として、同一の語《ことば》は連続して使わないという当然の心得があった。それは、書かれた結果だけを見れば、和歌の表記であるにかかわらず、ココロ、ホトトギスのように同音の連続において、二字同じ字を繰返さないということになる。この手法を機械的に見習えば、同一の字を二字連続しては使わないということである。

これは単に右のような一字一音の字音仮名の表記において見られるだけでなく、訓仮名を含む場合にも極めて細心に遵守されている。例えば、ナラノミヤコという言葉を訓み込んだ歌が三首連続している場合に次の事実がある。[*49]

傷二惜寧楽京荒墟一作歌三首

紅《くれなゐ》尓《に》　深《ふかく》染西《しみにし》　情《こころ》可母《かも》　寧楽乃京師尓《に》　年之《としの》歴去《へぬ》倍吉《べき》（巻六、一〇四四）

世間乎《よのなかを》　常無物跡《つねなきものと》　今曽《いまぞ》知《しる》　平城京師之《の》　移徙《うつろふ》見者《みれば》（巻六、一〇四五）

石綱乃《いはつなの》　又《また》変若《を》反《ちかへり》　青丹《あをに》吉《よし》　奈良乃都乎《を》　又将見《またみなむ》鴨《かも》（巻六、一〇四六）

つまりこの連作において繰返されるナラノミヤコという言葉は、字音仮名と訓仮名とで字を変えて「寧楽乃京師」「平城京師」「奈良乃都」と書かれている。これは先の「輔」と「符」との変字法と同じ趣旨である。また次のような例もある。

ここでは助詞の「ハ」を三様に書き分け、助詞の「ニ」をやはり三種の仮名で書いている。

恋《こひ》者今《いま》葉　不有《あらじ》常《と》吾《われ》羽　念乎《おもへるを》　何処恋其《いづくのこひぞ》　附見《つかみ》繋有《かかれる》（巻四、六九五）

軽池之《かるのいけの》　汭廻《うらみ》往転留《ゆきみる》　鴨尚《かもすら》尓　玉藻《たまも》乃《の》於《うへ》丹　独宿《ひとりね》名久《なく》二（巻三、三九〇）

これは短歌に見られるだけでなく、長歌にも極めて複雑な形で実行されている。

冬木成《ふゆこもり》　春去来者《はるさりくれば》　不喧（なか）有之《ざりし》　鳥毛来《とりもき》鳴（なき）奴《ぬ》　不開（さか）有之《ざりし》　花毛《はなも》佐家（さけ）礼抒《れど》　山乎《やまを》茂《しげみ》　入《いり》而毛（ても）不取《ず》（とら）　草深《くさふかみ》　執（とり）　手母（ても）不《み》見《ず》　秋山乃《あきやまの》　木葉《このは》乎《を》見而者《みては》　黄葉乎《もみちを》婆（ば）　取而《とりて》曽《そ》思努布《しのふ》　青乎《あおきを》者（ば）　置而《おきて》曽《そ》歎《なげ》久《く》　曽許之《そこし》恨之《うらめし》　秋山吾者《あきやまわれは》（巻一、一六）

ここには、「喧《なか》・鳴《なき》」「開《さか》・佐《さ》家《け》」「而《て》毛《も》・手《て》母《も》」「取《とら》・執《とり》」「婆《ば》・者《ば》」という変字法の組合せがある。

こうした変字法は、全く文字表記上の技巧で、視覚上の工夫にすぎず、歌そのものとして朗誦した際には全然意味を持たない。それにもかかわらず、こうした事例はこれらの歌にだけ見られるものではない。実例は万葉集の中に極めて多く、枚挙にたえない。

中国の詩法と変字法

その事実の意味するところは何かと問えば、中国の詩法において、同一の語を繰返さないということ。それは中国の詩においては同一の字を繰返さないということであった。ところがそれを表記上・視覚上の問題としてとらえ、日本語の歌の表記においても、同一の字を繰返すべきでないとして、それを細心に実行したということである。

これは文化の先進国であった中国の詩に対する日本人の一つの対応の仕方の現われである。このような中国の詩の形式に対する重視と尊重の念が、実は日本語の和歌の形式の成立にも深く関係しているのではないかという見解を私は持っている。それは五七調の成立に関してである。

五七調の成立

すでに日本に来着した渡来人について述べたように、日本に中国の文字文化をもたらし、広めたのは、先秦、あるいは前漢のような古い時代の中国人ではなく、後漢より後、さらには魏晋の間の文化を伝える人々であったと考えられる。これは第一の渡来人の日本に伝えた中国語の字音が魏晋の間、ことに東晋の字音と見るときに、最もよく理解できることにもとづく推測である。

魏晋の頃の詩が、文藝として日本人の学んだ最初の詩であったとすれば、日本に伝えられた中国語の詩は、四言句を以て基本とした先秦の『詩経』の形式、あるいは六言、四言等を主として、三・五・七言を混ぜ用いた楚辞の形式のものではなく、漢末から魏にかけて成立した五言詩であったことになろう。この五言の詩は魏晋から南北朝時代の詩の中心的形式をなしていた。また七言の詩も、魏の時代のはじめには成立していたと見なされるという。

四言の詩はおよそ上二下二に分離されるが、単調におちいりやすいに対し、五言の詩は、上二下三に分ち得て複雑な内容を盛りうるところに、その盛行の因があるようである。日本の古代歌謡は、これを記紀について見ると、合わせて約二百四十首あるが、内容は長歌あり、短歌あり、句数は種々あって不定である。しかし、そのうちの約半数は五七五七七という形式をすでに持っている。長い歌の多くは五七・五七・五七の繰返しで進行し、最後に七を重ねて収束する。これによって見れば、短歌の五七五七七という形は、長い歌の最後の……五七・五七・七の部分が独立したものと覚しい。

しかし何故、五七が日本の歌謡の中心的な拍数となったか。これについて、今日までのところ明確な解答は得られていない。たしかに日本語には二音節で一語となるものが多い。すでに語根一覧表（一四八〜一五二ページ）に示したように、名詞にも二音節が多いし、ク活用の形容詞語幹は大体二音節である。動詞にも二音節のものもあるが、三音節のものもかなり存在する。

これらの組合せで句が成立するときには、一句ごとにおよそ助詞一つ、あるいは助動詞が一つ付随するから、四音節では一句が形成しにくいという事情がある。それを五音節とすれば一句を形成しやすくなる。また、七音節の一句は、四三、または三四に分けられ、それは二・二・三、あるいは三・二・二に分けることが可能である。そこから、意味上のまとまりの単位としては、五音節・七音節で一句をなすという傾向が生じやすい条件があったと思われる。

歌の表記にひかれた五七調

古来、歌は肉声で朗詠するものであった。そして曲節をともなってこれを歌うときは、日本語のリズムとしては六拍八拍が中心をなしていて、五とか七とかには関係がなかったという。[*50] もし一句が五音節、または七音節で成立している場合には、そのどれかを一拍伸ばせば六八になる。従って、五音節、七音節で日本語の短歌が成立しているのは、歌う立場からは何処かを一拍ずつ伸ばすことを前提としていると見られるようである。

してみると、五音節、七音節によって歌が作られているのは、歌唱の拍子のとり方を、五また七に限定する立場から成立したものではない。何か別の原因によって、見かけ上、五・七にまとめられたものではなかろうか。そう考えて来るとき、私は、先の歌の表記法において、日本の歌が中国の詩の作法の影響をうけて、熱心に、かなり厳格に変字法を行っていたことを想起する。

当時の中国の詩が五言詩を中心とし、七言詩もまた並んで作られることがあったという事実、それは、日本語の長い歌を整えて行こうと志した人々に、五音、または七音で一句を整理することが規範的なのだという、——見た目だけでも中国の詩のように整えたいという考えをさそったのではなかろうか。柿本人麿の長歌などを見ても、人麿以前の枕詞で四音節であったものを、五音節に整えているところがある（「ソラミツ」を人麿は「ソラニミツ」と五音にしているように）。これは、すでに五音節、七音節の体制が出来た後のことであるが、人麿以前、おそらく記紀歌謡の中の五七に整っている部分にも、同じ類のことがあったのに相違ない。

つまり五七調の成立の上で、当時の中国の詩が、五言、七言で成っていることは、識字層の人々に強い影響を与えた。一句の音数が雑多な状態にあった古い日本語の歌を、整った形式に統一しようと考えたときに、中国の詩の表記が五字七字に整然と配置されているのを見て、それが日本の歌を五音七音に整理することに拍車をかけたのではないか。それも、五・五では調子が単純になりすぎる。そこで五・七、五・七と二句に区切って、下の

句を重くすることで助詞や助動詞を織り込みやすい形にする。それによって五七五七とい
う拍子の上の整頓と、意味のまとまりとのかね合いをよくすることが好まれたのではない
だろうか。それによって一首の歌が整った形になり、やがてそれが規範として全国に広ま
ったのではあるまいか。これは一つの推測にすぎない。しかし、五七五七七という形式は、
漢字生活に縁の無かった東国の農民を徴発した防人の歌にも確実に守られている。という
ことは五七五七七という形式は漢詩の五言、七言という形式にたよって成立したと見る考
えにはやはり弱点があると見なくてはならない。

（五七五七五七……七の長歌の形式、五七五七七の短歌の形式の成立は和歌史の研究上の
難問であった。右に記したところもその解決のための一つの試行錯誤であった。右の考え
を書いた一九八〇年から十余年を経て、ずっと継続して来たタミル古典文学の研究の途中、
タミル語の古典の一つ、カリットハイという歌集を研究すると、そこに、日本語の長歌・
短歌の形式と同じ五七五七五七……七、五七五七七という韻律が多数存在することが判明
した。これは日本語の和歌の韻律の成立の先例をなすと考えられる。しかし、ここに詳述
する紙面がない。このことについては『日本語の形成』（岩波書店、二〇〇〇年）に多くの
例をあげて立証した。関心ある方は、ついて御覧頂きたい。）

第十章　文法について自覚を持つ

日本語の特色

次には七、八世紀における文法意識の進展を一見しよう。自分の言語の文法上の特色が強く意識にのぼるのは、多くは外国語と比較した場合である。それならば、最初に出会った外国語である中国語との対比において、日本語はどんな点が特徴と意識されただろうか。七、八世紀になって漢文を学習し、それを訓読する人々が増加するにつれて、漢字の原文には無く、日本語としては訓み下す際に是非補わなくてはならない言葉のあることが広く知られるようになった。そして、

1　日本語の動詞には語尾に変化のあること。

2　名詞や動詞の後ろに助詞・助動詞を加えること。

この二点が広く人々に認識されたに相違ない。

花を‖見つ‖。　雨降らむ‖。

この場合の「を」「つ」「らむ」などは漢文では表記されないか、あるいは表記されてい

ても、文を組立てる上で、語の順序がいちじるしく相違する。日本語と中国語とのこのような相違点が意識にのぼるのは当然のことだった。

助詞・助動詞を小字で

そこで、日本語をそのまま散文として書こうとする場合には、名詞・動詞などの実質的概念を表わす言葉の外に、動詞の活用語尾とか、助詞・助動詞とかを書き添える必要が感じられた。人々はそれを小字で書くことによって、かえって際立たせようとした。

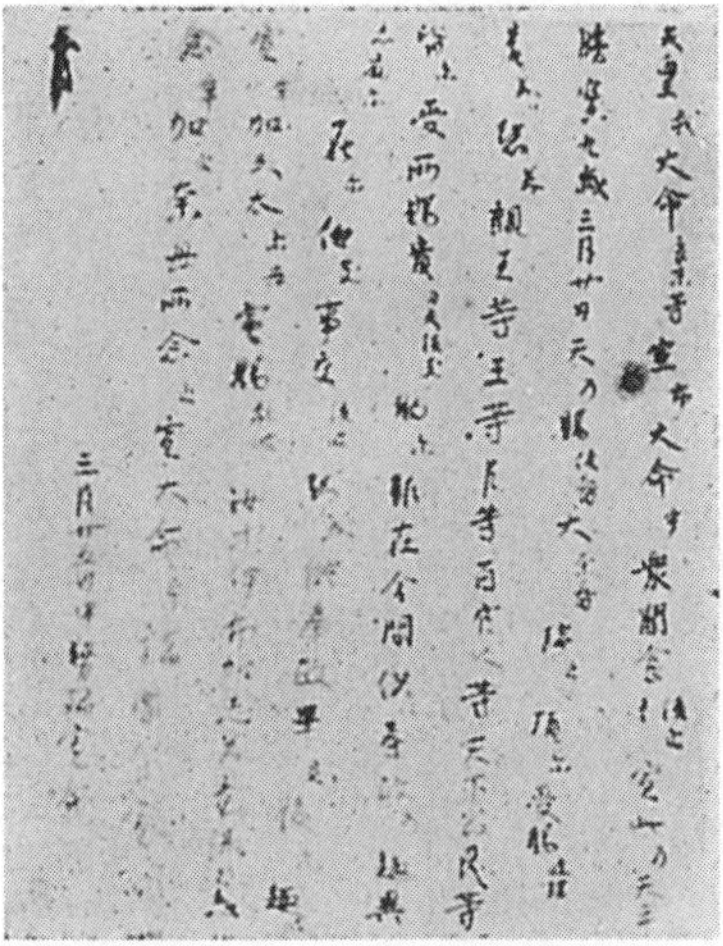

天平勝宝九歳三月二十五日孝謙天皇詔
（正倉院蔵）

その一例として、正倉院に現存する当時の宣命（天皇のお言葉として人民に読み聞かせる文章。中務省の書記が書きとめる。『続日本紀』以下の歴史書に数多く見える）を出してみよう。この小字で書く手法は、朝鮮において行われていた吏読《りと》の影響によるものだということも考えられる。

天皇我　大命良末等　宣布　大命乎　衆
聞食倍止　宣此乃　天平勝宝九歳三
月廿日天乃　賜倍留　大奈留　瑞乎　頂

爾 受賜波理貴美 恐美 親王等王等臣等百官人等天下公民等皆爾 受所賜貴刀夫倍支 物爾雖在今間供奉政乃 趣異志麻爾 在爾 他支 事交倍波 恐美 供奉政畢弖 後爾 趣波 宣牟 加久太爾母 宣賜祢波 汝等伊布加志美意保々志念牟 加止 奈母所念止 宣大命乎 諸聞食宣

三月廿五日中務卿宣命

(天皇《すめら》ガ大命《おほみこと》ラマト宣《のりたま》フ大命《おほみこと》ヲ衆《もろもろ》聞食《ききたま》ヘト宣《のりたまふ》。此《こ》ノ天平勝宝九歳三月廿日天《あめ》ノ賜《たま》ヘル大《おほき》ナル瑞《みつ》ヲ頂《いなだき》ニ受賜《うけたま》ハリ貴《たふと》ミ恐《かしこ》ミ親王等《みこたち》王等臣等百官人等天下公民等皆《おほきみたちおみたちもものつかさのひとどもあめのしたのたみどもことごとく》ニ受所賜貴《うけたまはりたふ》トブベキ物《もの》ニ雖在《ありといへども》、今間供奉政《いまのまにつかへまつるまつりごと》ノ趣異《おもむきことなり》シマニ在《ある》ニ他《あだし》キ事交《ことまじ》ヘバ恐《かしこ》ミ供奉政畢《つかへまつるまつりごとをへ》テ後《のち》ニ趣《おもむき》ハ宣《のたまは》ム。カクダニモ宣賜《のたまひたまは》ネバ汝等《なむたち》イフカシミオボボシミ念《おもは》ムカトナモ所念《おもほしめさく》ト宣《のりたまふ》大命《おほみこと》ヲ諸聞食宣《もろもろききたまへとのりたまふ》。　三月廿五日中務卿宣命)

これを見れば、「ガ」「ト」「ヲ」「ノ」「ニ」「バ」などの助詞が小さく書いてあり、また「宣フ」「食ヘ」「賜ヘル」「賜ハリ」「他《あだし》キ」などの動詞・形容詞の活用語尾も小さく書いてある。中国語には直接これらの小字に当る言葉はない。また、「ナル」「ベキ」「ム」「ネ」などの助動詞も小さく書いてある。これらの助動詞に当る言葉は中国語にあるが、文中に置かれる位置が違い、その上、このような活用による変化を示すことはない。

つまり、これら小字で書かれた部分は中国語と日本語とを対照した場合に、最も日本語的と思われる部分であり、ここに日本語の特徴が最も鮮やかに現われる所である。

もし漢字の文章を日本語らしく読もうとすれば、これらの助詞・助動詞・用言の活用部分を正確に補って読まなければならない。そのことを当時の識字層の人たちはよく知っていたと思われる。というのは、人々は小字で書くことによって、それをくっきりと示したからである（平安時代に入ると、この小字の部分を片仮名で書くようになる）。

モ・ノ・ハ・テ・ニ・ヲを闕く歌

また、大伴家持は、次のような歌を作り、歌の末尾に小字で注をつけている。

　ほととぎす今来鳴きそむあやめぐさかづらくまでに離《か》るる日あらめや
　　毛《も》能《の》波《は》三箇の辞《ことば》を闕《か》く（万葉集、巻一九、四一七五）

　わが門ゆ鳴き過ぎ渡るほととぎすいや懐《なつか》しく聞けど飽き足らず
　　毛《も》能《の》波《は》氏《て》尓《に》乎《を》六箇の辞《ことば》を闕《か》く（万葉集、巻一九、四一七六）

ここに記した二首の歌を作るに際して、大伴家持は、意識的にモ・ノ・ハ、またはモ・ノ・ハ・テ・ニ・ヲという助詞を詠み込まないように努力した。それをみずから注したのである。これらの助詞は使用度数多く、歌を作るにあたって重要な役目を荷なうものである。これら無しに歌を作ることが実に困難であることを家持は知っていた。だからこそ、家持はそれらの助詞を一つも含まない歌をなぐさみに作った。ここに挙げられた助詞の万葉集での使用度数を数えれば次の通りである。[*51]

ノ	五一八五	ニ	二七三一	ヲ	一九七三
ハ	一八四二	テ	一五五九	モ	一四五一

ノ・ニ・ヲ・ハ・テ・モ合計	一四七四一				
バ	一四一八	ガ	九九七	ト	九三九
カモ	六八五	ソ	四二〇	ヤ	三六八
カ	三六四	コソ	三一九	ド	二九四
トモ	二三〇	ドモ	二〇九		
総計	二〇九八四				

これによれば、モ・ノ・ハ・テ・ニ・ヲの六箇の助詞の使用度数の合計は、ここにあげた助詞全体の七割強に達している。だから、意識的にこれらを使わずに歌を作るのは、かなり難しいわけである。それ故にこそ大伴家持は先のような遊びを試み、この歌は、そういう遊びだということを自分自身で注記した。大伴家持は助詞の使用度数を数え上げてみたことはなかったろう。しかし、日本語と漢文とを対照させて考えたとき、日本語の助詞が特異であること、そしてそれが日本語の表現の中で重要な働きをするのだということに大伴家持は気づいていた。別の言い方をすれば、奈良時代の半ばを過ぎた頃には、作歌の経験から、こういう、日本語の特質について鋭い直覚的な判断を下す人がいたのである。

否定表現の拡大

このように日本語の特質についての認識が一部の人々の間に広まって行ったころ、八世紀の半ばに、日本語の表現力を拡大する大きな変化が進行した。それは、「AはBである」

にあたる表現に一つの変化が起こったことである。例えば古い日本語では、「AはBである」と表現する形式としては次のようなものしかなかった。

大和の国は‖うまし国そ‖（大和の国は‖よい国である‖）

吾背子が〔私ヲ〕恋ふと言ふことは‖言《こと》の慰《なぐさ》そ‖（私を恋しいと言うのは‖言葉だけの慰《なぐさ》めです‖）

この「……は……そ」という形式による表現は、記紀の歌謡にも、万葉集の歌にも、宣命や祝詞の散文表現にも、少ししか表われない。おそらく世間全体でも使われることが少なかったのだろう。この表現形式は右のように現在形の肯定判断に使われるのだが、この形式によって表現可能なのは肯定判断だけで、否定判断にこれを転用することは不可能だった。

うまし国そ（よい国である）

言の慰《なぐさ》そ（言葉だけの慰めである）

この肯定の表現を否定表現に変えようとしても、文末の「そ」の下に否定の助動詞をつけ加えることはできなかった。つまり、右の形式を変じて否定表現とすることは不可能だった。ということは「AはBそ。」という形式しか無かった時代の日本語では、論理学でいう

S is P.

の形は表現できても、

S is not P.

にあたる表現は不可能だった。これは当時の日本人が、そのような否定判断の表現様式（頭の働かせ方を言葉にする様式）を持たなかったことを意味する。

のみならず、「うまし国そ」「言《こと》の慰《なぐさ》そ」の形からは、回想形も推量形も（つまり過去形も未来形も）作ることはできなかった。日本語では、否定や推量や回想など、もっぱら頭の中の働きによって下す判断の変容は、助動詞によって表現される仕組みである。ところが「うまし国そ」「言の慰そ」のような形の肯定判断を示す述語形式の場合には、否定・推量・回想の助動詞を助詞「そ」の下に連接させる力が無かった。これは形容詞の場合も同様であった。

山　高し

花　うつくし

これらの形容詞の下には、否定の助動詞を直接つけることは不可能だった。のみならず、これに回想の「き」「けり」などの助動詞を付けることも不可能だった。

というのは、形容詞による断定は、物の性質や状態について下す時間に関係のない判断の表現だから、先の「AはBそ」の表現と本質的には同じなのである。「AはBそ」という肯定の形式を、否定・回想・推量の表現に変えることが不可能だったのと同様に、形容詞の場合も、それの下に直接に助動詞をつけて否定判断や、回想の形などを作ることはできなかった。

動詞の否定

ところが日本人は、当時すでに動詞については否定も推量も回想も十分に表現できる体制を持っていた。

取る　取らず‖（否定）　取らむ‖（意志）　取りき‖（回想）

このような形式は七世紀には十分に発達していた。動詞は動作や作用が時間という場の中で進行し、変化してゆく事態としてとらえる表現法だから、形容詞による表現とは異なっている。日本人は時間という場の中で進行して行く事態を表わす場合（つまり動詞を使う場合）には否定や推量（意志）や回想を表現できる段階に達していた。しかし時間に関係のない「AはBそ」「山高し」のような、事の性質についてだけ判定を下す表現については、未だ表現形式が無かったのである。これは日本人が事柄を、成行き、経過としてとらえて叙述することはできても、抽象的、論理的に、時間の経過という場でなしに否定や推量の判断を下すことには、たけていなかったことを示すものと考えられる。

動詞アリの介入

ところがその頃、中国との接触によって多量の仏典が輸入された。その仏典の中には因明《いんみよう》のような論理学の書物もあった。それの中には、単純な肯定判断だけでなく、多くの

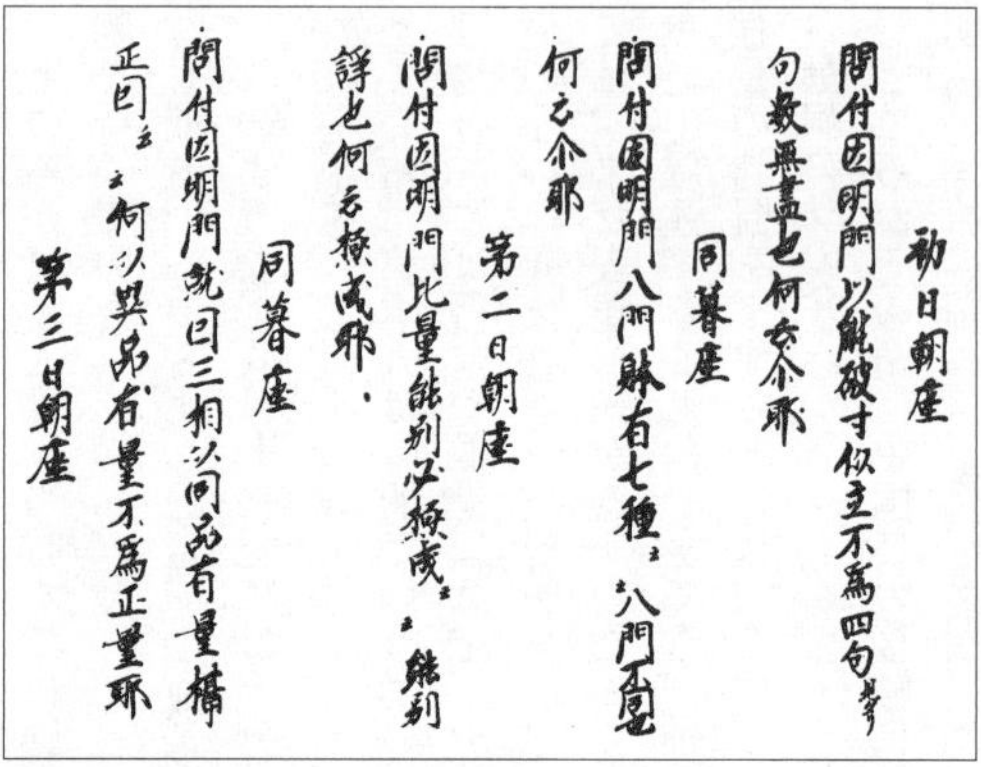

初日朝座
問付因明門以能破寸似立不爲四句耶
句数無盡也何云尓耶
同暮座
問付因明門八門躰有七種云云八門不足
何云尓耶
第二日朝座
問付因明門比量能別必極成云云能別
許也何云極成耶
同暮座
問付因明門就已三相以同品有量構
正因云云何以異品有量不爲正量耶
第三日朝座

因明の古写本

論理上の否定表現があった。それを訳出しなければならなかった当時の人々は、翻訳のためには、

……は……そ

という肯定表現があるだけでは不足だった。そこで工夫されたのが、

……は……にあり

という形式だった。「……にあり」とは本来ならば「……という場所にある」ということである。しかし、ここに使われた「あり」は、本来は動詞であるから、活用形の変化を持っている。そして「あらず」「あらむ」「ありき」「ありけり」などと、否定・推量・回想などの助動詞を下接させることができる。そこでこれを取り上げ、「……は……にあり」という形を使いはじめて、ようやく次のような表現を可能にした。

空久《むなしく》置弖《おきて》在官《あるつかさ》尓《に》阿利《あり》（『続紀』宣命二六）

「官尓阿利」といえば、「官《つかさ》という場所にある」が本来の意味であるが、それから転じて「官という（こと）である」の意を表現するようになった。この場合の「官尓《つかさに》阿利《あり》」は古くは「官曽《つかさそ》」と、「そ」を使ったところである。しかし「そ」は下に否定・推量・回想をつけ得ないからその「そ」の代りをする「にあり」という形を使い出したことによって、

官尓阿良受《にあらず》　官尓阿利祁利《にありけり》　官尓阿良武《にあらむ》

などと容易に表現できるようになった。つまり、否定・回想・推量が表わせるように、表現法の上の大きな拡張が八世紀に行われた。

このように「あり」を介在させる表現法は、単に「……は……にあり」の形の場合にだけ行われたのではなかった。形容詞を使った表現にもこの「あり」を介在させる方法が取り入れられ、推量表現や否定表現へと表現を拡大し展開させていった。

妻別れ悲しくありけむ（万葉集、巻二〇、四三三三）

いよよますます悲しかりけり（万葉集、巻四、七九三）

カナシカリは、カナシクアリのつまったもので（kanasikuari → kanasikari）、こうなればカナシカラズ、カナシカラム、カナシカリキなどの表現が可能となる。このようにして形容詞についても否定表現や推量表現への道が開かれた。

右にあげた形容詞の例では、「カナシクアリケリ」の音がつまって「カナシカリケリ」

となっているが、これと同じ変化が「……ニアリ」の場合にも成立した。つまり、ni-ari→nariという変化が進行して、ここに「ナリ」という言葉が生まれ出た。これは「ニアリ」の変化形であるから、どんな名詞の下にでもつきうる言葉である。従って、

今ニアラズトモ――→今ナラズトモ

家ニアル人ヲ――→家ナル人ヲ

跡モナキ世間《ヨノナカ》ニアレバ→跡モナキ世間《ヨノナカ》ナレバ

のように、広く体言を承ける語法が生じた。このような「AハBソ」形式に代る「AハBナリ」形式の成立は古い日本語の表現の幅を非常に広くさせ、これによってはじめて漢文の訓読も円滑に行われるようになった。

この表現の発展は日本人が漢文を受け入れ、それを日本語として活かして行こうとする努力だった。つまり、中国語の文章の中にしばしば出現する論理的判断の表現における否定文などを、日本語として消化しようという自覚に促がされたものであり、また、豊富な語彙を持つ漢語を取り入れて日本語の表現力を増加させようとした、その意欲にささえられて成立した語法である。それは平安時代のはじめに至って、普通に使われる語法として定着した。

言語を使う人間に活力があるならば、自己本来の言語が、他の言語の持つ形式を欠く場合に、それに適応するように自己の表現法を改造し、表現を豊かにするという活動が生じ

る。「AハBナリ」形式の成立はその一つの実例である。日本人はかように、日本語の文法的特質を自覚し、自己の表現力の増大をはかって来た。

第十一章　漢詩を作り漢文を訓読する

大伴氏と歌

文字が無かった時代から、漢字を使い始めたころの日本のウタは万葉集に集成された。万葉集は四千五百首という大きな結集であったが、それは一挙にして成ったものではなく、巻一、巻二に始まる最も古い宮廷の歌集を出発点として逐次増補が加えられ、最終的には八世紀の半ばに大伴家持の歌日記的な部分を加えて全二十巻が纏められたものである。この最終的な編集者として大伴家持がかかわっていることは、ほぼ疑いない。

大伴家持は、日本のウタを好み、みずから歌を採集し、柿本人麿などのすぐれた作品を学習し、歌作りについて意欲的に工夫をこらした。家持は少年の頃、父親大伴旅人とともに九州に在留したことがあった。その頃、旅人や山上憶良を中心として形成されていた九州歌壇ともいうべき作歌者たちの集りの空気を、少年家持は吸って育った。新羅を目前にして大宰府の官人たちの間には、多彩な舶来趣味が流行しており、その中心に大伴旅人がいた。九州の内部の小旅行を試みるにも、父親大伴旅人はそれをあたかも神仙の世界への探訪であるかのようにふるまった。そしてそこで仙女たちと日本のウタのやりとりをした。少年期にあった家持は、そうしたウタの趣味に次第に染められたことだったろう。

大伴氏といえば、欽明朝以来の名門である。その政界での活動は日本書紀に詳しく述べられている。この社会的に大きな力を持った氏族も、しかし、新興の勢力、藤原氏の策謀と術数とによって次第に力を剝《は》ぎとられつつあった。大伴旅人の歌にたたえられている貴公子らしい瀟洒《しょうしゃ》な文人趣味を見れば、大伴家の人々が政界での血みどろの抗争を敢えてする蛮勇を持ち合わせていなかったことが推測される。大伴氏は斜陽の道を歩んでいた。

家持の頃になると没落は一層明らかになって来た。家持は大伴氏の命運を歎きながら、昔日の栄光を顧み、なつかしむよすがとして和歌を愛した。柿本人麿、山上憶良の歌を書写し、その語句を模倣した歌を作り、一族の奮起をうながすにも歌によった。

藤原氏と漢詩

一方には新しく抬頭して政界を支配しようと努める藤原氏があった。残酷な行動を物ともしない強引さを備え、将来に対する打算に長《た》けた藤原氏の人々は、着々と宮廷、官人層をその配下に収めた。この人々は常に次の世代を目指し、権力の奪取のための策略に巧みだった。彼らは大伴家持のように数多くの歌を詠んだり蒐集したりはしていない。藤原氏にとって和歌などは過去に生きる者のなぐさめであった。藤原氏の多くは和歌にすがって心を晴らすことに目を向けず、新しい世界にふさわしい舶来の藝術を真似ようとした。新

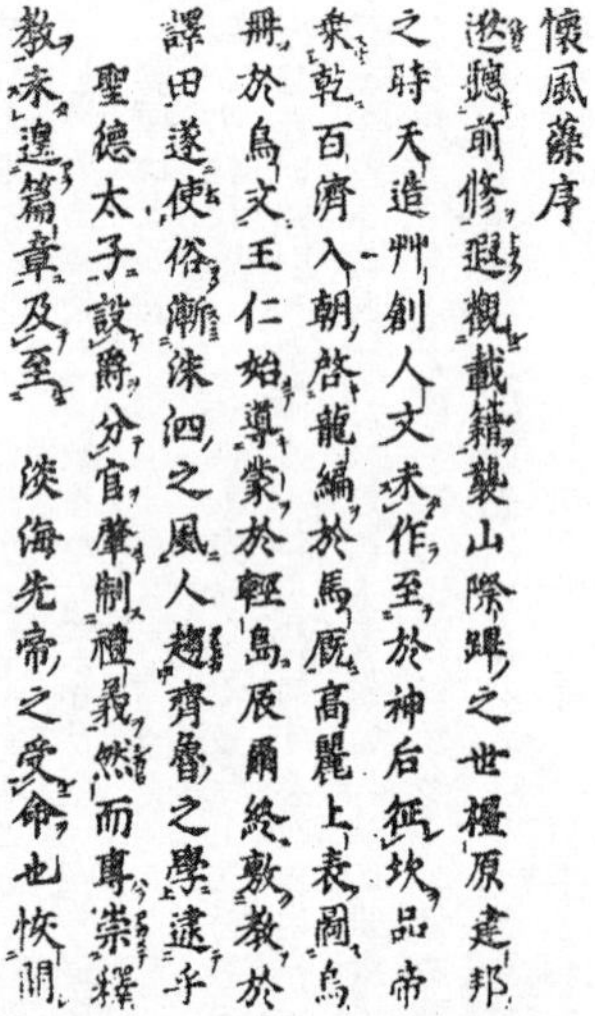
懐風藻序
逖聽前修遐觀載籍襲山降蹕之世橿原建邦之時天造艸創人文未作至於神后征坎品帝乘乾百濟入朝啓龍編於馬厩高麗上表圖烏冊於烏文王仁始導蒙於輕島辰爾終敷教於譯田遂使俗漸洙泗之風人趨齊魯之學逮乎聖德太子設爵分官肇制禮義然而專崇釋教未遑篇章及至淡海先帝之受命也恢開

『懐風藻』（天和四年本、内閣文庫蔵）

しい藝術とは漢詩を作ることであった。奈良時代の漢詩集『懐風藻』の作者に、学者・僧侶以外では藤原氏が多くの名を連ねている。それは藤原氏の人々の気持を反映するものである。中でも藤原宇合のごときは六首をとどめている。

『懐風藻』は、「詩賦は大津に始まる」といわれた大津皇子の作詩四首をはじめ、集めるところの詩百二十首。当時として最新の輸入技術を誇る詞華集であった。

その中には、大津皇子の、

　金烏臨西舎　鼓声催短命　泉路無賓主　此夕離家向

（金烏《きんう》西舎《せいしゃ》に臨《て》らひ、鼓声短命を催《うなが》す。泉路《せんろ》賓主《ひんしゅ》無し、此の夕家を離《さか》りて向かふ）

のような、古来人々に親炙した、印象深い作品もある。しかし、作品の大部分は宮廷の宴に侍して詔に応じて作った詩、あるいは天皇の旅行に従って制作した作品が多い。その中には中国人の作に劣らないとされるものもあるが、一般的に言えば五言詩が多く、平仄《ひょうそく》も全篇にわたって整えられたものはほとんどなく、詩風は五十年から百年も以前の江南の詩に学んだもので、美人を詠じ、花鶯を翫《もてあそ》び、雪を望み見るという、六朝風の詩題を、『文選』『玉台新詠』などの詩句に模して詠じた作品が多い。また、後に初唐の新風が輸入されれば、その代表的作者、王勃や駱賓王の作風にならい、その詩句を取り入れている。しかし、多くは押韻の範囲もせまく習作の域を出ていない。

漢詩と官人

漢詩は平安時代に入ってからも、『文華秀麗集』『凌雲集』『経国集』と三回の勅命による編集が行われた。これには、大和地方における、旧氏族の勢力による圧迫をふり捨て、南都仏教の大きな影響からのがれようとする桓武天皇の意図をうけた文教政策が強く関与しているという。政府は中国語、中国文学の学習を奨励し、古い日本をふり切ろうとつとめていた。それをうけて漢詩の制作が広く流行した。平安時代に入ってからの詩集は、六朝から唐代に至るまでの中国での詩風の変化を、百年から五十年の遅れで追って行く形である。

唐代の盛んな文化は、長安に行った留学生たちの眼を奪うものがあったに相違ない。そして時の政府も積極的に中国の学問を取り入れようとしていた。だから帰朝者は長安の都をたたえ、新しい知識欲に燃える人々は競って漢詩・漢文を作った。

すぐれた漢詩を作ることが、当時いかに名誉であったかという例を一つあげておこう。やや後のことであるが、大井河の逍遥の際、作文の舟、管絃の舟、和歌の舟と三つに分け、

それぞれの道の達人たちを分乗させたとき、藤原公任《きんとう》は和歌の舟に乗って、

をぐらやまあらしの風の寒ければ紅葉の錦着ぬ人ぞなき

という名歌を作って評判になった。しかも当の本人は後になって、「作文の舟（漢詩の舟）」に乗って名詩を作れば、もっと名が上っただろうと言って悔んだという。

漢詩の規定

それにしても、この漢詩制作という活動は、まさに模倣、しかも不完全な模倣としか言いようのないものである。しかしそれは当然ともいうべきことであった。日本人の作る漢詩が、中国人の作る漢詩ほどに韻律の微妙さや美しさを表現することはあり得ない。何故なら、漢詩とは次のような藝術だからである。ここに唐代の代表的作家、杜甫の作を一例として示して見よう。

登　高　　　杜　甫

風急天高猿嘯哀　渚清沙白鳥飛廻
無辺落木蕭々下　不尽長江滾々来
万里悲秋常作客　百年多病独登台
艱難苦恨繁霜鬢　潦倒新亭濁酒杯

漢詩は当然中国語で発音し、その音律の美しさを、その表現している内容の美との相関において味わう藝術である。漢詩は定型詩としての、ふむべき形式にのっとって制作され

た。右の七言律詩でいえば、まず⑴それぞれの句が、七音で成るべきである。七音節を一句として、全体は八句ある。そして⑵韻律の上の条件として、脚韻をふむべきこと、句の中で平声と仄声《そくしょう》との組合せの法式に合うべきこと、⑶句の構成上の条件として第三句と第四句、第五句と第六句は対句を用いるべきことというきまりがある。

押韻と平仄

これを右の詩について見れば、七音の句が八句ある。脚韻は、第一・二・四・六・八の各句の末尾でふむ。ここでは、「哀」「廻」「来」「台」「杯」の五字である。これは現代日本語の漢字音で訓んでも、ai, kai, rai, dai, hai で、ai という共通の音があることが分る。しかしこの五字は当時の中国語では、「咍韻」の平声（低く平らな調子）に所属しており、その表現する音韻は ai, huai, lai, dai, puai という音で、共通する ai という韻をふくんでいた。

第二の点は、平仄のことである。それぞれの句の中で、平声（低く平らなアクセントの音）と仄声（平声以外のアクセントを持つ音）との配置について、細かい規定があるのだが、今、平声を○、仄声を●で表わせば、第一行は

風急●天高○猿嘯●哀　渚清○沙白●鳥飛○廻

という音の配列になっている。つまり、第一行目の第一句第二句の中の偶数番目の音節の発音が、仄・平・仄・平・仄・平と整然と配置されている。また、第二行目では、平仄の

配置が第一行目とは逆になっている。

無辺落木蕭々下　不尽長江滾々来

ここでは、きまりに合わせて平・仄・平・仄・平・仄の順になっている。第三行第四行は、これを整然と反覆している。次には対句の規定である。

前にも述べたように、律詩では、第三句と第四句、第五句と第六句との間に対句を使うという定めがある。対句とは、その第三・四句、第五・六句のように相対する二つの句が、構文上同じはたらきを持つこと、つまり、字数も同じで、意味の上でも対照的な内容を持つ語句で構成されていることである。これは、形式の上では同じ形を繰返しながら、意味の上では対照的な語句を重ね、一致しつつ相違するという面白さを表現する技法である。右の詩の第五・六句を例にとれば、次の通りである。

万里悲秋常作客　百年多病独登台

ここでは「万里」と「百年」、「悲秋」と「多病」、「常」と「独」、「作客」と「登台」がそれぞれ対になって、意味上の対照や構文上の対応を示している。

詩には、その歌う内容がまず重要であることはいうまでもない。しかし、同時に、その社会で詩に課している形式がある。その形式という桎梏の中で、むしろその桎梏があればこそ味わいうる精妙な技巧を工夫し、実現するところに、定型詩を作り、かつ味わう醍醐味がある。漢詩には、右のような脚韻や、平仄や対句形式という桎梏がある。日本人は果してこの形式をよく克服することができるだろうか。

漢詩の真の理解と制作

すでに見たように、平安時代の日本人は、幼少の時から、清音、濁音を合わせて六十八の音節を区別していた。その区別する母音の数は五、子音の数は十三。音節はすべてka・ni・se・ku・moのように母音で終り、kap, tak, mot のような子音で終る音節はなかった。もしアクセントの違いを考慮に加えて、一つの音節を高低の二つに数えるとしても、日本語では百三十六の音節を区別するにすぎなかった。それに対してその頃の中国語では、頭子音だけでも、四十一の区別を持っていた。そして平声と他のアクセント（仄声）を区別しており、そのすべてのアクセントの相違を区別の中に数え入れれば、当時の中国語は三七九一個の音節を区別していた。これは、一音節がすなわち一語であった中国語としては当然の数である。当時の教養ある中国人はこの約三千八百個の音の微妙な区別を認識しており、それを駆使して、それと意味との精緻な組合せの中で詩の美しさをかもし出そうと苦心していた。それに対して日本人は、幼少の時からわずかに六十八個の音節の区別の中で育ったから、自然に耳で聞き分け得る音節としては、それだけの区別を持っていたにすぎなかった。中国語に関する知識は、すべて聴覚の固定してしまった成年の後に学習によって得たものであり、中国語の発音の区別を実際にどれほど耳で聴き分け、舌先で言い分け得たか疑わしい。にもかかわらず、進取の気象に富んだ官僚たちは中国語の韻の区別を頭で記憶し、それを組み合わせて漢詩を作った。

そうした努力にもかかわらず、日本人の詩は中国人から見れば韻の合わせ方なども簡単で、全く体を為していないものが多かった。まして外国人である日本人が作詩の上で新しい工夫を行うことなど、思いもよらなかった。作詩は東海の孤島の内部で官僚の出世の技術としては十分役立ったけれども、「中国語の詩」としての美しさを発揮できることは極めて稀だった。つまり、漢語を選択し、中国の風にならってそれを配列する日本人の漢詩制作は、貴族や高級官僚の知的な活動ではあっても、真の創造につらなることのない拙い真似事にすぎなかった。

日本人は漢詩の美を原作のままの音読によって十分に味わうことはできず、多少なりとも漢詩の美しさを味わい、その内容に近づこうとすれば、その漢詩を日本語の語順に変え、ヤマトコトバに翻訳して、訓み下した。しかしそれは詩としての原作の持つ精密な技巧、つまり音の上の美を捨て去り、わずかに対句の妙や意味上の悲傷や感懐を味わうにすぎないものとなった。

漢字を飼い馴らす

そうした中国への憧憬にささえられた模倣に対して、同じく漢字をあやつり、言葉を表記する活動の中で、もっと土着の、母語の立場から必要な作業が一つあった。それはこの漢民族の作った漢民族の言語に適した「漢字」なる文字を、言語の性格の異なる日本語の表現に適するように飼い馴らすという作業である。

推古遺文の万葉仮名

すでに述べたように、日本に漢字文化を持ち込んだのは第一の渡来人、第二の渡来人、第三の渡来人という、少なくとも三つの層をなす渡来人たちであった。第一の渡来人は単に漢字を持ち込んで漢文の読解を教えただけでなく、持ち込んだ漢字で日本語を書く工夫をした。つまり日本人の名前や、日本の地名を漢字で書くための方法を考え、それによって実際に文書を書いた。それは後々まで大きな影響を残したのである。それは今日、推古遺文という名で一括されている一群の文献に見出される。その中には例えば、

阿《あ》米《め》久《く》尓《に》意《お》斯《し》波《は》留《る》支《き》比《ひ》里《ろ》尓《に》波《は》乃《の》弥《み》己《こ》等《と》

などの人名や地名が書かれている。この推古遺文には合計約百種の万葉仮名が使われている。ところが、そのうち約二割が、古事記にも、日本書紀にも使われ、中でも、使用度数の多い音節を表記している。例えば次のようなものがそれである。

阿《あ》　伊《い》　加《か》　久《く》　己《こ》　多《た》　奴《ぬ》　乃《の》　波《は》　比《ひ》　由《ゆ》　利《り》　礼《れ》

これらは、奈良時代を通じて使われ、正倉院文書の戸籍にも、その大部分が使われた。それは第一の渡来人が使い始めた文字が世間一般の通用字の基礎をなしたことを意味しており、これらが片仮名の字源となった。平安時代に入って女手（平仮名）が使われ始めたときにも、これらの万葉仮名の中から女手の字母が多く選ばれている。例えば次の通りで

ある。

宇→う　加→か　久→く　己→こ　奴→ぬ　乃→の
波→は　比→ひ　由→ゆ　利→り　礼→れ

万葉仮名の手紙

万葉仮名の使用は、日本語の音節を、なるべく簡単な漢字で書き表わそうとする工夫の進展だったが、その努力の目標は、単に、日本の人名や地名を、漢字で表記することだけにあったのではない。自分たちの日常の言葉を、そのままたやすい文字にして、それによって手紙のやりとりや、日常の記録をしたいというところにあった。

人々は万葉仮名を次第に簡略に書きはじめた。漢字は一字一字の画数が多い。中国語の場合は一字が一語であるからそれでよいとしても、日本語は多音節語である。ココ

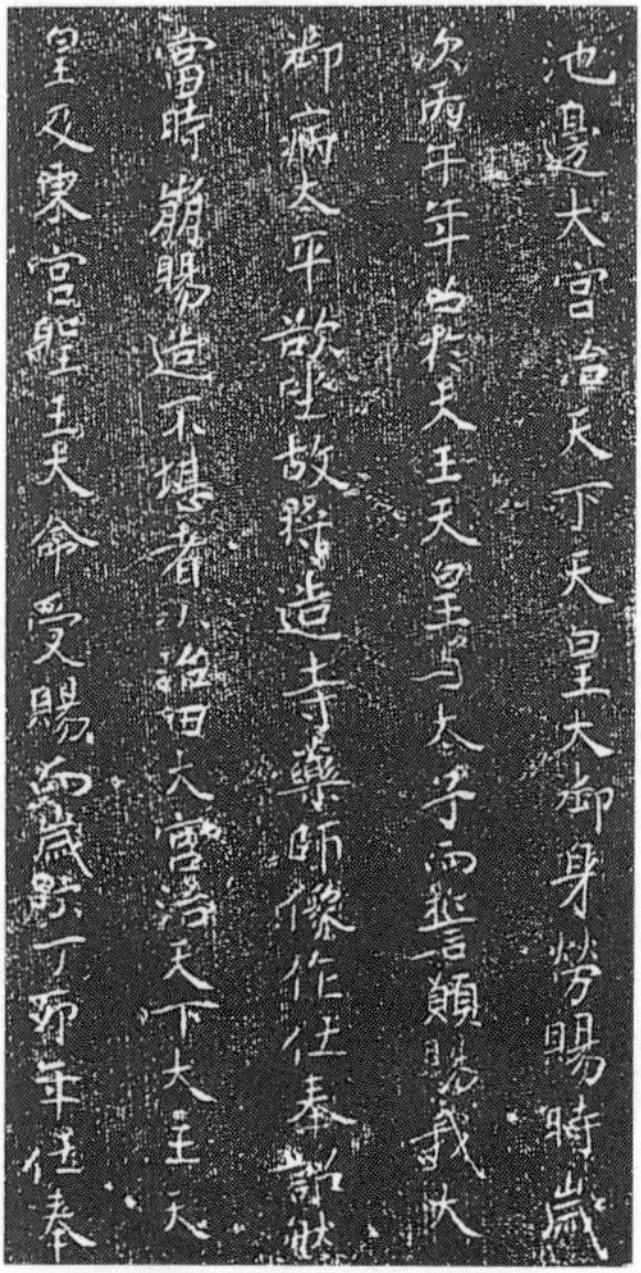

法隆寺金堂薬師如来像銘

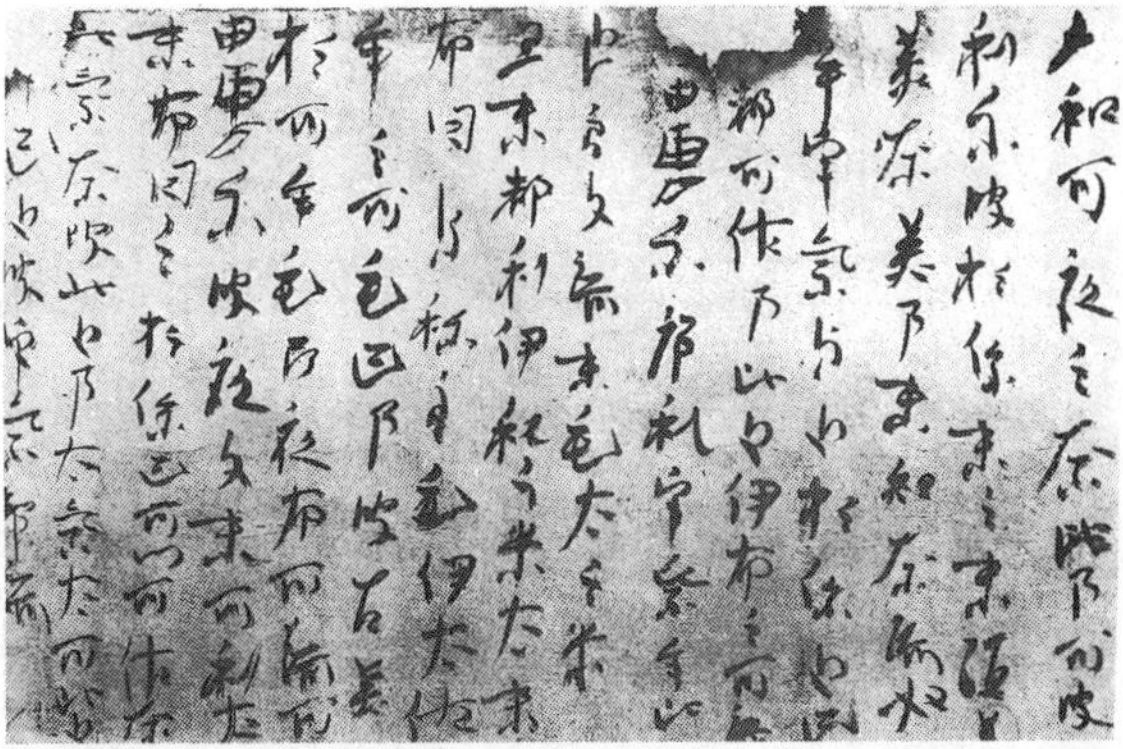

万葉仮名による書簡（正倉院蔵）

ロ、トコロ、アタリなどと、三音節以上の単語も多い。一語を書くために、「許己呂」「登許呂」「阿多利」などと、画数の多い漢字を書きつらねるのは苦労である。そこで一音にあてる文字の形をなるべく簡略に書くという動きがあらわれてくる。例えば大宝二年の戸籍帳には「……部《べ》」という言葉が多く出てくるが、その際「部」の最後の「阝」の部分だけを書いて「部」を代表させるのみならず、その「阝」を「て」「て」のように書く方法を取りはじめている（ここから「て」「へ」となって「へ」という仮名が成立する）。

仮名の字形の簡略化の例として上に示すのは、奈良朝後半期のものと思われる書簡である。ここでは清音、濁音の区別も重んじず、字形もくずして、楽に書こうとする意図が明白である。これを訓み下せば次のようになろう。

和可夜之奈比乃可波利尓波、於保末之末須美美奈美乃末知奈流奴乎宇気与止、於保止己（可）都可佐乃比止伊布。之可流（可）由恵尓、序礼宇気牟比止良、久流末毛太之米弖、末都利伊礼之米太末布日、与祢良毛伊太佐牟。之可毛己乃波古美於可牟毛、阿夜布可流可由恵尓、波夜久末可利太末布日之。於保（止脱カ）己可「ミ」可佐奈比気奈波、比止乃太気太可比止□己止波宇気都流。

（我が養ひの代りには、御坐《おほま》します南の町なる奴を受けよと、大徳《おほとこ》が司《つかさ》の人言ふ。然《しか》るが故に、其れ受けむ人ら、車持たしめて、奉《まつ》り入れしめ給ふ日、米《よね》らも出《いだ》さむ。然《しか》も此の運み置かむも、危ふかるが故に、早くまかり給ふべ《?》し。大徳が司なびけなば、人のたけたかひと[ぞ]《?》事は受けつる）

これらの文字は、全く上手でもなく、正式な形ともいえない。しかし、これが奈良時代に書簡用の文字として使用されたものであることも確かである。つまり、日本人は自分たちの普通の言葉を、ともかくも早く書ける簡略な文字を欲していた。

片仮名の発達

この書簡の文字から、片仮名と、平仮名とが作り出されるのは今一歩の動きである。ここには四十三種類の万葉仮名が見え、その約八割は推古遺文に見える文字であるが、これに使われているような万葉仮名が字源となって、通用の片仮名、平仮名が作り出されたことは、自然の成行きであった。つまり、こうした略字・くずし字から、平安時代に入ると、仮名が作られ、使われるようになって行った。ただ個々の仮名文字についてその源となっ

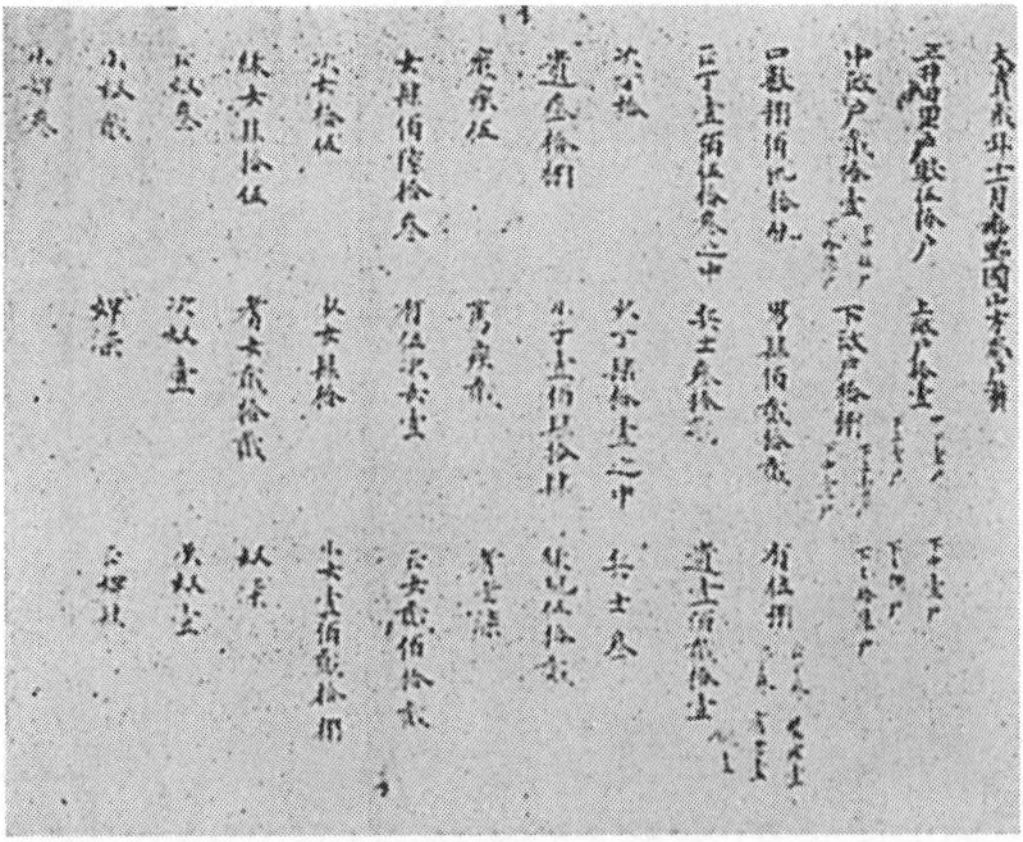

大宝二年十一月、御野（美濃）国山方郡の戸籍

た漢字を確定しようとすると、必ずしも容易ではない。すでに第一の渡来人のもたらした万葉仮名にもとづく片仮名の例としてツを挙げて述べたが、さらに詳しく記してみよう。

まず、出土品からツの仮名の実例を集めよう。最初に、藤原宮址から発見された須恵器杯の蓋に書かれた、

宇尼女ツ伎《うねめつき》

という例がある。これは、天智天皇の時代から和銅年間に至る間のものと見られる木簡と一緒に出土したもので「采女杯《うねめつき》」の意である。また大宝二年の御野国《みののくに》の戸籍に、「姉ツ売《あねつめ》」「阿尼ツ売《あねつめ》」などと書かれている。正倉院文書の奈良末期と推定される先の手紙にも、

於保己可《おほこが》川可佐《かさ》

と使ってあった。万葉集の中に、

安我末川君《あがまつきみ》（吾が待つ君）

と見えるが、これは巻十八の、平安時代の補修の部分と推定されるところにある。奈良末期に書かれた『華厳経音義私記』には、

剝皮上波川流《はつる》音

という例もある。これは「剝」を「波川流《はつる》」と読めという意味で、これらの「川」の字は、「川《つ》」と見なされる。次には平安時代に「ツ」がどんな片仮名の字形で書かれているかを調べてみよう。仏典の漢字の傍に書かれた「ツ」の字を集めると、次のような形のものが見出される。[*52]

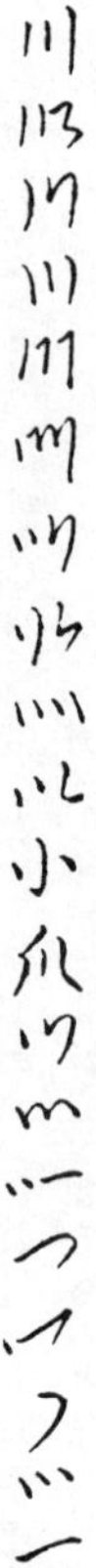

ここで注意されるのは「」と四本のたての棒になっているもの、「」と四点になっているものがあることである。また「二」と一本の横棒のようなものもある。だから「ツ」の字源を求めるには、これらの字形のすべてを、よく説明できるように考察しなければならない。

「ツ」の字源については、「鬪」の「鬥」の部分だけを草体にしたものだという意見もある。これは『常陸風土記』に「鬥」をツの仮名に使った例があることを考えに入れた意見である。しかし「鬥」とする説では「川」と書いた形を説明できない。それ故、これを採るわけに行かない。

宮内庁書陵部の東山御文庫本の『続日本紀』の古写本巻十三には、

治賜比《をさめたまひ》州《つ》礼《れ》等《ど》母《も》

と書いてある。この「州《つ》」の字は神功紀に百済の人名の表記として「弥州流」と使われており、古くからこれはミツルと読まれている。また「州流須祇」ともあり、これはツルスキと読んでいる。そこでこの「州」をツの字源と考えると、「ツ」はその中の三点を取ったもの、「川」は縦の棒三本をとったもの、「ツ」と四点あるのは、「州」最初の一点をうって、あと三本「川」をつづけたもの、「一」は三点を一線につなげたものというように、実例のほとんどすべてを解釈できる。しかも、「州」の字の漢魏の字音は tiog → tʃiou と推定されているから、「州」は tu の音に用いられる文字である。こうしたところから、私は「州」が「ツ」の字源だろうと思っている。このように、片仮名の字源の研究は、一見易しそうでいて、細かいところでは、なかなかむつかしいものである。

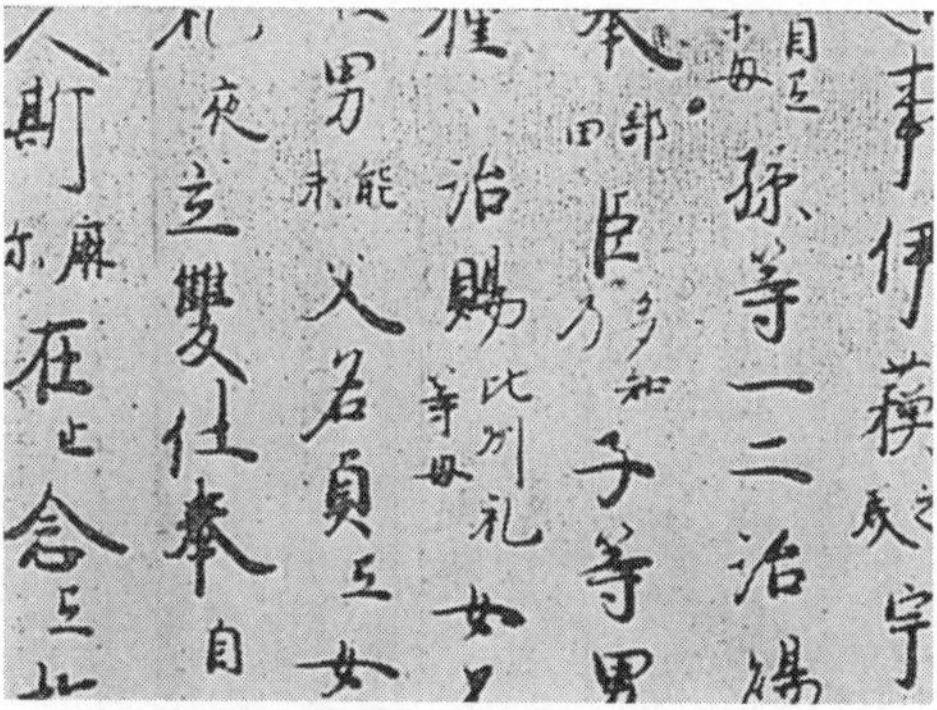

宮内庁東山御文庫本『続日本紀』宣命第十三詔の一部、中ほどに「州」の万葉仮名が見える。

漢文訓読の工夫

さてこのようにして発達した片仮名も最初はもっぱらそれだけで文章を書く文字だったのではない。片仮名はむしろ漢字に付随して漢文の訓読を分りやすく示すための記号の一部として発達したものだった。奈良時代末から平安時代極初期にかけて、漢字ばかりで書いた写本の中に、種々の符号をつけたものが現われる。これは漢文を日本語の語順で訓み下すための補助記号で、それとともに、片仮名を漢字の原文の右傍、左傍に加えて、漢字の訓み方を示したのだった。この二つのもの、符号と片仮名とを頼りに、言葉の順序の異なる漢文を日本語の語順で読んだのである。

大体、漢文は、われわれが今日英語やドイツ語を原音に従って訓み下すのと同じく、そのまま中国語の発音で読んだものだった。しかし、それでは何のことか全く分らないことが多かったので、原文を日本語化して、日本語の語順でヤマトコトバを混えて読むことが工夫された。そのような作業はすでに奈良時代のはじめに成立していた。というのは養老四年に漢文体で書いた日本書紀が成立したが、すでに述べたように、翌年養老五年にはその講義が行われ、その時には、全文を和語で訓み下すことを目標としていたことが推定できるからである。

日本書紀の養老の訓読

日本書紀の古写本を見て行くと、本文の傍に「養老」とか「養老説」と書き込んで訓読の仕方を示してあるところが往々ある。また、鎌倉時代に日本書紀の古い注を集成した『釈日本紀』の中にも「養老説」として訓読を示したところがある。それは片仮名書きになっている場合もあるが、万葉仮名で書いてある場合もある。片仮名のものは、はじめ万葉仮名だったのを伝写の間に片仮名に書き改めてしまったものと思われる。それらの実例を集めてみると次の通りである（○印は甲類乙類の別のある音節）。

前田本仁徳紀即位前紀　度子　ワタリモリ　養老
釈日本紀　秘訓一　遇可美少男養老説云々アヒヌルコト
同　秘訓四　努力努力養老弘仁等私記此云豆刀米
同　開化紀六年　姥津　波々津一云意知津　養老日本私記
同　成務紀五年　楯矛　多々奈弥　養老
同　成務紀五年　日横　比乃与己之　養老
卜部兼夏本神代紀下　底下　ソコツシタ尓　養老説
同　秘訓四　蝦夷　養老説　衣比須
卜部兼右本綏靖紀　沈毅　オ己々シ　養老説
同　景行紀十二年　厚鹿文迮鹿文　阿都加夜佐加夜　養老
同　景行紀十二年　日縦　比乃多都志　養老
弘仁私記甲本　石姫　養老云以波能比女

ここにある和訓はすべて奈良時代の言葉として自然である。この中の片仮名書きのものは別として、万葉仮名で書いた訓を見ると、その中には例の上代特殊仮名遣に関係する音節を書いたものが十五ある。その十五例はすべて奈良時代の万葉仮名の用例に合致して例外がない。さきに述べたように、奈良時代の文献ならば、上代特殊仮名遣は正しく守られているのが一般であり、平安時代に入ってから書き付けた万葉仮名では、その区別は守りきれず、例外を含むようになることは確かである。ここに「養老」という注記を持つ万葉仮名が、上代特殊仮名遣の例外を一つも含まないという事実は、この字面の成立が奈良時代のものであることを証明している。

この「養老」の訓は、神代巻の他、開化・景行・成務・仁徳紀に及んでおり、単に一箇所に集中してはいない。その上、このかなり広汎につけられた「養老」の注の内容を見ると、名詞の他に形容詞もあり、「ソコツシタニ」などと、助詞までを含むものもある。こうしたことは、単に、難解な名詞だけを取り上げて訓をつけるという態度からは生じない。それは、文章を全体として訓読しなければあり得ないことである。だから、この「養老」の注記は、養老年間の講書の中味を示すもので、養老年間にかなり行きとどいた訓読が行われたことを示している。

仏典の訓読

このように、漢文で書いた日本書紀を訓読する作業は奈良時代において、はやくも実行されていた。これは日本書紀が漢文であるとはいえ、日本に関する日本側の作った文章だからだということも、あるいはあるかもしれない。そこで、一般的な漢文の訓読はどんな手順で行われたのかを次に見ることとしよう。

　例としてあげるのは、奈良時代に極めてよく読まれた『金光明最勝王経』で、南都西大寺に伝えられた平安時代極初期の写本である。その最初のところは次の通りである（次ページの写真参照）。

　如是我聞　是（の）如きことを我聞きたまへき

左の原文につけられた記号について、漢文訓読の専門家は、右のように訓読するように書き込んだものと見なしている。それは何に基づいた判断か。

　まず「如」の右下に書かれた「十」である。これは片仮名で、「幾《き》」の略体に発した「十」の形である。これはつまり今日のキである。また、「如」の左下に二点がある。こうした点を乎己止《ヲコト》点と呼んでいる。これは各寺院ごとの約束で、点をつける位置と形とによって、何の仮名の代りときめられていた。この乎己止点では字の左下の「ニ」という二点の内側の一点の位置は「コト」にあてる約束であった。また外側の一点の位置は「ヲ」にあてる約束だった。従って「如」によって、「如キコトヲ」と訓むのである。「聞」の右下の「ヘ十」とあるのは、「ヘキ」の古い片仮名である。「聞」の左下の乎己止点の「一」は、それだけでタマフと訓む約束であった。従って「聞」によって、これを

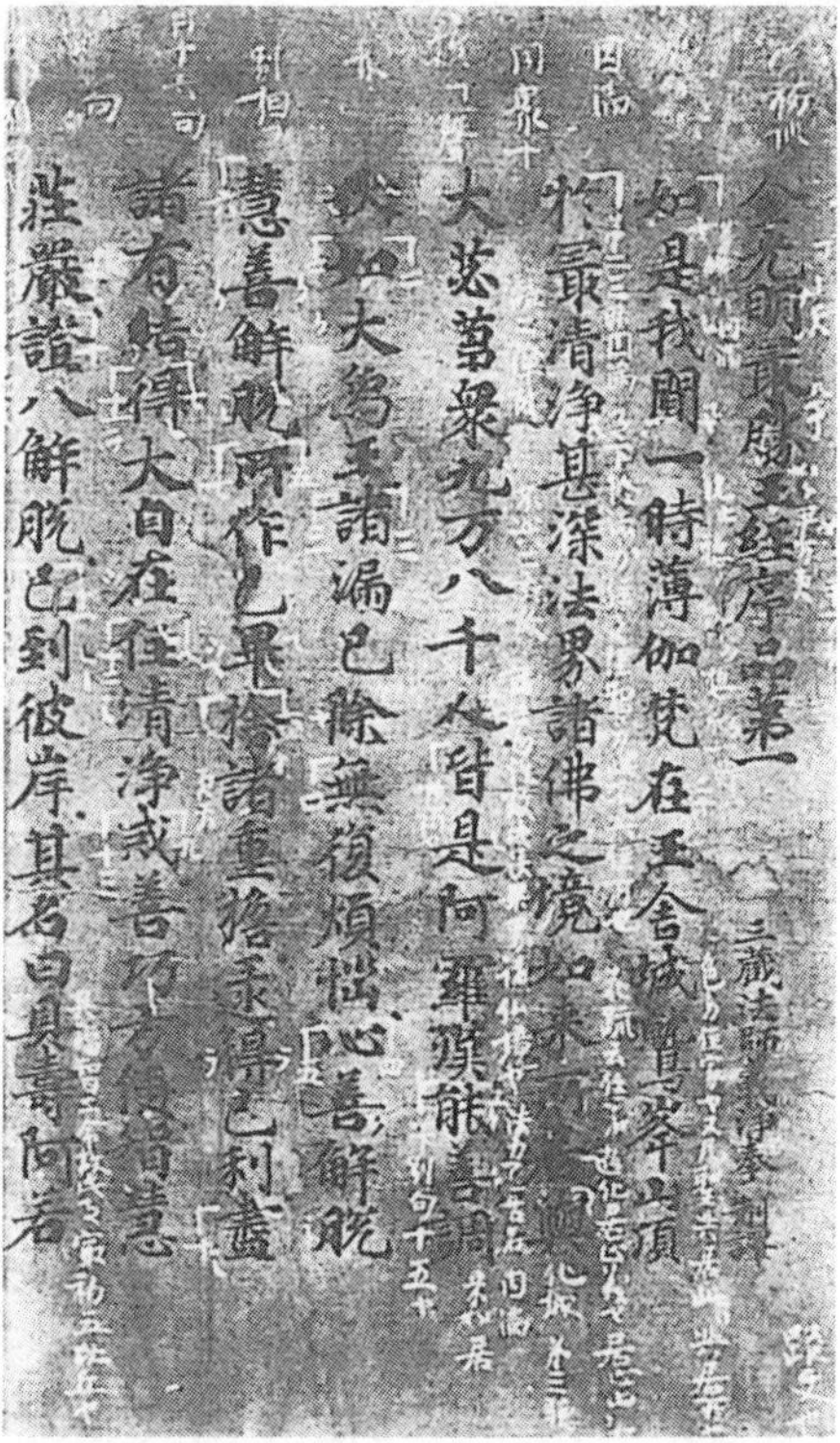
金光明最勝王經序品第一
三藏法師義淨奉制譯
如是我聞一時薄伽梵在王舍城鷲峯山頂
於最清淨甚深法界諸佛之境如來所居
與大苾芻衆九万八千人皆是阿羅漢能善調
伏如大象王諸漏已除無復煩惱心善解脫
慧善解脫所作已畢捨諸重擔逮得己利盡
諸有結得大自在住清淨戒善巧方便智慧
莊嚴證八解脫已到彼岸其名曰具壽阿若

西大寺本『金光明最勝王経』序品

「聞キタマヘキ」と訓むわけである。これらを合わせて、「如是」で「カクノゴトキコトヲ」とよみ、「我聞」で「ワレキキタマヘキ」とよむ。これを連ねて、カクノゴトキコトヲワレキキタマヘキと訓むようにと、これらの符号と片仮名が使われたことになる。

こうした、今日から見ればまことに厄介な手続を、経文に書き込むことが加点であり、

それを解読できるように勉強することが当時の学生の一つの仕事だった。今日では、漢文訓読の専門の研究家が、西大寺本『金光明最勝王経』に加えられた個々の仮名と乎己止点とを帰納整理して上表のような仮名字体の一覧表を作っている。

漢字の左右上下につけられる乎己止点は、単に「十」や「二」だけでなく、「フ」や「ス」など各種があり、西大寺本『金光明最勝王経』には、次ページのような五十種が使われた。

平安初期の片仮名は、そ

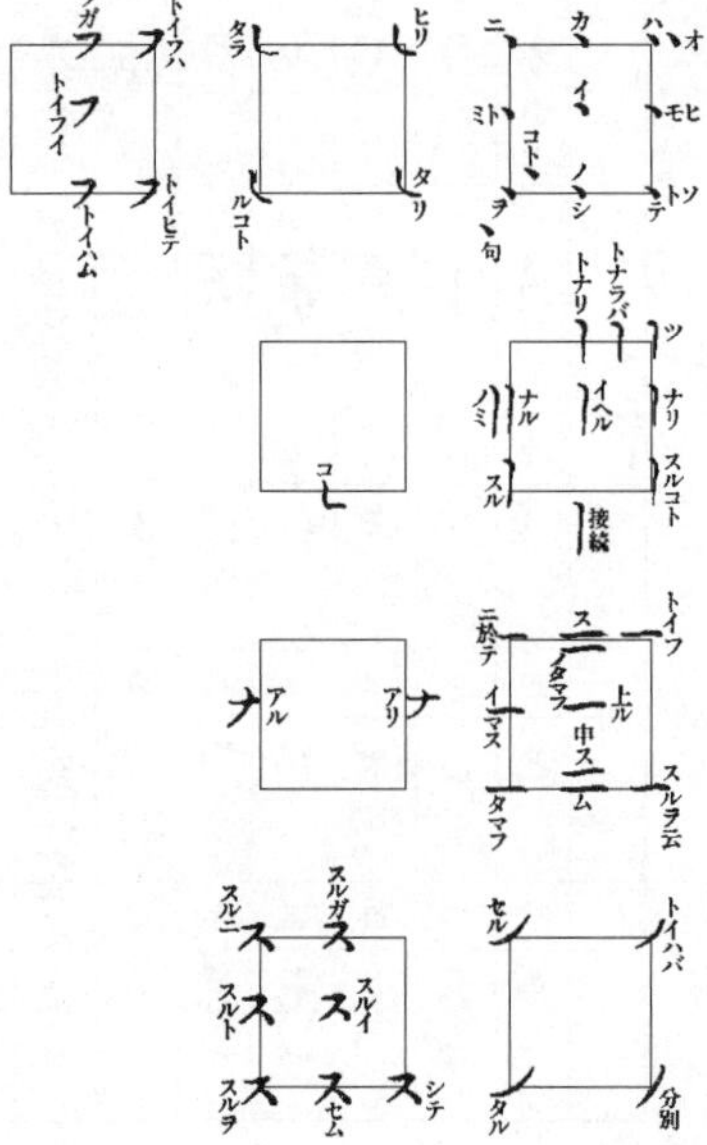

れを使う寺院によって必ずしも同一の字形のものを使うとは限らず、字源の異なるものを使っていることも少なくなかった。また乎己止点は、片仮名と組み合わせて使うものであったから、これらは先生から弟子へ師資相承して、宗派や寺ごとに異なる体系のものを使っていた。しかし、天暦年間を過ぎる頃にはこれらの片仮名の異体字は流通の拡大に伴って次第に減って来て、共通の字形を使う寺院が多くなる。片仮名は漢文に従属することから離れて片仮名だけで世間に使われることが多くなり、通用の便利のため異体字が淘汰され、次第に字形の統一が進んだ（なお小林芳規氏の最近の研究では、象牙などの先を削った角筆という筆記具を使ってヲコト点をつける技法は韓国に先例があるという）。

第三部　仮名を作って日本語を書いた時代

第十二章　女手の世界

平安初期の漢文の流行

このように、漢文の日本語化、つまり訓読が広まる一方で、漢詩・漢文そのものを制作することは平安時代に入ってからも隆盛であった。男子が官吏として登用される際の資格として、その技術が重んじられたからである。策問・対策という、法式にかなった漢文がよく書けるか否かが、官吏として有能かどうかの一つの規準だった。外国との文化力の落差の大きい世界ほど、外国語の能力が問題にされる。

漢字以外に文字の無かった奈良時代には、紙を用意し、文字の操れる貴族ならば、男でも女でも万葉仮名、つまり漢字を書いたらしい。しかし、一応律令制が行きわたった平安時代になると、女は漢字や漢文から遠ざかってしまった。勿論、有智子内親王のように、男子に対抗しうる作詩の力があることで知られた女性もいた。しかし社会の大勢としては、女子は漢字の文化から遠ざかった。だから、平安時代初期をすぎると漢文を読む女性は、特殊な人物とされた。

平安中期の例ではあるが、『枕草子』に次のような記事がある。清少納言は宮廷で、宰相であった藤原公任からの一通の便りを受け取った。見れば、

すこし春ある心地こそすれ

と書いてある。清少納言は、次のように返事をした。

空寒み花にまがへて散る雪に

これを上の句にすえ、公任の句を下にすえると一首になる。ところがこれは『白氏文集』の「南秦雪」という詩を心得ていてはじめて可能なわざだった。というのは「南秦雪」の中に、

三時雲冷多飛雪
二月山寒少有春

の二句がある。頃は二月の末、風が吹き空が暗くなり、雪が少し散って来た。その時、その景色を見て藤原公任は『白氏文集』のその詩を思い出し、

二月山寒少有春（二月山寒うして少しく春有り）

の句をふまえて、

すこし春ある心地こそすれ

と読みかけて来たわけだった。清少納言は『白氏文集』を読んでいた。そしてその詩を覚えていた。だからその直前の句の、

三時雲冷多飛雪（三時雲冷やかにして多く雪を飛ばし）

を思い起こし、

空寒み花にまがへて散る雪に

とその一句を翻案した。清少納言にはそれだけの教養があった。しかし、本人は自信がなくて心細かったところ、公卿の間で感嘆の声がかわされ、「内侍とするように奏上しよう」といわれたと伝え聞いて、喜びにあふれた日記を書いている。これは一般の女性が漢字から離れ漢籍を読まなくなってしまっていた社会であったからこそ、特筆して日記に書くに値する出来事だった。

女のための文字・女手

貴族社会の一般の女性が漢字から離れて生活していたとしても、その女性たちもまた恋の手紙のやりとりをしたいと思ったにちがいない。もし女の理解しうる文字があれば、それはまた男にとっても便宜であっただろう。その文字は漢文の世界に無縁の人々のための文字だから、ひたすら実用に役立てばよい。できるだけ簡略である方がよい。すでに奈良時代末期に、くずれた形の万葉仮名で書いた手紙のあったことは見た通りである。あの文字の系列で、もっと草書風にくずして行く傾向が強くなり、もっぱら簡便さを目指した変

化が進行した。その簡略化は字形だけでなく清濁の書き分けに及んだ。古事記・日本書紀では、清音と濁音とははっきり別の万葉仮名で書かれていた。少し遅れる万葉集でも、多少厳密さは失われて来たけれども、大勢としては清音と濁音とは区別して書かれていた。しかし、すでに奈良時代末期の万葉仮名の手紙では、清音と濁音とが別の字で区別されてはいなかった。

元来日本語の濁音の音節は、言葉の第一音節には出て来ない。言葉の途中、または末尾にしか出て来ない。また全体として濁音音節の使用は清音音節に較べて少なく、清音音節の約五分の一しか使用度数が無い。

カサ（笠）に対してアマガサ（雨笠）、キリ（霧）に対してアサギリ（朝霧）があるように、濁音音節は、もともと清音の語が他の語の下について語頭が濁音化して使われることが少なくない。だから、その慣例を心得ていれば、清音の文字で書いて濁音に読ませることもできないことはない。それゆえ、もし極度の簡便さを目指すなら、濁音用の文字を、別に作らずに間に合わせることもできる。

すでに奈良末期の万葉仮名にその傾向は現われていた。への乙類には「倍」が使われたが、べの乙類にも「倍」が使われて区別を見出し難い、それをうけて、平安時代の仮名は、原則的に清音と濁音と区別せずに作られた（もっとも、清音濁音の区別の無い文字体系を作ったからとて、当時の人々が清音濁音の発音上の区別を失ったのだと考えては誤りである。というのは、平安時代に作られた『金光明最勝王経音義』とか『類聚名義抄』とかいう字書には、清音符号と濁音符号とが音節ごとに明確につけてある。その清濁は、奈良時代の清音濁音音節の位置と原則的には一致するし、大体のところは、今日の言葉の清濁とも一致する。だから、平安時代の人々は、発音上は清音濁音の区別を持ちながらそれを文字では、別々の字で区別することをしなかっただけなのである)。

こうした簡便を旨とした文字であったから、それはカリナ（仮《か》り名）と名づけられた。ナとは名であり、文字の意である。このカリナという言葉は、使われているうちに karina→karna→kanna→kana という変化を経た。「かんな」と書かれた表記は、kanna の段階を示すものであるが、一般には、これは「かな」と書かれて、カンナと読まれた。「カリ（借）ナ（名）」とは「本字」「漢字」に対する言葉であり、漢字は「真名《まな》」といわれた。楷書できちんと書いた漢字、万葉仮名が「真名」であった。ところが今日見られる資料では「真名」のものはいくらもある。しかし「かな」の初期のものはほとんど残っていない。というのは、この「仮りの文字」で書かれた手紙などは、正式な文書とは思われていなかったから、保存されず、皆、散佚してしまって、今日にまで伝存するものはほとんど無いのである。

有年の仮名文書

しかし、多少なりとも仮名の発達の跡を示す材料が無いことはない。例えば讃岐国戸籍

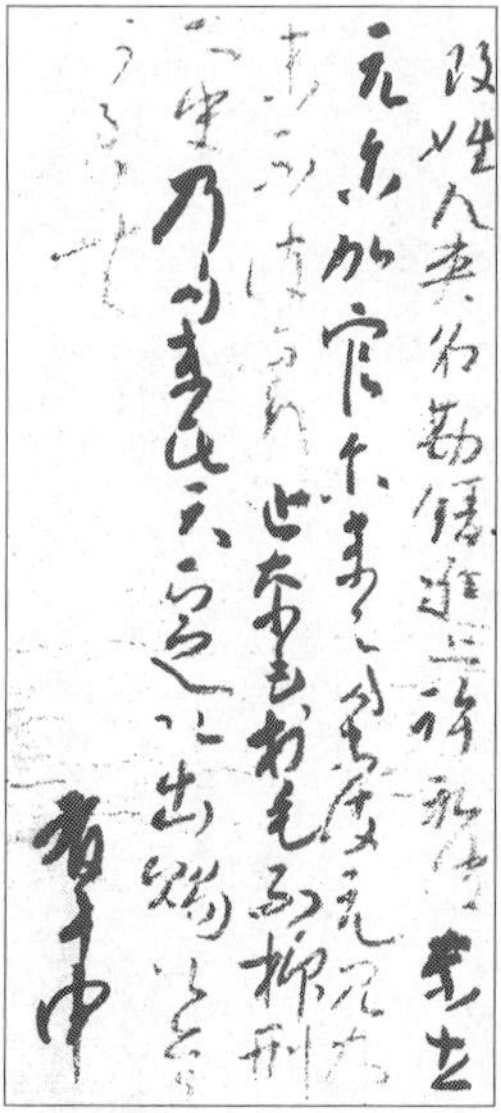

藤原有年申文

帳表紙端書《はしがき》は、藤原有年の自筆の文書で貞観九年（八六七）二月の記録である。

許《コ》礼《レ》波《ハ》奈《ナン》世《セ》无《ム》尓《ニ》加《カ》官《ツカサ》尓《ニ》末之《マウシ》
多《タ》末《マ》波《ハ》无《ム》。見《ミ》太《タ》末《マ》不《フ》波《バ》可《カ》利《リ》
止《ト》奈《ナ》毛《モ》於《オ》毛《モ》不《フ》。抑《ソモソモ》刑大史《ケイダイフ》
乃《ノ》多《タ》末《マ》比《ヒ》天《テ》、定《サダメテ》以出賜《イデタマハバ》、
以《イ》止《ト》与《ヨ》可《カ》良《ラ》無《ム》。

ここには、万葉仮名を極度に草書化した字形のみならず、完全に仮名化した字形が、混在している。

また、京都嵯峨清涼寺の釈迦像の中から発見された、僧奝然《ちようねん》のへ、その緒に結びつけられていた紙片には、

ひつしの□□のときにむまる……

とあり、これも簡単な字形で書いてある。こうした字形から女子用の仮名が発達し、「女《をんな》手《で》」と呼ばれた。女性用文字の体系を別に作り、それに女文字と名づけた文化は、世界にその例が少い（韓国でハングルが作られたときにそれは「女文字《アムクル》」といわれたという）。

女手の古い字形のままを伝えるまとまった文献としては『土左日記』の写本がある。藤

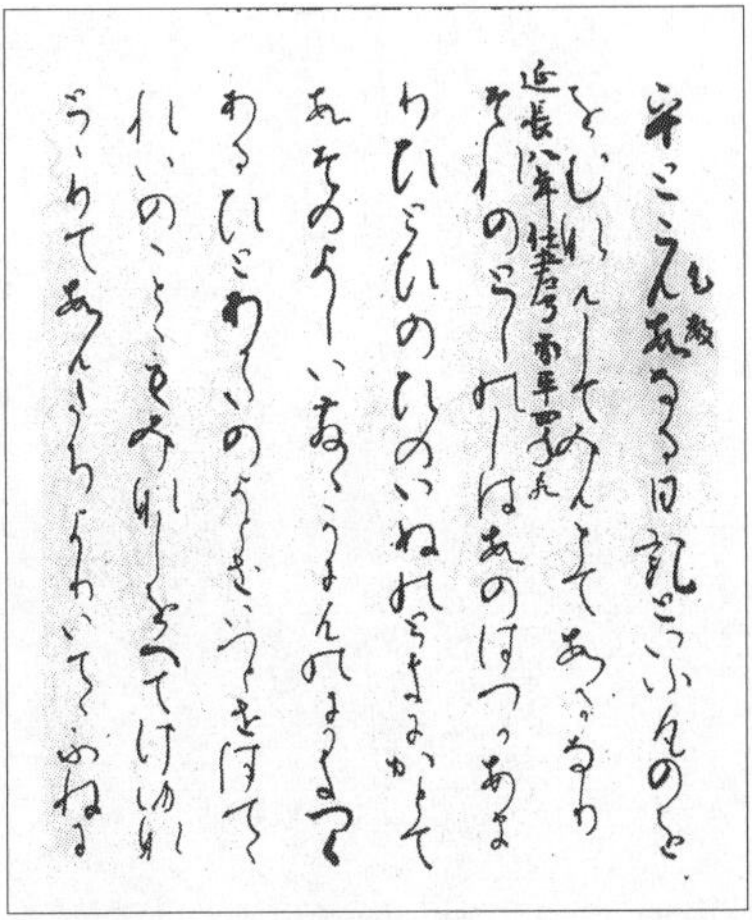
青谿書屋本『土左日記』

原定家が晩年、法性院の宝蔵にあった『土左日記』――それは紀貫之の自筆の本と伝えられたものだった――を借りうけて書写したことがあった。定家は『古今集』『後撰集』『拾遺集』のような代表的歌集から、『源氏物語』『更級日記』のような散文文学に至るまで数多くの古典文学の書写をしたことがあっただけに、紀貫之の自筆本と聞いてそれを単に読んで書写しただけでなく、その最後の二葉を特に貫之自筆本の字形を模して添えておいた。その写本が現存している。

その上、定家はその子、藤原為家に、貫之自筆本『土左日記』の全部の模写を命じたらしい。その為家の模写本が発見された。それと、先の定家の模写した二面とを比較すると、文章も字形もぴったり一致する。紀貫之の書いた『土左日記』の原本は、これを資料として字形まで再構成された。その字形は大体のところ平安・鎌倉時代の平仮名と一致している。つまり、『古今集』の時代には実用を主とする女手は完成して流通していた。

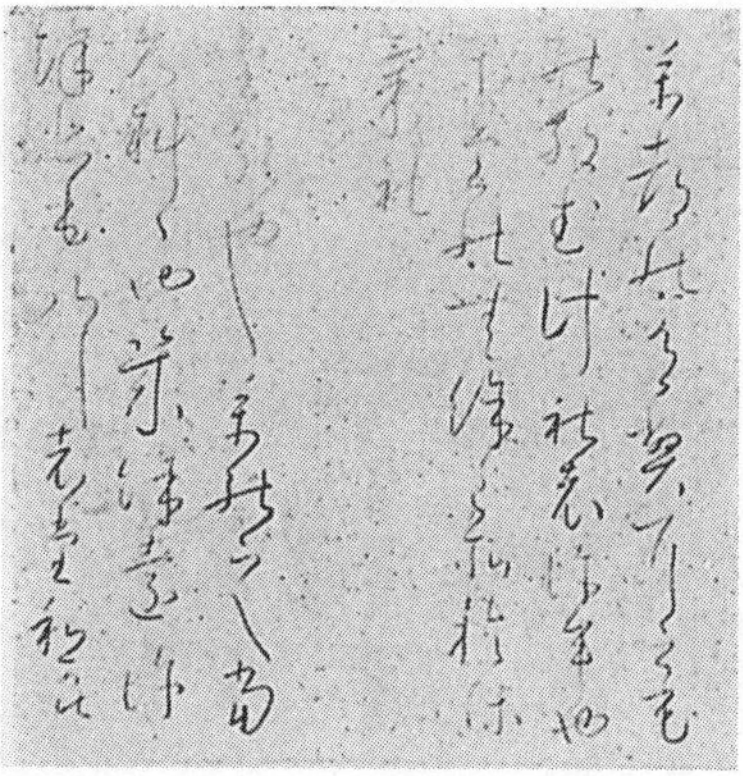

秋萩帖

草と女手

ただ、女手という文字体系を、単に、万葉仮名の楷書体が草書化された仮名であるとだけ理解してはならない。というのは、『源氏物語』の時代などに、「草《さう》の仮名」といわれる別の文字体系がある。光源氏は、「草《さう》」も「女手《をんなで》」も上手だったという。女手が実用の観点だけから草書化を極度にすすめ、字母も、一音には大体一字というように簡便を旨とした仮名の体系であったに対して、草とは、草書体ではあっても、美的要求から一字一字の字種について、変化を工夫し、視覚上の面白さを求めて書くものだった。例えば今日有名な「秋萩帖」のごときものである。小野道風の筆と伝える「秋萩帖」は、一音に対して次のようなさまざまの字母を宛てている。これは当時一般の女手とは全く趣を異にし時代的に先行する「土左日記」よりも字の種類が複雑である。

い……以・移・意

か……可・閑・駕・我

し……之・志・事・新

三筆といわれた藤原行成の筆になるという「蓬萊切《ほうらいぎれ》」の仮名文字も、草の仮名に属している。つまり「草」の仮名とは美的要求にもとづいて、女手の字形や字種に特別の趣向をこらしたものであった。例えば右にあげたカの中の「閑」「駕」などは、数多くの異なる万葉仮名をもつ万葉集の中でも、ほとんど仮名として使われたことのない字である。それをここで多用しているのは、書道藝術としての変化を求めたものであった。この草を女手の中に含めていうらしいが、これは弁別した方がよいと思われる。

手習詞

この女手を習うはじめには、手《て》習詞《ならひのことば》を覚えて、それによって習字をしたものらしい。平安時代のはじめには、それは、

あめ《天》つち《地》ほし《星》そら《空》やま《山》かは《川》みね《峯》たに《谷》くも《雲》きり《霧》むろ《室》こけ《苔》ひと《人》いぬ《犬》うへ《上》すゑ《末》ゆわ《硫黄》さる《猿》おふ《生》せよえの江をなれ《馴》ゐて《居》

という四十八字から成り、主に物の名をつらねたものだった。その頃書き分けるべしとされた仮名をすべて含んでいるこの詞《ことば》は、当時は「あめつちほしそ」といわれていた。また、

なにはづにさくやこのはなふゆごもりいまをはるべとさくやこのはな

あさかやまかげさへみゆるやまのゐのあさきこころをわがおもはなくに

という二つの歌も使われていて、これは「なにはづ」「あさかやま」といわれていた。この手習歌は、平安中期を過ぎた頃には、

いろはにほへどちりぬるをわがよたれぞつねならむうゐのおくやまけふこえてあさきゆめみじゑひもせず

というわゆる「伊呂波歌」にとって代わられた。この「伊呂波歌」は事実ではないのに弘法大師の作と喧伝されたので、以後の人々はもっぱらこれによるようになった（弘法大師の時代には、四十七より多い音を区別して発音していた）。

この女手は本来、カリナであり、世間に正式に通用する文字ではなく、極めて私的な、手紙や自分自身の心覚えなどを書きとめて置くに使われる文字に過ぎなかった。それが何時、何故に社会的に正式な文字としての流通性を獲得することができたのか。その間の事情を述べておこう。

漢字文化圏の崩壊

仮名文字が日本の正式な文字の一体系としての位置を獲得したことは、漢字だけが文字であった時代から見れば、それだけ日本人が漢字から離脱したことである。何故日本人は漢字からそれだけ離脱することができたのだろうか。

九世紀末から十世紀にかけて日本では漢字からの離脱が起こったのだが、実はこうした

離脱は、単に日本においてだけ起こった事件ではないことに注目する必要がある。大体、日本、朝鮮、越南《ベトナム》などは、いわゆる「漢字文化圏」に属する国々であった。ところが、この漢字文化圏の国々が、ある時期以後に、相ついでそれぞれの民族の文字を成立させて、文字社会を漢字の独占から解放した。

例えば契丹といわれた遼が、自分の言語に適した文字を造ったのは十世紀のはじめとされている（この字はいまだに解読できないでいる）。日本では、仮名が十世紀には正式の文字に加わっている。多少遅れて十三世紀に越南では自分の言語に合わせた字喃《チュノム》という文字を造った。十五世紀に朝鮮の李朝ではハングルを造っている。

大体この九世紀から十世紀という時期は、唐の政体が内部から崩壊を始めた時期である。いわゆる漢字文化圏は、漢代から始まる中国の近隣への強力な発展につれて、その高度な文化と、行政組織を学んだ国々の間に形成されたものだった。だから、唐の政治組織が動揺し、その文化的な指導性が失われてくると、漢字に対する尊重の念とは別に各地で自分たちの言語に適した文字を造ろうとする動きが始まった。遼の契丹文字もそれの一つであるが、日本の仮名の創作・流通もそういう東アジアの文化的な動きの一環として理解されるべき点を持っていた。仮名の発達とほぼ平行して起こった日本からの遣唐使の派遣の中止も、唐の国内の混乱によって、留学しても落着いて研学できないということが、その一つの理由だったことが考え合わされよう。

和歌の伝流

このような国外の事情に相応するように、国内的には、藤原氏の国政の権力の独占が次第に成功しつつあった。律令制——これは唐に倣って実施された行政の組織であったが、日本人の風俗・習慣になじまないところが元来あった上に、地方の新開の田畑は寺社や有力豪族へ寄進して租税を免れるという日本的な動きが増加し、律令制の崩壊、荘園の増加は着々と進んでいた。藤原氏はこの時期になると外来の新しい制度・文物を導入するよりも、保守的・回顧的な方向を採り、自己の既得の利益を守ろうとしはじめた。日本書紀の講義がしきりに行われ、宮廷の後宮では漢詩に代るやまとうたが次第にもてはやされるようになって来た。

もともと漢詩・漢文が流行していた平安朝初期でも、和歌そのものが途絶えてしまったわけではなかった。万葉集の最後の歌は天平宝字三年（七五九）であるが、宝亀三年（七七二）には、『歌経標式』が作られている。この本の内容は、漢詩を作る際の心得でもって日本の和歌を分析したものである。今日から見れば実に異様な見当はずれな分析が目につくが、和歌を学問的に批評しようとする意図だけは明らかに見える。

『続日本後紀』には、尾張連浜主という老人の歌が記録され、また、興福寺の僧の合作になる長歌もある。これは柿本人麿の最大の長歌よりも長い歌であり、それまで五七調で作られて来た長歌が、七五調に転じる最初の姿をそこに見ることができる。これはつまり古代の長歌的発想がまだすっかり途絶えきってはいないことを示す作品である。そして、延暦十三年（七九四）の平安遷都から四十年を経た承和の頃の、六歌仙といわれた僧正遍照《へんじょう》、小野小町、小野篁《たかむら》などの自由な読みぶりの歌も多くある。つまり、和歌の伝統は切れてしまったのではない。平安時代初期を国風暗黒時代というのはやや誇張した表現である。わずかに、和歌に関する記録が、漢詩・漢文の記録に比して乏しいということにすぎない。

律令制が崩壊の途を歩んで行き、藤原氏の摂関体制確立への用意が宮廷を中心として着々と進みはじめると、宮廷の内部での女性を中心とした文化がさまざまに展開してくる。

歌合せの流行

宮廷では相撲や競馬、競射、小弓会などの競技《わざくらべ》が行われていたが、一方には、花合せ、根合せ、貝合せ、蛍合せなどの物合せも盛んであった。こうした物合せと競技とに示唆を得て、その統合として歌合せが誕生したのは仁和年間（八八五―八八九年）のことであるという。

そしてこれは「在民部卿家歌合」「是貞親王家歌合」「寛平后宮歌合」と次第に宮中の行事としての盛大さを加えた。この歌合せの流行は、単に和歌の歴史の上の事件ではなく、文字の歴史の上で一つの大きな意味を持つことになった。というのはこれにには女性が参加していたからである。すでに述べたように女性は文字としては女手しか書かなかった。――だから平安時代に女性に賜わる宣命は女手で書かれたし、後のことであるが、源実朝の『金槐和歌集』を書写した女性は、題詞の漢字の部分を省いて、仮名《かな》で書く和歌の部分だけを書いた。省いた題詞の漢字の部分は、藤原定家が後に書き入れて一冊として整えた。その本が定家本『金槐和歌集』と呼ばれている。

『古今集』と女手

かように女性は女手しか書かなかったのだから、女性がいつも参加する歌合せでは、女手が文字として使用された。歌合せは貴族の家で催されるだけでなく、皇后主催のものもあった。仮名《かんな》と呼ばれ、仮りの文字という扱いであった女手が、そこではいわば公式に使用された。これがもとになって『古今集』の撰進において、『古今集』に使用する文字として女手が採用されるという事態に至ったものに相違ないのである。それに先立つわずか十二年の『新撰万葉集』（菅原道真撰）では、女手は使用されず、漢字ばかりの古い万葉仮名が使われている。だから、『古今集』撰進の頃には古い万葉仮名も社会的な力をまだ失いきっていたわけではなかった。

延喜五年（九〇五）、天皇の命で編集された『古今集』は女手で歌も題詞も書かれている。さらには、その序文まで女手で書いてある。これはまことに画期的な出来ごとだった。何故なら当時、書物の序文は漢字で、漢文という文体で書くべきものであったからである。『古今集』には漢文の序もついている。その伝統的な慣習を破って、女手で歌の歴史を書き、和歌の評論史を綴ったのが『古今集』の仮名の序である。これによって女手は全く公式な、正式な文字としての社会的流通性を得たといえる。

『土左日記』

この『古今集』の編集の中心的人物であった紀貫之は『古今集』に遅れること三十年、承平五年（九三五）に『土左日記』を書いた。この作品の最初の文章は、

をとこもすなる日記といふものををんなもしてみんとてするなり

と書かれている。紀貫之は男である。「男も書くという日記というものを、女も書いてみようと思って書くのです」という。婦女子のための女手を使って日記を書くことは、とても一人前の男のすべきこととは思われなかった。そこで紀貫之は冒頭にこの一句を置いて、自己を韜晦させなければならなかった。しかし、『土左日記』の内容は決して女の立場で一貫して書かれているものではない。たちまち筆者が男だという本性は明らかになるのだが、最初にこの一句を置いたところに、当時の漢字の文章と女手の文章との社会的位置の相違がのぞいている。

この日記は土左の国守が任地から京へ戻るまでの途中の出来事を、簡単な文章で書きつらねたものであったが、これには、当時の名筆の色彩の絵がついていたらしい。それは、男子だけが得ていた文字による楽しみを、宮廷関係の女性たちにも味わわせる道を開いた。それで大いに歓迎されたらしい。たちまちにして『庵主《いほぬし》』という模倣の作品が現われたほどである。

『土左日記』という絵入りの女手の作品は、絵を見る楽しみと、読みあげる文章を聴く楽しみという二重の効果をもたらす新しい領域を女性のために開拓した。これは男子が始めた試みであるが、男子の手になる女手の作品として代表的なものに『竹取物語』がある。

『竹取物語』

『竹取物語』は、今日のわれわれに読みやすい物語であるとはいえない。それの理解には古典語の文法や、古典語の語彙に通じる必要がある。しかし、その言葉が、ほぼ自分たちの言葉であった時代の女性にとっては、これはまことに興味津々たる物語であったに相違ない。何故なら、この物語は、竹の中から生まれた三寸ばかりの少女がたちまちにして成長し、五人の男性に言い寄られる。その一人一人に難題を課して、男性が虚偽の申し立てをするのを一つずつあばいて行く。そして最後には、天皇から求婚される。——そうしたことが当時の宮廷・貴族の夢見勝ちな女性にとって、どんなに破天荒な幸福・悦楽であったことか。しかもかぐや姫はそれを拒否して、自分は月世界のものであるといって、秋の名月の夜に昇天してしまう。

愛されたいとか、昇天してしまいたいとかいう、女性の本能的な願望を見事に満足させるようにこの作品は書かれている。これは若い女性を目指して作られた物語である。しかもそこに登場する人物の名前には、日本の古典その他に通じた人間でなければ出来ないような学問的な裏づけのある名がつけられている。そしてその文体には漢文訓読にだけ見えるような語句がある。このことは、これが漢文の世界になじんだしかるべき男の文章であったことを示している。つまり『竹取物語』は、下級官人が、宮廷の若い女性の歓心を求めて造形した作品なのである。女手による『古今集』の成立は、こうした新しい世界を導き出した。

しかし、女手が本当に女手としての役割を果したのは、男性が女手を使って女性のための文藝を産出した場合ではなかった。女が自分自身のために、自分自身の生命をこれによって刻むことができるようになったこと、ここに女手の真実の意味、本当の価値がある。

『かげろふ日記』

まずその第一はよく知られているように、『かげろふ日記』である。

これは一人の受領の娘として生まれた女性が、時の権力者の第二夫人となったときに当然味わったさまざまの女の苦しみを、あらわに記した日記風の文章である。

女手で日記を書くことは、太后穏子のいわゆる『太后日記』の例がすでにあった。それは、

　太后御記云　おとどの御賀を実頼の中将つかうまつれり　四尺の御屏風よろこび御てをうへにかかせたてまつらせ給

このように実務的な記録を中心とするものだった。しかし女手で書いた『かげろふ日記』の持つ意味は、そうした実務的な日常の記録を、女が自ら書き得たということではない。

なまの言葉、つまり自分が母親から教えられ、それによって自分の精神と能力とを養い育てて来た言葉を使って、女が女として生きる喜びと苦しみとをありありと書き込むことができたということである。

『かげろふ日記』の著者の父親は、文章生出身の、受領階級の一人であった。衛府の下級官人として務めていたときに、その娘、当時、日本の三美人の一人とされていた娘、『かげろふ日記』の著者を、第二夫人としたいとする衛府の上官、藤原兼家の申込みを拒絶することはできなかった。その申込みを受け入れ、兼家が通って来るようになった二カ月後には、おそらく兼家の口ききによってであろう、娘の父親、倫寧《ともやす》は陸奥府の長官に任命されて赴任する。

兼家は当時の右大臣家の三男であり、後に大納言を経て、関白に至った人物である。『かげろふ日記』の著者にとって第二夫人という位置は、はじめから覚悟の位置であったとしても、彼女は「日本三美人の一人」と書かれている、これこそは彼女の誇りであり、自己存在の根拠であっただろう。それが最初の妊娠・出産の直後、町の小路の女への兼家の手紙を手箱の中に発見する。――ここから一人の女としての苦しみが始まる。自分の美貌と歌才とについての自信、それにもかかわらず歌合せの場に出させてももらえない不満。第一夫人時姫に子供が生まれても、そのことは衝撃として何も書かれてはいない。しかし、町の小路の女に子供が出来たときの逆上、そしてその子供の死んだと聞いたときの凱歌をあげるに似た喜びの書き振り。

その文章は『枕草子』や『源氏物語』に比較すれば上手であるとはいえない。無造作に書かれた部分が目立つ。しかし、『かげろふ日記』の、日本文章史での意味は、女が自分の苦しみ、悲しみを思うままに文章化するという道をここにつけたということである。

『源氏物語』

下級貴族の女性が女性であることの悲しみを文章化したのは、『源氏物語』である。『源氏物語』の著者は受領階級出身の女性である。稀な天才的な繊細な感受性、学問力、構想力、表現力を持っていても、女であるが故に、そして受領の娘として生まれたが故に、紫式部は現世的な幸福を得ることはできなかった。

学問の能力のある女が、現代でもそうであるように、紫式部ほどの学識を身につけたなら、凡庸に見える男と結婚する気にはならなかっただろう。そのあげくは全くの晩婚の形で結婚する。その相手はやはり受領の一人であるが、年齢は四十の半ばに近く、すでに三人の妻を持ち、それぞれの妻に子供のある男の、第四番目の妻として紫式部は結婚した。その男との間に一人の女子を設けたが、その夫も間もなく死んだ。その後、彼女は、藤原道長に見出されて、中宮彰子の家庭教師にさそわれる。一日宮中に出てみて、宮廷の空気を感じとった彼女は出仕をためらう。しかし結局その仕事を引きうけた。しかし後の記録である『尊卑分脈』の紫式部の項に「道長妾」とあるのは意味深長である。『源氏物語』

はじめ、その華麗な世界の主人公、光君を造形し、美貌で有能で心深い皇子の一生つまりその人の運が、予言のように実現して行く宮廷生活を描く。それが縁で中宮彰子の家庭教師になり、その出産のための里下がりについて行った道長の邸で与えられた紫式部の部屋の戸を道長が叩く。そしてついに道長を迎え入れるに至る。ところが喜びに満たされたのは半年のことだった。些細なことから突き放される事態に至る、それは紫式部日記に詳細に記されている。彼女は道長の呪縛から脱却しようと宇治十帖までを書く。

紫式部は、男子が読んでいた『白氏文集』『史記』など極めて多くの漢籍に通じ、仏教を原典で読み、『古今集』以下の古典をそらんじていた。そして、光といえば陰、栄えといえば衰え、喜びには悲しみという、物事の相反する面を絶えず見すえながら、微かな動きをとらえ、ほのかな味わいを漲えた文体で、五十四帖にわたる物語を完成した。

散文文学としての『源氏物語』

作者は当時の男性以上に漢字・漢語に精通していたにかかわらず、それを正面に振りかざした漢字による表現を綺羅綺羅しくはしなかった。むしろ多少古い言葉遣いの和文体で、あらわを避け、薄衣をまとう女性の姿体を思わせる筆づかいによって事を精緻に書き上げた。これは漢語に頼らずヤマトコトバによる物語文学の極致であり、女手をもってしたからこそ成就し得た文章である。そこには、いわゆる散文精神といわれるような強靭な精神が脈打っている。

どんなことがあってもめげずに、忍耐強く、執念深く、みだりに悲観もせず、楽観もせず生き通して行き、自分の置かれている状況の薄暗さを見つめて、じっと我慢してものを見すえる。見なければならないものにおびえたり、戦慄したり目を蔽ったりしないで、何処までも現実を見つめながら堪《こら》え堪えて生きて行く。このような「散文の精神」が、はやくここに具現されている。

男子は漢字の世界に生きていて、常に中国の空を望んではその模倣を心掛けていた。だからその目には男と女との間の本当の関係あるいは人生の意味を見て表現する力は養われなかった。それに対し、女は、自分の悲しみと苦しみとを、なまの言葉で直接文字化できる女手の世界に生きていた。だからこそ、『源氏物語』のような達成があり得たのである。

女手と諺文

『源氏物語』までは「物語」は、女房が声をあげて読み、それを貴族の子弟、女たちが集まって聴くものであった。それはあたかも韓国で諺文（女文字《アムクル》）が創成されたとき、男子は漢字に執着してこれを顧みなかったに対し、女・子供が、この諺文による創作の音読を集まって聴いたというのと、全く軌を一にする行為であった。しかし、『源氏物語』は朗読のための台本などでは決してない。また、何人もの人間によって書きつがれたものでもない。まがうかたなく一人の超えてすぐれた女、受領階級に生まれた女によって書かれ、完結された、一貫した主題の発展のある物語である。もし、語り、朗読するための文章ならば、もっと類型的表現が多くあるはずである（あたかも「……なるこそあはれなれ」を繰り返す『平家物語』のように）。『源氏物語』は狭い宮廷の恋愛関係が中心の課題であるから、その中には同一の状況と思われる場面がいく度か生起するが、そこで全く同一の表現の繰返しを発見することはほとんどできない。作者は事態をこまかく見て精細に状況を書き分けている。しかもその背後には、儒教・仏教による人生の深奥を見ようとする決意がある。それは宇治十帖の最後の浮舟の行動、その描き方の中に示されている。『源氏物語』は全く、個々の読み手がその女手による表現を一字一字、一語一語読み分け、味わい分けることを要求している作品である。ヤマトコトバだけの文章としては、遂にこれを超える作品は現われなかった。もしこれが存在しなかったら、日本語ははるかに貧弱な遺産しか持つことができなかっただろう。

第十三章　漢字を使い馴らす

漢字の日本的使用

母親から口伝えに覚えた言葉を精練することによって、心のすみずみまで事こまかに表現する『源氏物語』のような文章が女性によって達成されたころ、日本語を書くための漢字の使用についても、さまざまの工夫が相ついでなされた。

もともと、日本で正格の漢文の制作が強く志されていた七、八世紀の頃にも、すでに正式の中国語の文法に従っていない文章が実際にはかなり多く書かれていた。それは今日変体漢文とも、亜漢文とも呼ばれている。平安初期の『日本国現報善悪霊異記』は、仏教でいう因果応報の理を感得させようと、奇異のことを語り、それの因を求め果を語った物語集であるが、その文章は漢字ばかりで書いてあり、漢文の体である。しかしその中にはすでに、

無物可献（献るべき物无し）

有徳可美（徳の美《ほ》むべき有り）

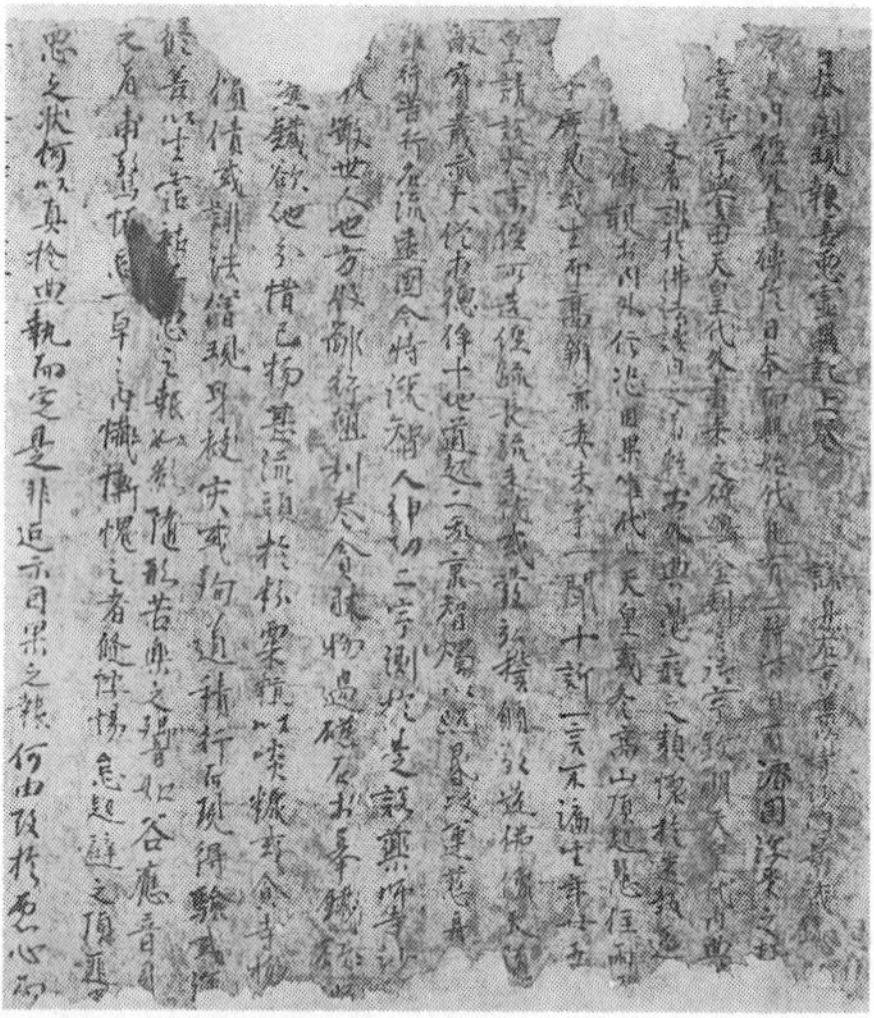

『日本国現報善悪霊異記』（興福寺本）

のように日本的な構文にひかれた文章がある。そのうちに公卿の日記や記録に、

御建礼門有荷前事、左右大将不参、門前立幄為御在所、前施幔、辰之方去数丈、立幄為上卿座（『権記』正暦三年十二月廿六日）

のような漢字ばかりで書いてあるが、日本語の語順で多くを書いたものも見えて来る。

これは、「建礼門ニ御シテ荷前《ノサキ》ノ事有リ。左右大将不参。門前ニ幄ヲ立テテ御在所トス。前ニ幔ヲ施シ辰ノ方去ルコト数丈、幄ヲ立テテ上卿ノ座トス」と読むので、漢文という観点だけに立てば、正則の漢文が書けない結果である。しかし漢字の日本的使用という観点に立てば漢字をこれだけ日本的に使いこなすようになって来たということである。

訓読体による文章

漢文を和文化する方向は、日本語を母語とする人間にとって自然な動きであるが、この次の段階としては、漢文を訓み下しにした文体の文章をそのまま書くようになる。

　今昔、仏ノ御弟ニ難陁ト云フ人有リ。始メ在家ノ時、五天竺ノ中ニ形チ勝レテ端正无限キ女ヲ妻トシテ、其ノ愛欲ニ着シテ仏法ヲモ不信ゼズ、仏ノ呵嘖ニモ不随ハズ。（『今昔物語』巻第一）

『今昔物語集』に見られる右のような文章はその具体的な例である。ここでは片仮名が小字で書かれており、形チ（かたち）のような今日では付けないような送り仮名がつけてあり、また「不随ハズ」のように、漢字の「不」を書いてその下にズと助動詞を添えている。この片仮名がもし大きく書かれるならば、右の文章は明治時代にいう普通文の形となる。男子は皆、学問をするといえば漢文を学んだのであり、漢文は平安中期以降棒読みに音読することはなく、すべて日本語風に訓読したから、訓読の文体によって日本人は議論文を書き、また種々の叙述をなして来た。それは右に見るような姿をしていたものだった。これが文章といわれるものの普通の形だった。

　この文体は文章用の文体である。だから個人個人の口頭語の地方的な発音の差異を表面に出さない。これは誰に対しても通用性のある、日本の共通語の役を果す文体であった。あたかもラテン語の文章によって中世から近世にかけてのヨーロッパ人たちが国々や地方による言語上の相違を超えて学問的な記述をなし、また意見や情報を交換し合ったのと同じような役割を、この文体は日本の国内で千年の長きにわたって果した。

これは日本人が漢字漢語を漢文本来の文章と文法とから切り離し、使いこなした結果である。漢字を単に漢語語彙を表記する文字として使っただけでなく、漢字に特定のヤマトコトバを対応させ、それを訓《くん》として文章の中でヤマトコトバを表記するためにも使い始めた。同じ漢字文化圏にあって、日本に向けて漢字を伝える役目を果した朝鮮では、はじめ漢字に訓を与えて、文章の中に混在させ、自分の言語を書く方法として使ったようだが、後にそれを棄ててしまった。漢字は音読するだけのものとして、例をあげれば「遊」はユウとだけ使い、これにアソブという言葉を対応させ「遊ぶ」と書くような、音訓の併用という手法を朝鮮では廃した。その得失はにわかに論じがたいが、日本語の方が、漢字を日本語に同化して使いこなそうとしたことは確かである。

そして日本人は、漢文の訓読という文体を持ってはじめて、自分の思想を秩序立てて自分の言葉で書くことが出来るようになったと言ってもよい。『古今和歌集』の仮名の序は、女手だけにより、漢字を混えずに書いた評論、和歌史である点、注目すべきものであった。しかし、女手だけで、つまりヤマトコトバだけで文章を構築することがいかに困難であったかは、その文章を見ればたちどころに理解することが出来る。「仮名の序」は、抽象的観念を短い語形で、的確に表現することができず、長々しくて不鮮明な文章となっている。

ヤマトコトバだけの文章では、女手による物語のように、人間の動きや心理を精しく描くことはできた（『源氏物語』を見よ）。しかし抽象的な観念を表わす語彙に乏しいヤマトコトバで、議論・評論を書くと、抽象的な観念をからみ合わせたり、正邪・是非の論評をしたりする際に論の進行が不鮮明で、どうしても冗長になる。その文章は起承転結すらもさだかでなくなり勝ちである。つまり日本語にとって漢字を離れたヤマトコトバだけの議論文の構築は極めて困難だった。

漢和字書の編集

そこで漢字を音と訓とに両用した。しかしそれによってヤマトコトバの語彙と漢語の語彙とを併せ使用する文章を書くことが一朝一夕で可能になったわけではない。そこには種々の段階があった。まず文字の形についての疑念に答える字書が必要である。中国製の字書は、隋代に出来た『切韻』と呼ばれる字書、あるいは『玉篇《ぎよくへん》』という部首別の字典など各種が輸入されていた。『切韻』はその名の通り、韻（発音）引きのものであり、細密な中国語のアクセントまで修得していてはじめて使用できるものだった。漢字の一字ごとのアクセントの平声《ひようしよう》、上声《じようしよう》、去声《きよしよう》、入声《につしよう》という区別を知ること自体、日本人にとっては負担である。それ故、最初に日本人が作った漢字の字書は字形の区別を手懸りとして漢字を検出できる字書だった。それらのうち今日残存するものについて記しておこう。

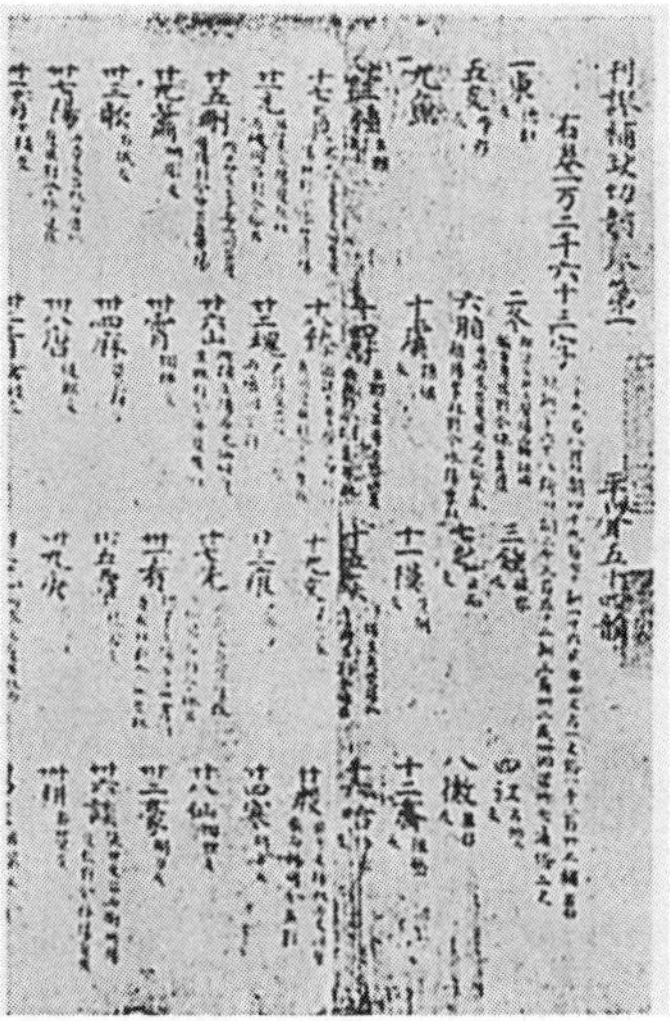
唐写本刊謬補欠『切韻』

『篆隷万象名義』

平安時代のはじめに漢字の字書を作ったのは、弘法大師空海であるという。空海は、約一万六千字を、字形で分類し、部首別にした字書を作った。その字形を篆書《てんしょ》と楷書とで示し、漢字の発音を中国風に反切で示し、意味を漢語で説明した。分類は顧野王の『玉篇』によっており、漢字について和訓は一つも載せていない。その字書の名を『篆隷万象名義《てんれいばんしょうめいぎ》』という。西暦八三〇年ごろの著作であるとされている。

『新撰字鏡』

次に同じく字形による分類体の字書が作られている。それは『新撰字鏡』といい、南都、奈良の法相宗関係の学僧かといわれる昌住の著で、九〇〇年前後に作られたとされている。これは唐の『一切経音義』を中心として、『玉篇』や『切韻』を取り込んだ漢字約二万一千字についての字書である。漢字を偏《へん》と旁《つくり》によって区分けし、それぞれの字に発音を注

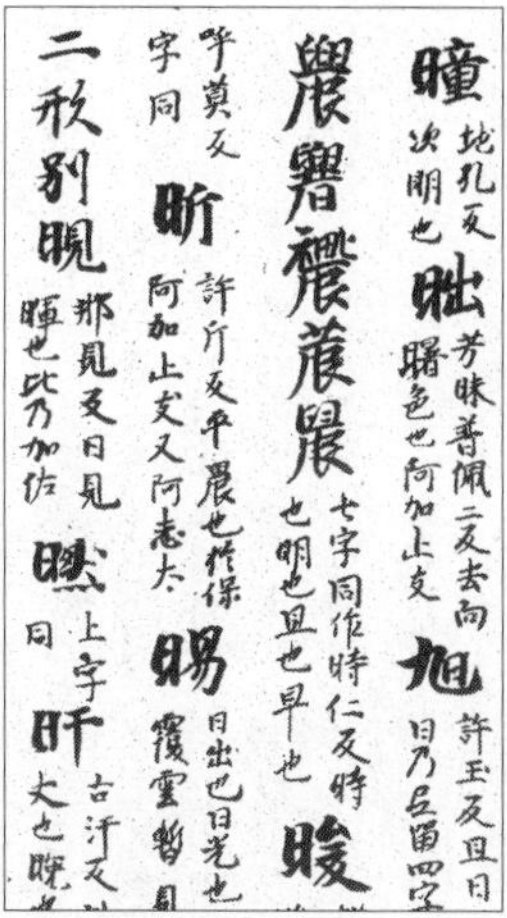
曈 地孔反 次明也 朏 芳昧普佩二反去向 曙色也阿加止支 旭 許玉反旦日 日乃丘留四字
晨䁅曟曟 七字同作時仁反時也明也旦也早也 晙
呼莫反 字同 昕 許斤反平晨也于保 阿加止支又阿志太 晹 日出也日光也 霞霊……
二形別 睍 那見反日見 暉也比乃加佐 曣 上字 同 旰 古汗反 大也晩也

『新撰字鏡』（天治本）

し、意味を漢語で書いている。のみならず和訓が三千五百ばかり書き込まれていて、『篆隷万象名義』よりも日本語に近づけて説く意図がはっきり現われている。『篆隷万象名義』が漢→漢字書であったに対して、これは一種の漢→和字書の姿をはっきり見せはじめているわけである。例えば、

曒　五七反平日初出時也　明也豆止女天又阿志太

のようなものである。これは「土毛反」が発音を示し「平」が平声であることを示し、「日初出時也、明也」が意味、「豆止女天《ツトメテ》、又、阿志太《アシタ》」が和訓である。つまり漢字を見たとき、その中国語の発音とその意味を中国語によって直接受け取るのではなく、漢字を見て、発音・アクセント・意味とともに、日本語でよむ場合のヤマトコトバによるよみ方、和訓を知らせ、そのヤマトコトバを通してその漢字の意味を理解するようにとの配慮によって、これは成立している。

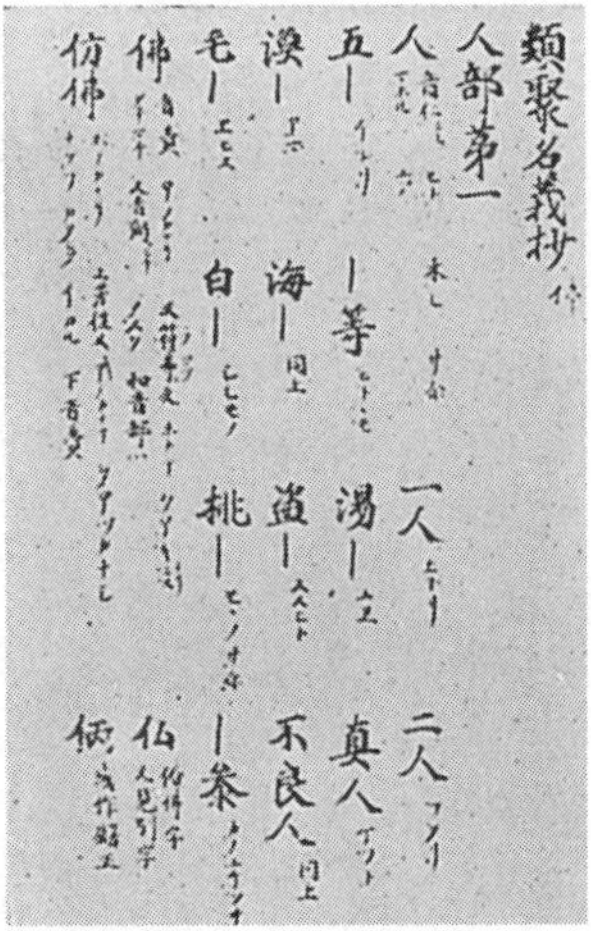

『類聚名義抄』（観智院本）

『倭名類聚抄』

こうした漢和辞典の他に、物の名を中心にした名詞を集め、分類し、その出典を示し、和訓をあげた『倭名類聚抄』も作られた。

これの著者は源順《みなもとのしたがふ》であるが、彼は二十四、五歳にしてこれを成したといわれている。源順は学才にすぐれていたが、身分の低さから、歌会などに出してもらうことができず、また藤原氏が宮廷の権勢をほしいままにし始めている時代に生きて、栄達の道を進むこともできなかった。そこで、彼は文筆の世界に気持のはけ口を求めたらしく、この百科辞書ともいうべき『倭名類聚抄』は、醍醐天皇第四皇女、勤子内親王に献呈されている。源順はまた『竹取物語』の著者でもあるという伝説があり、それを支持する学者もある。竹の中から生まれた美姫が五人の男に求婚され、それらに難題を課してそれを拒否し、天皇の求婚すら拒否して昇天するという『竹取物語』は、憂さをはらすべく百科辞書を作って献じたという若者が、学才を傾けて貴族の女子のために文章化した作品であると考えるとき、その事情は理解できる。丁度それは下級貴族の一人である紀貫之が

『古今集』の中に、紀氏関係の歌をかなり多く取り入れ、また女子のために、みずから女性に仮託して『土左日記』を書いたのと軌を一にする動きである。

『倭名類聚抄』は、漢字でその物の名を掲出し、それに対する和名をあげる。伝本によって相違があり、約二千六百項目を扱う本と約三千三百項目を扱う本とがある。

『類聚名義抄』

漢和字典として最大のものは『類聚名義抄』である。院政期の著作で、それまでに行われていた仏典、漢籍等につけられた傍訓を集大成したものである。例えば、

平卒　上通下正　ヲハル　ウス　ニハカ　ツヒニ　ヤム　シタカフ　シヌ　ステニ

のようなものである。漢字は『玉篇』の分類に従い、その異体字をあげ、発音を示し、和訓を集大成している。その上、『類聚名義抄』の特色は和訓にアクセント符号がつけてあることで、例えば次のようにしてそれが示してある。片仮名の左上に●符のあるのは、その音節の発音が高いアクセントであることを示し、左下に●符のあるのは、その音節の発音が低いアクセントであることを示すのである。また二点あるのは濁音を示した。

身　亠申　ミ禾レ　ムクロ　カタチ　シタシ　ミツカラ　ハラム　禾シン

『類聚名義抄』の中でも、原撰本とされるものには、アクセントが、平・上・去・入の他に、東声と徳声という、さらに二つの区別のある体系によっており、古い時代の日本語のアクセントが六声の区別を持っていたとする説の有力な資料となっている。この『類聚名

義抄』などによって、京都語のアクセントの歴史は、院政時代から今日に至るまで、個々の単語について何時ごろ、どのように変化して来たかをたどることが可能となり、その結果は専門家によってすでに明らかにされている。

つまり、『類聚名義抄』は、漢字の形・音・義の三つにわたって万葉仮名、または片仮名で明示した字書である。そこに収められた漢字の和訓の多さは驚くべきものである。それは多くの漢文の訓点本の中から、訓を集めているので、今日の進んだ漢文訓点の研究者による蒐集によっても、見出されないような訓を含んでいる。

当時は漢文訓読体と、女手による和文体があった。訓読体は漢語を多く取り入れ、漢語をそのまま訓み下すことが多いという点で、和文と大きな相違があった。その上、訓読体にだけ見られる接続詞や副詞などがあり、和文体と著しい対比をなしていた。例えば、タガヒニ、ハナハダ、スコブル、アラカジメ、カルガユヱニ、シカラバなどの単語は訓読体特有の言葉だった（和文体ならばそれを、かたみに、いと、いみじく、かねて、さればなどと表現するのが普通だった）。『類聚名義抄』の和訓は、右にあげたような漢文訓読体のヤマトコトバの集大成であった。つまりこれは一つ一つの漢字にどのような訓があるかを知るに、極めて役立つ辞書であった。

右の『篆隷万象名義』『新撰字鏡』『類聚名義抄』という系列の辞書は、漢字に中心があり、漢字の字形を知った上でそれぞれの発音・意味を知るという、今日の漢→和の字書にあたるものだった。しかし、逆にヤマトコトバにどんな漢字をあてるかを知りたいという要求もまた当然あったはずである。それに応えようとするのが『色葉字類抄』という、和→漢の字書である。

『色葉字類抄』

この字書は、まずヤマトコトバをイロハ順に区分して、次にそれを二十一の部門に分けた。天象・地儀・植物・動物・人倫・人体・人事・飲食・雑物・光彩・方角・員数・辞字・重点・畳字・諸社・諸寺・国郡・官職・姓氏・名字。

この区分の中に多くの単語が収めてある（左の写真参照）。

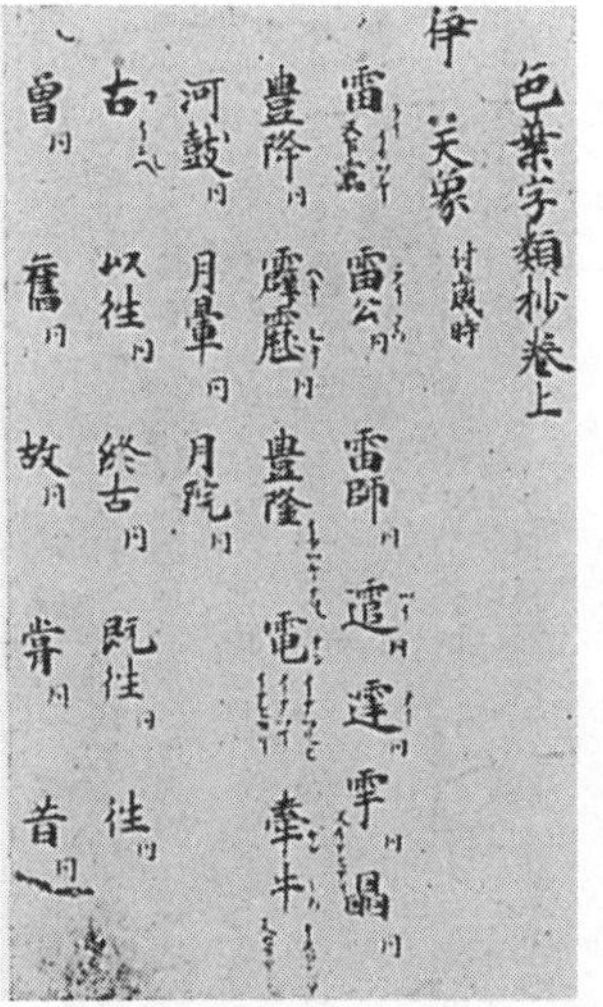

『色葉字類抄』（前田本）

『色葉字類抄』は手紙などの文章で、使うべき漢字の字形を忘れてしまったようなときに、それを検索する字書であり、また、一つ言葉でも、あてる漢字がいろいろあるときに、どれを選択するかを調べる字書である。これは漢字の使用が日常のこととなり、それだけ漢字が日本化されて使われるようになった結果作り出されたものである。

はじめて日本に漢字が持ち込まれて以来、すでに八百年近くが経過していた。その間、漢文のための文字であった漢字が、次第に日本語の文章のための文字へと使い馴らされて来た。そして、それなりに当時の日本人は、その漢字の日本的使用にもそれぞれの規範を用意し、日本語を整った、的確な表現にたえる言語としたいと心がけていた。その現われがこれら漢和・和漢字書の編集である。日本人は漢字によってはじめて文字を学び、それによって、文章を書くことを知った。今やその漢字を適切に使って事実や意見を精確に表現するための用意に心を使う段階に達したのであった。

第十四章　定家仮名遣

あらえびすの言葉

十二世紀に入るころには、社会を支配してきた律令制による貴族の行政上の実力が衰え、その社会情勢の変化に応じきれなくなっていた。貴族に代って力を増し、のしあがって来たのは武士、ことに東国に縁を持つ武士たちである。もともと平安貴族が、地下《じげ》の者として見下して来た武士階層であったのだが、その武士の力を借りなければ貴族は自分たちの権力争いの結着をつけることも不可能になった。保元の乱、平治の乱がそれだった。その事件はやがて武士の政界への進出につらなり、その代表として平氏と源氏という武士同士が中央の政権争いにかかわって来た。一度政権の座についた平氏は、やがて源氏に追われて西海に没し、東国の武士の勢力が京都へと侵入し始めた。その東国のあらえびすたちは、元来、京都の貴族にとって舌の曲った、汚ない発音をするものにすぎなかった。木曽義仲がはじめて京都に入ったときの滑稽な、無教養な会話が『平家物語』に鮮やかに書かれているように、東国の言語の粗雑さに対する軽蔑は平安時代を通じて西国人の一般的な観念

であった。だから、

あづまにて養はれたる人の子は
舌だみて（舌ガ曲ッテ）こそ物は言ひけれ

という歌が残されている。『源氏物語』の頃の『拾遺集』のこの歌は、帝都の人たちの東国語蔑視を正確に表現するものであった。

引き歌の技法

また、『源氏物語』の宇治十帖の中心人物、浮舟という女性は、皇族の生れではあったのだが、故あって幼少の頃から東国で育った。その女性は光源氏の子とされた薫《かをる》によって、田舎の宇治にかこわれていたが、その魅力にひかれ、深い間柄になって行く皇子匂宮《にほふのみや》があった。浮舟は匂宮に引きつけられながら、最初の男性である薫にそむいてはならないと思うに至り、二人の間に板ばさみになり、遂に宇治川に身を投げようとするに至る。しかし、この二人の貴族の男たちは、浮舟との会話や浮舟におくる手紙の中では、「引き歌」をしなかった。*53 引き歌とは、自らの言葉や歌の中に、古典として知られる作品の語句や、それをふまえた表現を取り込むことである。つまり、自分と相手との共通の知識である古典の詞華を相互に投げ合うことによって、お互いの才智のひらめきを豊かに披露し合い、楽しみ合うのが引き歌の技法である。薫も匂宮も浮舟に対しては、引き歌という表現技巧を使っていない。それは浮舟が東国育ちだということ、つまり、無教養であることを二人が信じ込んでいたからだった。二人の男にひかれ——匂宮には触れたそのからだの魅力からのがれられず、薫に対しては、女として取りあげかくまってくれた義理にひかれて——苦しみの果てに死を選ぶほどに追いつめられた浮舟に対して、宮廷人であるこの二人の若者たち、薫と匂宮とは、相手が東国育ちの教養の低い女だという基本的な認識を懐いていたことを、男たちが引き歌という言語表現をその女に対して用いないという形で作者は無言のうちに作品に造形した。東国人の生活や言語はそうした評価をうけて存在していた。

藤原定家の成長

院政期以後に至ったその貴族の文化が今や東国人の泥足によって踏みにじられ始めていた。その時機に藤原定家は成長し、父俊成の手ほどきを受けて作家と歌学とに精進した。『千載集』の撰者として歌壇の最高峰を極めた藤原俊成は、おのれが判者としてその歌合せ全体をとりしきった「広田社歌合《ひろたのやしろのうたあはせ》」のすべての歌、すべての判詞（評言）をみずから書写して年少の定家に与えるほどに、わが子の教育に熱心だった。[*54] そうした薫陶をうけた定家は、年少ながら確固たる足どりで歌壇に登場した。

藝術的感受性に富み、歌も物語も理解する能力にめぐまれた藤原定家は、また、学者的律義さを併せ持ち、頑固で、負けん気で、書き魔的能力を具えた人物だった。定家は十七歳で賀茂別雷社《かものわきいかつちのやしろ》の歌会にはじめて三首入選した。そしてその年、『和歌会作法』を書写している。それは和歌会での着座の礼儀、講師の歌を読み上げる作法、題目の書き方、歌の字配りなどについての心得を記した書物である。年も行かないうちからこうした書物の書写をしていることは、典拠を重んじ、文化の伝統を重視する当時の貴族文化の傾向と、将来それの担い手たるべき定家の心構えとを示している。おそらくこれにつづいて藤原定家は、古典の書写に用いる仮名の使用法に明確な典拠を求めようと考えたに相違ない。

伊呂波歌の役割

当時は女手（今の平仮名）の手習のはじめに、区別すべき仮名を集めて言葉にした手《て》習詞《ならひのことば》を教えるのが習慣であったことはすでに述べた。それには伊呂波歌が使われていた。伊呂波歌は、権者《ごんじゃ》であるとして世の崇敬あつかった弘法大師の作と信じられていた（伊呂波歌は四十七の仮名しか区別しない。もしこれが世に伝えられていたように弘法大師の時代、平安時代初期の作なら、少なくとも四十八、あるいは四十九の仮名を区別したはずである。弘法大師の頃は濁音を別にして、清音の音節は四十八あるいは四十九の音を言いわけていたからである。伊呂波歌は四十七しか区別をしない。それ故今日の国語学の知識で言えば、本当は、伊呂波歌は弘法大師よりも後の人の作だと断言できる）。その歌は、単に異なる仮名を集めて作った歌であるだけでなく、実は仏教の深い真理が歌い込まれた今様歌の形をとっていた。

色《いろ》は匂《にほ》へど　散《ち》りぬるを（形あるものは必ず滅ぶ）

わが世誰《よたれ》ぞ　常《つね》ならむ（この世に誰が恒常であることを得よう）
有為《うゐ》の奥山《おくやま》　今日《けふ》越《こ》えて（生滅無常の奥山を今日超越して）
浅《あさ》き夢見《ゆめみ》じ　酔《ゑ》ひもせず（浅はかな夢も見まい、酔うこともなく）

この歌に使われた四十七字の仮名を明確に区別して使うことこそ、仮名使用の規範を遵守することであり、『古今集』以来の伝統ある文藝の言葉を正しく伝承するのに欠いてはならない作法であると藤原定家は考えた。

しかしこの伊呂波歌には定家にとって三つの疑問が存在した。それはこの歌の中に、

いとゐ　えとゑ　おとを

という同音の仮名が別の文字として取扱われていることだった。当時は仮名には異体の文字が少なくなかった。たとえば、ケの一音の仮名としても、[illegible]（介から）、け（計から）、[illegible]（希から）のように、数多くの仮名が世間に通用していた。しかしこのように仮名がいくつ通用していても、それは音としては一つで、伊呂波歌では「け」一つとして扱われている。ところが、「い・ゐ」「え・ゑ」「お・を」は当時同音であったのに、伊呂波歌ではそれぞれ別の文字の取扱いをうけている。それが定家にとっての問題だった。

当時の仮名には濁音符をつけないのが普通であったから、清音・濁音の区別はさし置くとしても、今日の進んだ国語学の知識で言えば、伊呂波歌は、十世紀後半から十一世紀はじめにかけての京都の発音の区別に応じて仮名を選び、その仮名のすべてを使って一つの

歌に仕立てたものである。

伊呂波歌が作られた頃には、い [i] とゐ [wi]、え [ye] とゑ [we]、お [o] とを [wo] の六つの発音は、世間で区別されていた。だからそれぞれの仮名が別扱いにされて、四十七の区別を表わしていたのだった。しかし、それから二百年足らずを経た定家の時代には、この三対の音の区別はそれぞれ曖昧《あいまい》になり、失われてしまい、一つの音になり、六つの音が三つの音へと合併して、区別は三つになってしまっていた。

い・ゐ、え・ゑ、お・をの区別

言語の発音は年代とともに変化するものであること。また場合によっては音節の区別は年月のうちに失われて、二つあった音節が一つに合併されてしまうこともあること。こうした事実の認識は、当時の人々には未だ無かった。定家もその例外であることはできなかった。したがって定家は、文字の上で六つの区別があるのに、何故発音上は三つの区別しかないのか。その由来を知るすべを持たなかった。それで、定家にとって、いとゐ、えとゑ、おとをの六つの仮名文字は、何を規準に使い分けるべきなのか、それが疑問だった。

その中でい [i] とゐ [wi] との区別、え [ye] とゑ [we] との発音の区別は、漢字の音の学問の知識如何によっては当時でも理論的に分別することが可能であったと考えられる。定家がこれを明らかに知っていたかどうか、はっきりしない。だがともかく、当時の言語では、ゐ [wi] とゑ [we] とを含む単語の数は少なく、その使用度数はごく僅かだった。だからこれらの仮名については、それを使う単語はどれどれと定めておけば一応その疑問に対する答えとすることができた。そこで定家は何らかの文献によっていとゐを使う単語、えとゑを使う単語をそれぞれ定めたらしい。しかし、お［o］とを［wo］とについては、この二つで始まる単語の数が極めて多く、かつ音節としての使用度数もはなはだ多かった。だからこの二つを使い分けようとするには、個々に単語を記憶するよりも、何らかの簡単な原則を記憶しさえすれば、おとをとを使い分けられるようにすることが望ましかった。

『色葉字類抄』の役割

実は、おとをの問題については定家以前に同じことに直面した人がいた。それは日本語を漢字で書くときに、どんな漢字を使うべきかを教えようとする字書、つまり和→漢の字書を作ろうとした人々だった。『世俗字類抄』『色葉字類抄』などという、和語を集め、それを分類し、その一つ一つに漢字を示す字書を作った人々は、集めた和語を、ともかく何らかの規準によって分類しなくてはならなかった。そのとき『世俗字類抄』も『色葉字類抄』も伊呂波歌の順を使った。そして、

(1)その単語の第一音節のイ、ロ、ハ……によって全部の単語を区分けし、イの部、ロの部、ハの部……の順に掲出する。

(2)イの部の内では、天象、地儀……と事柄によって十九乃至二十一に分類する。ロ、ハ

以下も同じ。

という原則を立てている。しかし、おとをの部の分類にあたっては、それらの辞典の編集の頃にもすでにその二つの音のoとwoの区別が失われていたから、編修者たちは困惑したはずである。その時、その字書の編者たちは、おとをとを使い分けるための一つの道を見出した。低いアクセントのオで始まる単語、例えば、

おく（奥）　おこす（起）　おとす（落）　おそる（恐）　おだひかなり（穏）　おつ（落）

などはおの部に収める。高いアクセントのオで始まる単語、例えば、

をく（置）　をくる（送）　をこたる（怠）　をこなふ（行）　をごる（奢）　をのづから（自）

などはをの部に収めるという処置である。

アクセントの高低

アクセントといえば、英語、ドイツ語などのアクセントは強勢がどの音節にあるかをいう。ところが日本語のアクセントは、どの音節が強いか弱いかではなく、中国語などと同じく、音節の音の高さ低さの対比をいう。

現代日本語のアクセントについては、これを直接耳に聴くことができるから、アクセント学者は、各地のアクセントの相違を全国隅々まで調査しており、詳細なアクセント分布図が完成している。過去の京都語のアクセントについても、資料は意外に豊富に残されて

おり、江戸時代、室町時代、鎌倉時代とさかのぼって、院政時代まで、基本的な単語については、実証的に一音節ごとのアクセントの高低を明らかにすることができる。

たとえば院政時代に作られ、鎌倉時代の写本の現存する漢和字典『類聚名義抄』には、先にも触れたように個々の音節のアクセントの低い高いが記入されている約一万語の単語がある。院政時代の京都語のアクセントは、

平……低く平らな発音
上……高く平らな発音
去……はじめ低く後高くあがる発音
入……フ、ク、ツ、キ、チで終り、つまる発音
東……はじめ高く後低くさがる発音
徳……上声につまる音が加わる発音

という区別があった。そして鎌倉時代のうちに、低平調・高平調・下降調へと減少した。それが各種のアクセント資料によって知られている。

このように個々の単語にアクセント符号をつけた文献は日本書紀（古写本）、『類聚名義抄』（宮内庁本、観智院本）、『字鏡』（岩崎本）、『倭名類聚抄』（伊勢二十巻本、京本など）、『古今集』（古写本各種）その他がある。これほど多数のアクセント文献が残っているのは、当時の人々が、それだけ単語のアクセントに注意を払っていたことを意味している。

いま、右にあげた各種の資料などによって当時の伊呂波歌をとなえる場合を調べると、「奥山《おくやま》」という言葉の最初のオは低いアクセントで発音されていた。また「散りぬるを」の場合の助詞をのオは高いアクセントで発音されていた。そのアクセントの区別に示唆を得て『世俗字類抄』『色葉字類抄』の編者は、おの部に低いアクセントのオで始まる単語を集め、をの部には高いアクセントのオで始まる単語を集めたものと思われる。

定家仮名遣の原則

藤原定家は、この分類法が言葉の表記上の一つの原則たりうることを理解した。そして規範の樹立を欲していた定家は、おとをとは、アクセントの低いと高いとで書き分けることにした。それによって、伊呂波四十七字の仮名を厳格に使用し、単語を明確に表記して理解に役立て、言語の伝統を正しく受け継ぎかつ伝えて行くことを考えた。

仮名文字は、すでに述べたように、本来漢字の一部を省略して成立した片仮名と、草体をさらに極度に草書化して成立した女手（平仮名）とによって成っていた。その命名からうかがえるように、仮名《かな》は、マナ（真字《まな》、本字、つまり漢字）に対するカリナ（仮り字《かな》）から発した。したがってその使用は便宜的なものと見られ、社会的地位は低く、これを厳密に規範を樹てて使用しようなどと考えた人はそれ以前には無かった。厳密な古典主義者に成長した藤原定家は、漢語でない日本古来の「ヤマトコトバ」を正しく表記し、正確な理解が達成されることを求めて「仮名遣」をはじめて定めたのである。

日本人は漢字については、これを重視し、学習につとめてこれを正しく理解しようとした。しかし仮名は文字通り「仮りの名（文字）」として遇して来た。しかし定家は仮名遣を確立することによって、「ヤマトコトバ」を書く仮名を正式の文字としての位置に据えようとし、かつその仮名の使用法を確立したわけである。この「仮名遣」の創始者藤原定家は、万事、師説の尊重された中世という時代にあって自己の創出にかかるこの表記法を自分自身は断固として実行した。すでに定家二十一歳の頃に書写した女手の文献で極めて厳格にそれを実行しており、以後もほとんど例外なしにそれを守り通している。もし、藤原定家筆と伝える文献があっても、この定家の仮名使用法に反する例が見出されるものは、定家自筆でないと断定できるほどである。

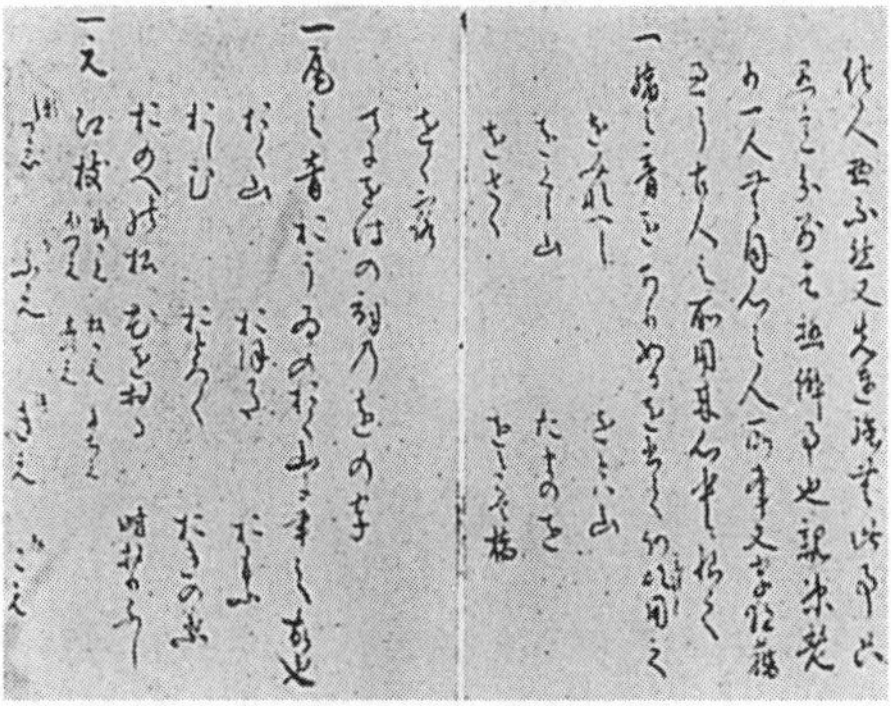
近衛予楽院の『僻案』（大野惣太郎臨模）

定家の『僻案』

しかし、創案者である定家はこれを他人に強制したりはしなかった。定家の傍にあって歌集や物語類の書写を手伝っていた、定家のいう「家の少女」がいたが、定家はその少女にむかっても綿密には彼の正書法を教え込んでいない。したがって、今日「定家筆」として伝来している写本でも、定家の「家の少女」の書写の部分には、定家の考えた仮名の正書法の例外が往々にして見出される。彼女は定家の字にそっくりの仮名を書くが、仮名の正書法については、書きちがえた例がある。

藤原定家は、彼の正書法を文書で詳しく説かなかった。というのは、その中心をなすおとをとの使い分けが、アクセントの高低という発音上の原則によっていたから、口で言えばわけのないことも、文書で書いては的確簡明に説明しにくかったにちがいない。しかし彼は簡単な『僻案』という書物を書き残した（これは以前は『下官集』といわれた書物である。しかし、自筆本の表題に「僻案」とあるのでそれによる）。「僻案」という謙退の辞がまず定家の姿勢を示している。そして「僻案」とある文字の下に「人不用。又不可用事也」（人用ゐず、又用うべからぬことなり）とあるのも定家の気持を人に伝える。

藤原定家は『僻案』の中で、「を」「お」「え」「へ」「ゑ」「ひ」「ゐ」「い」を使う実例をあげた後に、次のように述べている。

他人揔不燃。又先達強無此事。只愚意分別之、極僻事也。親疎老少一人無同心之人、尤可謂道理。況且当世之人所書文字之狼藉、過于古人之所用来。心中恨之。

（この方式は、他人は誰もこれを用いていない。先達にもこのことを説く人は無い。全く卑見による分別で、はなはだしい僻事というべきものである。親疎老少の者に一人として同心の人がないのはたしかに道理である。しかし当世の人の書く仮名文字の乱れ方は、古人以来の正しい書き方を誤っている。私は心中ひそかにこれを不満に思う）

右此事ハ非師説、只発自愚意、旧草子可見之。

（右のことは師の説ではない。ただ自分の見解に発することである。旧き草子にこれを見よ）

一語一語を大切にし、厳しく表現の適否を吟味した藤原定家は言語に対する誠実さを、表現の文字の上にまで至らしめた。それがこの文章によく現われている。

ここでいう「旧き草子」とは『色葉字類抄』の系統の字書であろうと私は考えている。定家はこの仮名の正書法を、女手（平仮名）だけの問題と考えていたらしく、定家自筆の片仮名文献、例えば『源氏物語奥入』の片仮名の部分、あるいは『奥儀抄巻余』の片仮名の部分などには、この定家流の正書法を実行していない。

藤原定家の声望と仮名遣

このように定家は、この「仮名遣」を自分自身のこととして自分だけで実行していたのだったが、右に述べた方式は、創始者藤原定家の、学者として、実作者として、批評家としての声望によって歌文の世界に喧伝され、平仮名によって歌や文章を書く場合の一つの規範として広まって行った。一例として鎌倉時代末期南北朝時代の文章家であり、『徒然草』の著者である兼好法師の『自撰家集』の自筆本を見れば、その仮名使用法がそっくり定家の方式のままである。これほどに定家の仮名使用の規範は歌文の社会に通用性を持つに至ったのだった。

そして南北朝時代に入ると、この定家の創案になる仮名遣を、人々がたやすく実行しうるように、い・ゐ・ひ・え・ゑ・へ・お・を・ほの仮名を含む単語を集め、それをそれぞれの部に配列して一目で分るようにした表記辞典を作った人が現われた。それは、藤原定家に仕えて、河内本『源氏物語』の校訂者の一人となった源親行の孫の源知行、出家して行阿《ぎょうあ》と号した人である。

仮名文字遣の成立

行阿は『仮名文字遣』あるいは『定家卿仮名遣』を著わし、おとをとをやはりアクセントの低いと高いとによって区別し、数多くの単語を蒐集してそこに収め、表記上の疑問が生じた場合には、これを一見すればたちどころに使うべき仮名が分るようにした。しかし定家の頃と行阿の頃とでは二百年近く年月が隔たっていたから、すでにアクセントの時代的変化が生じていた、定家が低いアクセントと認めて「お」を使って書いた単語でも、アクセントの変化に応じて行阿の『仮名文字遣』では高いアクセントの「を」を使うように指示してあるところなどもある。そうした多少の相違はあるけれども、『仮名文字遣』はともかく定家の趣旨を広く世間に知らせ、実際の使用上便益の多い本として流布し、後には板本として出版されるほどになり、仮名の正書法を確立する一翼を荷なった。日本語はここに自己の正書法を確立して、真に自立した言語となることができた。

日本語の発展

考えて見れば、三千年以上も昔、日本列島でイモや栗の栽培程度のことしかしていなかった時代に、古代タミル語が渡来したのだった。その言語を使う文明は水田稲作・金属使用・機織を持ち、当時として最高度の文明だった。だからその言語は、その文明と共に日本列島に広まり、和歌の五七五七七の形式まで日本に導入したと考えられる。

悠久なその時代の生活は、春夏秋冬の移りかわりにつれて、年々同じように繰返されていたと思われるが、紀元三世紀ごろ朝鮮半島から南下して来た集団があった。その集団はアルタイ語系の言語を持ち――文法はそれ以前のタミル語にもとづく日本列島の言語とほぼ同じであったが、彼らは軍事力、組織力にすぐれていて、九州北部から瀬戸内海を通って近畿地方へと進出した。そして、その集団は自己の持つ軍事力によって、日本の諸地域の群小の族長を統合し、次第に強力な政治体制を作りあげたに相違ない。

言語は文明に随《つ》いて行くものである。すぐれた文明は、高い水が低きに行きわたるように広まって行く。そしてその高い文明をささえる言語も、文明とともに広まって行く。縄文時代の日本列島の人々が、水田稲作・金属使用・機織を取り入れた時に、それの言語も取り入れ、それがあたり一帯に広く行われ、久しく持続して日本語の基礎を築いた。しかし朝鮮半島から強力な集団が進出して来て、その言語が、当時の日本列島の人々の言語の上層にかぶさった。朝鮮からの勢力は西日本に根を張り、部族の連合をつくりあげ、やがて東国をも制圧して次第に全国的統一の体制へと発展した。しかし、この時代までの言語は、どれ一つとして文字を駆使する表現技術を日本に持ち込まなかった。

日本列島の中に、国家ともいいうる集団が各地域ごとに成立しはじめたとき、その眼前には強力な軍事力、文化力を備えた中国が見えて来た。その中国という強い文明と武器との保証のもとで、日本列島の国王たちは権勢をふるおうと考えた。

日本の諸国王は競って中国の国王の傘下に入ろうと努めた。だから数多くの使者を中国に派遣し、中国に朝貢した。その使者たちは単に中国語を話すだけでなく、中国の文字を使って、文章を作り、文書を献呈しなければならなかった。ここに日本における文字使用の必要性が確立された。それゆえ、漢字の使用上の規範と権威は常に中国にあり、表現の正・不正、表記の適・不適は中国の慣習に従うか否かによって決定された。

しかし、日本列島の言語は、中国語とは根本的に発音も文法も単語も異なっていた。その異なる言語を書くための漢字を日本語の構造に適合させて使うことは、当然漢字の本来の正当な使用法を逸脱することであった。まして、漢字を日本語の音節構造に合わせて表記の道具とするなどは、正式でない用法であり、仮りの用法であると意識された。しかし、日本人は日本語のための、日本語に適した文字を求め、ついにみずからそれを制作して普及させた。その純粋に日本語のための表音文字が作り出されたとき、それは仮名《かりな》といわれたことはすでに述べた通りである。

正書法の確立と言語の自立

仮名が世間に流通するに至ってから百年にしてすでに確固とした散文『源氏物語』が女性によって書かれ、仮名の成立三百年にして、藤原定家によって正式の仮名使用法が確立され、それが世間に実行された。人々はその方式を信頼して一つの社会的規範とし、以後、歌文はそれに従って記された。

言語は単なる伝達の手段ではあり得ない。言語は文明それ自身なのである。人類の歴史をひもとくとき、高い優れた文明の成就するところ、必ずそれを自覚的に達成しようとする人間の努力がある。自立的文明を確立させようとする自覚的営為が花開いたとき、そこに個性ある文明をうち立てることができる。

それと同じく単なる模倣・追従から脱して、自己本来の言語の特性を把握し、それを生かす表現・表記を成り立たせてはじめて、自己の言語を自らあやつる人間となることができる。自己の言語を、精細に使い分けて的確な表現をなしとげ、人々に誤解を与えないような表記にすべく心を配り、しかも言語上の知識にもとづいた統一ある原理によってそれを律するという仕事が、鎌倉時代のはじめに至って成立した。それを成就したのが藤原定家である。

その意味で藤原定家という人物は、日本語の歴史の上で忘れることのできない存在である。彼においてはじめて日本語は真に一個の個性にかなった、独立した文化言語として成立したのである。

藤原定家は、純粋のヤマトコトバを正確に表記する一つの典型を示した。これは一つの完成であった。しかし、その時代に日本語それ自身は、もはや、ヤマトコトバだけによっては、豊穣な潤沢な表現力を備えた言語と言えなくなっていた。それは、当時すでに数百年にわたって取り入れつづけて来た漢字・漢語が民衆の段階にまで浸透し、漢語なしには日本語の語彙体系のある部分は欠落するに至っていたからである。日本語はもはや漢字・漢語なしにはあり得なかった。それならば日本人は、その漢字と漢語とをいかにして民衆の水準にまで広め及ぼし、しかもそれによって言語生活を発展させるためにどのような工夫をなしたのか。それは「日本語の成立」につぐ「日本語の発展」の段階において考察・記述せられるべきことである。

補注

（〔 〕の中の数字は本文のページを示す）

（1）例えば、平田篤胤の『神字日文伝』のごときは、神代文字の存在を主張している。〔22ページ〕

（2）金田一京助「口誦文学としてのユーカラ」（『金田一京助選集』第二巻「アイヌ文化志」）二九五ページ以下。〔24ページ〕

（3）A・イェンゼン『殺された女神』（一九七七年）大林太良訳、三三ページ以下。〔29ページ〕

（4）A・イェンゼン、前掲書、四五ページ以下。〔31ページ〕

（5）A. E. Jensen:Heinuwele. 1939, Frankfurt am Main. reprinted 1978 New York, p. 59～〔31ページ〕

（6）学習院大学大学院学生であった猪野史子「瓜子姫の民話と焼畑農耕文化」『現代のエスプリ—日本人の原点』一九七八年一月増刊号所収。一八六ページ以下。本書の瓜子姫民話に関する部分は、すべて猪野氏の研究による。〔34ページ〕

（7）武田正編「飯豊山麓の昔話」（『昔話研究資料叢書10』一九七三年）〔38ページ〕

（8）猪野史子、前掲論文、一九四ページ以下。〔40ページ〕

（9）岡正雄「日本民族文化の形成」（『図説日本文化史大系1』一九六五年）〔43ページ〕

（10）吉田敦彦『小さ子とハイヌウェレ』（一九七六年）三六ページ以下。これは吉田氏が岡正雄・水野正好氏の意見を取り入れて新しい見解を示されたものである。〔44ページ〕

（11）J. Alexander and D. G. Coursey : The origins of yam cultivation in the domestication and exploitation of plants and animals. (ed. by P. J. Ucko and G. W. Dimpleby) 1969. この研究に関して京都大学の田中正武教授の直接の御教示にあずかった。〔47ページ〕

（12） T. S. Barthel : Zählweise und Zahlenglaube der Osterinsulaner. Abhandlungen und Berichte des Staatlichen Museums für Völkerkunde Dresden. Band 21, Akademie-Verlag. Berlin, 1962. この文献の入手に関して大林太良教授を煩わせた。常々の御好誼に謝意を表する。〔52ページ〕

（13） この呼称の体系はミクロネシヤのヤップ島・パラウ島でも同型らしい。

ヤップ島では次の通りである。

兄　ガンニ ↔ ワイン　弟

ニプモン ↔ ニピン

姉　ガンニ ↔ ワイン　妹

パラウ島では次の通りである。

兄　クロル ↔ ケジ　弟

オドス ↔ オダム

姉　クロル ↔ ケジ　妹

松岡静雄『ミクロネシヤ民族誌』による。〔55ページ〕

（14） L・H・モルガン『古代社会 下』（岩波文庫）青山道夫訳、一八四、一八五～一八六ページ。

〔56ページ〕
(15) 吉田敦彦『ギリシァ神話と日本神話』(一九七四年) 八〇ページ以下。〔61ページ〕
(16) 吉田敦彦、前掲書、一七ページ。〔66ページ〕
(17) 吉田敦彦、前掲書、二六ページ以下。〔67ページ〕
(18) 大林太良『日本神話の起源』(一九七三年) 一四四ページ。
　吉田敦彦、前掲書、三七ページ。〔69ページ〕
(19) ウノ・ハルヴァ著・田中克彦訳『シャマニズム——アルタイ系諸民族の世界像』(一九七一年) 一九ページ以下。〔70ページ〕
(20) 大野晋『日本語をさかのぼる』(岩波新書、一九七四年) 二〇八ページ以下。〔71ページ〕
(21) ウノ・ハルヴァ、前掲書、一九ページ以下。アルタイ諸民族の世界構造に関する記述は、すべてこの書による。〔73ページ〕
(22) この見解は、一九七四年春、学習院大学大学院学生だった松原孝俊氏が、万葉集演習のときに述べたことがあるものである。〔75ページ〕
(23) 田蒙秀「上古に於ける稲作と稲及び米の名に見る日鮮関係」(『国学院雑誌』四九巻四号、一九四九年) 一九〜三三ページ。ただし、che (顱) は何処の方言形か、さだかでない。〔81ページ〕
(24) 芝烝「ドラヴィダ語と日本語」(京都女子大学『人文論叢』第二一・二三号所収、一九七三・七四年刊。『現代のエスプリ別冊—日本語の系統』一九八〇年再収、至文堂刊)
藤原明「日本語とウラル諸語の人体各部比較語彙」(日本言語学会大会発表、一九七三年十月)
藤原明「蝶 (蛾・蚕・蝙蝠・凧) 考」(国語学会研究発表会、一九七四年十一月)
藤原明「日本語とドラヴィダ語における人体語」(日本言語学会大会発表、一九七五年六月)
江実「日本語の源流を求めて」(『日本文化』第四巻、一九七九年九月刊)〔87ページ〕
(25) T. Burrow & M. B. Emenau "A Dravidian Etymological Dictionary" Oxford at the Clarendon

Press, 1961.
先掲のタミル語及びその説明・解釈はすべてこの辞典による。
Burrow 氏はオクスフォード大学のサンスクリット学教授、Emenau 氏はカリフォルニヤ大学の一般言語学・サンスクリット学教授である。この辞書はタミル語約三千六百語を収めるが、その英文の説明・解釈は、大体、"Tamil Lexicon"（全七冊、マドラス大学編、一九三八年）を踏襲したものである。なお、掲げた個々の単語についてはタミル語の古典文学の専門家 Sanmugadas 教授夫妻にたしかめた。本文にかかげた単語についてタミル語にも日本語訳をあげたが、本来、前記辞典の英文の説明によって研究したものである。日本語とタミル語との関係については、この二十年間の研究の結果をまとめて『日本語の形成』（岩波書店、二〇〇〇年）を出版したので興味のある方は、それを御覧頂きたい。〔93ページ〕

（26）小沢重男『日本語の故郷を探る』（講談社現代新書、一九七九年）による。〔101ページ〕

（27）李基文「高句麗の言語とその特徴」（『韓』一巻一〇号、中村完訳、一九四七年）。「日本語の系統」（『現代のエスプリ』別冊、一九八〇年）に再収。〔108ページ〕

（28）W. G. Aston. A Comparative Study of the Japanese and Korean Languages. J. R. A. S., New Series XI. 1879.
白鳥庫吉「日本の古語と朝鮮語との比較」（『国学院雑誌』四巻四―一二号、一八九八年）。「国語と外国語との比較研究」（『史学雑誌』一六篇二・三・五・六・八・九・一二号、一九〇五年）。「朝鮮語と Ural-Altai 語との比較研究」（『東洋学報』四巻二・三号、五巻一・二・三号、六巻二・三号、一九一四 - 一六年）。すべて『白鳥庫吉全集』所収。

金沢庄三郎「日韓両国語同系論」一九一〇年刊。〔118ページ〕

（29）河野六郎「日本語と朝鮮語との二三の類似」（『人文科学の諸問題』一九四九年。『河野六郎著作集』一九七九年再収）。〔119ページ〕

(30) 漢字の字源については、藤堂明保『漢字語源辞典』(学燈社　一九六五年)による。〔130ページ〕
(31) 『漢字語源辞典』による。〔134ページ〕
(32) この計数は、下宮忠雄教授の御教示による。〔147ページ〕
(33) この章の予備知識として、橋本進吉『古代国語の音韻に就いて』(岩波文庫、一九八〇年)が参考になる。この書物は、平易な表現で分りやすく書かれているから、読んでいない方々は是非御覧いただきたい。〔157ページ〕
(34) 大野晋「万葉集巻十八の本文に就いて」(『国語と国文学』一九四五年三・四月号)〔178ページ〕
(35) 『暮しの手帖』(二―五七号、一九七八年)所収。『暮しの手帖』所載の地図では、高知市と鹿児島市とが四角になっているが、鹿児島は、昔は丸であったと、鹿児島県の方々から伺った。また高知も古くは丸であったことが、山崎良幸博士に調査して頂いて判明した。従って、東西日本の四角と丸についての例外はなくなった。〔180ページ〕
(36) 以下の東西日本の人口統計上の相違に関しては『現代のエスプリ―日本人の原点 2 文化・社会・地域差』(祖父江孝男編集)に収められた次の論による。臼井竹次郎・方波見重兵衛・金子功「東は東、西は西」(「日本医事新報」一九七二年五月号)〔180ページ〕
(37) 臼井竹次郎・方波見重兵衛・金子功「明治・大正・昭和の人口移動」(「公衆衛生院研究報告」一九七四年六月号)〔183ページ〕
(38) 芹沢長介「石器の地方色」『古代史発掘1 旧石器時代』(講談社、一九七四年)所収。〔183ページ〕
(39) 血液型指数と指紋指数とが東西日本で著しく相違し、対立する数値を示すことについては、大野晋『日本語の起源』(岩波新書、一九五七年)五二ページ以下参照。〔188ページ〕
(40) 宮川侑三・真弓忠「HBs 抗原の subtype」(「medicina」一二巻一一号、一九七五年)〔190ページ〕
(41) この項、田中正武教授の御教示による。〔194ページ〕
(42) Shuzo Koyama : Jomon Substance and population. Senri Ethnological Studies No. 2.

(43) Miscellanea 1. 1979.〔195ページ〕

(44) 大野晋「主格助詞ガの成立」(『文学』一九七七年六月号・七月号)に詳しい。その要旨が『日本語の文法を考える』(岩波新書、一九七八年)に載せてある。〔205ページ〕

(45) この「中」については、「に於いて」の意味を表わすものとする見解がある。未だ決しがたい。〔215ページ〕

(46) 小島憲之『上代日本文学と中国文学 上』(一九六二年)八八ページ。〔223ページ〕

(47) 学習院大学大学院学生であった北川和秀「古事記上巻と日本書紀神代巻との関係」(『文学』一九八〇年五月号)による。〔239ページ〕

(48) 小島憲之、前掲書、三三一八ページ。〔257ページ〕

(49) 「飯《いひ》はめど甘《うま》くもあらず寝《い》ぬれども安くもあらず茜《あかね》さす君がこころし忘れかねつも」(万葉集三八五七)の歌の左注に「右の歌一首は伝へて云はく、佐為《さゐ》王の近習の婢あり。時に宿直暇あらずして、夫《せ》の君は遇ひ難く、感情馳せ結ぼほれ、係恋実に深し。ここに当直の夜、夢の裏に相見、覚《おどろ》き寤《さ》めて探り抱くに、かつて手に触るることなし。すなわち哽咽歔欷して高声にこの歌を吟詠す。因《かれ》王聞きて哀慟して永く侍宿を免しきといへり」とある。〔274ページ〕

(50) 学習院大学大学院学生であった佐佐木隆「万葉集のうたの文字化」(『文学』一九七六年五月号)。〔288ページ〕

(51) 歌曲としてのリズムから見て、六拍八拍が中心をなすとする見解は、東京芸術大学教授小泉文夫氏による。〔291ページ〕

(52) 学習院大学学生であった赤間淳子氏の計数による。『日本古典文学大系 万葉集㈣』三三三ページ参照。〔297ページ〕

(52) 中田祝夫『古点本の国語学的研究 総論編』付録略体仮名総合字体表、一五二ページによる。

〔320ページ〕

(53) 学習院大学大学院学生であった伊東祐子氏の昭和五十三年度学部卒業論文「源氏物語の引き歌」による。〔364ページ〕

(54) 前田本『広田社歌合』三巻は、俊成の自筆と認められるが、その中では、漢語には片仮名で振仮名が非常に多くつけられている。これは年少で漢字のよく読めない者に対する配慮と見られる。その相手は、おそらく藤原定家であると考えられる。〔365ページ〕

参考文献　本巻の参考文献として比較的入手しやすい本を選んだ。
大林太良『稲作の神話』弘文堂　一九七三年
吉田敦彦『日本神話と印欧神話』弘文堂　一九七四年
吉田敦彦『ギリシァ神話と日本神話　比較神話学の試み1』みすず書房　一九七四年
吉田敦彦『小さ子とハイヌウェレ　比較神話学の試み2』みすず書房　一九七六年
田中正武『栽培植物の起原』（NHKブックス245）日本放送出版協会　一九七五年
上山春平編『照葉樹林文化——日本文化の深層』（中公新書201）一九六九年
上山春平・佐々木高明・中尾佐助『続・照葉樹林文化——東アジア文化の源流』（中公新書438）一九七六年
佐々木高明『稲作以前』（NHKブックス147）日本放送出版協会　一九七一年
安田喜憲『環境考古学事始　日本列島2万年』（NHKブックス365）一九八〇年
坪井洋文『イモと日本人　民俗文化論の課題』未来社　一九七七年
藤則雄『日本先史文化入門—人と自然と日本と—』雄山閣出版　一九七九年
小沢重男『日本語の故郷を探る　モンゴル語圏から』（講談社現代新書545）一九七九年
大野晋編　現代のエスプリ別冊『日本語の系統』至文堂　一九八〇年
江上波夫『騎馬民族国家——日本古代史へのアプローチ』（中公新書147）一九六七年
大野晋『日本語をさかのぼる』（岩波新書C92）一九七四年
築島裕『平安時代語新論』東京大学出版会　一九六九年
小松英雄『いろはうた——日本語史へのいざない』（中公新書558）一九七九年
山口佳紀編　論集日本語研究『中古語』有精堂　一九八〇年

あとがき

日本語の成立の問題について、ドラヴィダ語――私の場合はその中のタミル語――を考えに加えることで、以前とは全く異なる視野が開けて来た。今はこれを否定したり、半信半疑でいたり、あるいは静観したりしている学者たちも、いずれはこの観点に立たない限り、日本語の系統論・成立論を扱うことはできなくなるだろう。文字以前の日本語の問題だけでなく、日本文化・日本人の成立史を考える上でも、新しい広大な領域がすでに開かれている。

本書は、書き始める以前から、仮名の正書法の確立までを取扱うつもりであったから、この日本語とタミル語との関係だけを詳しく述べることはできなかったが、しかし可能な限りの紙幅をさいたつもりである。

ドラヴィダ語と日本語との関係については、芝烝《すすむ》教授の先駆的研究が一九七三年に発表されており、藤原明氏も、身体語・農作語・基礎動詞などにわたって鋭意研究を進められた。江実《ごうみのる》博士は、パプア諸語の研究と並んでドラヴィダ語を研究されるさ中に、私に、デリー大学助教授バランバル女史の日本語・タミル語比較文法の論文を貸与され、また、テルグ語のテープの購入を勧められるなど誘掖されるところが大きかった。

その後、たまたま入手した『ドラヴィダ語語源辞典』（バロウ、エメノウ両氏共著）を一読することによって私は、その中のタミル語を最も重視すべき言語と認め、それと日本語との対比を全面的に行った。その結果、第一次的に約四百五十語の日本語・タミル語の「対応語」を得たのだった。それが私の史前日本語の成立事情の考察にとって基本的資料となった。

私は『日本語の起源』（岩波新書、一九五七年）以来、言語を単に、音韻・語法・語義・語彙・表記法などに分割して記述して足れりとしている学問に不足を感じている。言語は人間と共にあり、文化と共にあり、むしろ文化それ自体である。それは歴史そのものであると言ってもよいほど時間的存在であり、未来を目指してはたらく人間の営為である。こうした考えに立っている私の日本語の歴史の研究は、常に神話学・考古学・文化人類学・形質人類学、あるいは医学・歴史学との協力を必要としている。本書の記述もまたそれぞれの学問の最も進んだ研究成果に負うところが大である。ここに直接お名前をあげて引用することをしなかった多くの研究のお蔭をこうむっている。私はそれらの学恩に感謝している。

また、本書は学習院大学国文学科の学生諸君の研究に負う箇所が少なくない。それは個々の場所で注記しておいた。開学以来三十年にすぎない大学ではあるが、最近学生諸君がすぐれた、魅力ある研究成果を着々とあげていることに、私は大きい喜びを感じている。

誠実な若い研究者が相ついで育つようにと期待していることをここに記しておきたい。

　私は関係学に絶えず目をくばり、それとのかかわりにおいて日本語を見ようとしている。しかし、だからといって、それら多くの学問の中に、日本語を埋没させ、一種の雑学と化しようとすることに対しては決して賛成するものではない。私の日本語研究の第一歩は古代語の音韻にあった。明確な体系をなす音韻を的確に把握することが言語研究の根柢であることを、かなり承知しているつもりである。私は最も言語的な領域として音韻・文法・語彙・文字の問題があると考えている。それらが歴史的にどのように動いて来たかを、多少なりとも具体的に語って見たいと願って来た。

　果してそれらがよく消化されて記されているか否か。ともかく数千年前の神話から表記法の確立までを記すのであるから止むを得ないこととはいえ、校正刷を見直すと、記述に繁簡よろしきを得ず洩れている事柄も少なくない。それらについては読者の寛恕を乞う以外にない。

　なお、小林芳規氏には片仮名字体表についてお世話になりながらそれを生かせなかった。宮川侑三・諏訪哲郎・菅野裕臣・松原孝俊の諸氏には直接原稿について修正を加えて頂いた。索引は北川和秀氏を煩わした。また図版について貴重な資料を提供せられた内閣文庫、宮内庁書陵部、大阪府史編集室、埼玉新聞社その他に対し、あつく御礼を申し述べたい。

昭和五十五年八月　　大野　晋

中公文庫版のためのあとがき

前著『日本語の成立』に可能な限り訂補を加え、『日本語はいかにして成立したか』と改題した。

日本語とタミル語との比較については、この二十年の間に多くの収穫があった。ゾ・カ・ヤの係り結びが共通であること、五七五七五七……七七という長歌の形式、五七五七七という短歌の形式も共通であること、助詞・助動詞の二〇種が共通であることなどが判明した。それを分りやすく本書に取り入れる紙幅がなかったのは遺憾なのだが、関心ある方は『日本語の形成』(岩波書店、二〇〇〇年)を御覧頂きたい。また朝鮮語とタミル語との間にかなりの対応語があることも分った。考古学的なことも、多くの共通のあることが分った。日本語・日本文化の成立に、タミルの影響が根本的に関与している。このことをここに追記しておきたい。

なお、研究はいつも前進するものであるから、この二十年の間に進歩した関係諸学の成果を吸収することが今回は十分にはできなかった。それが心残りである。

二〇〇〇二年三月　大野　晋

本書は、『日本語の成立』（日本語の世界1、一九八〇年九月、中央公論社刊）を改題し、加筆訂正したものです。

ヤ　行

ラ　行

カ　行

索　引

中公文庫

日本語《にほんご》はいかにして成立《せいりつ》したか

2002年4月25日　初版発行
2020年8月30日　3刷発行

著　者　大《おお》野《の》　晋《すすむ》

発行者　松田陽三

発行所　中央公論新社
〒100-8152　東京都千代田区大手町1-7-1
電話　販売 03-5299-1730　編集 03-5299-1890
URL http://www.chuko.co.jp/

DTP　高木真木
印　刷　三晃印刷
製　本　小泉製本

Published by CHUOKORON-SHINSHA, INC.
Printed in Japan　ISBN978-4-12-204007-6 C1181